黄张凯 著

# 追寻良治

中国与世界的三千年

生活・讀書・新知 三联书店

Copyright © 2024 by SDX Joint Publishing Company.
All Rights Reserved.

本作品版权由生活·读书·新知三联书店所有。
未经许可,不得翻印。

**图书在版编目(CIP)数据**

追寻良治:中国与世界的三千年 / 黄张凯著. —北京:生活·读书·新知三联书店,2024.1
ISBN 978 – 7 – 108 – 07722 – 6

Ⅰ. ①追⋯　Ⅱ. ①黄⋯　Ⅲ. ①世界史 – 研究　Ⅳ. ①K107

中国国家版本馆 CIP 数据核字(2023)第 177015 号

| | | |
|---|---|---|
| 责任编辑 | 李　佳 | |
| 装帧设计 | 康　健 | |
| 责任校对 | 张　睿 | |
| 责任印制 | 宋　家 | |

出版发行　生活·讀書·新知 三联书店
　　　　　(北京市东城区美术馆东街 22 号 100010)
网　　址　www.sdxjpc.com
经　　销　新华书店
印　　刷　河北鹏润印刷有限公司
版　　次　2024 年 1 月北京第 1 版
　　　　　2024 年 1 月北京第 1 次印刷
开　　本　635 毫米 × 965 毫米　1/16　印张 22
字　　数　254 千字　图 28 幅
印　　数　0,001 – 6,000 册
定　　价　68.00 元

(印装查询:01064002715;邮购查询:01084010542)

# 目 录

1 致读者

**第一章 |**

1 普天之下：全球视角下的中国与世界
4 美好的开端
9 出人意料的结局
12 气候的影响
16 全球化的影响
21 从历史视角思考现在与未来

**第二章 |**

28 金戈铁马：国家的形成
32 中国的缔造
42 欧洲国家的形成
47 统一与分裂

**第三章｜**

58　非我族类：民族的塑造

58　欧洲各民族的塑造

68　平庸之恶

76　中华民族的形成

**第四章｜**

83　周秦之变：权力的结构（上）

88　欧洲走向分权

91　欧洲各国的分化

93　中国的集权

100　封建与郡县

104　更多思考

**第五章｜**

110　组织迷思：权力的结构（下）

113　英国东印度公司组织结构

122　现代企业组织结构

128　军队组织结构

131　疾控系统组织结构

**第六章｜**

136　民贵君轻：权力的制约（上）

140　鸿蒙初始

144　理论落地

161　合法性的两难

163　长期和短期

第七章 |

166　民贵君轻：权力的制约（下）
168　教育的作用
174　君与臣
178　言官与史官
181　干得久与干得好
185　帝王之术
190　坏皇帝问题

第八章 |

192　国家能力：权力的使用（上）
193　有为政府与国家能力
199　战争与国家能力建设

第九章 |

216　国家能力：权力的使用（下）
219　中国古代的国家能力建设
231　清朝国家能力
238　国家能力与不平等

第十章 |

243　选贤任能：权力的选拔
246　文官的选拔
257　奥斯曼土耳其

259　选拔制度的弊端

**第十一章｜**
263　**开天辟地：现代社会的诞生**
264　东印度公司
272　股票市场
278　债务市场

**第十二章｜**
281　**分道扬镳：东西方大分流**
286　大分流
295　英格兰的崛起
304　历史的先声

**第十三章｜**
307　**周虽旧邦：中国组织结构的传统与更新**
307　中国传统的组织结构
318　组织结构的崩坏与重生

**第十四章｜**
327　**其命维新：中国的现在与未来**
331　集权与分权
333　过去、现在与未来

338　**参考文献**

# 致读者

读史使人明智吗？未必。如果你翻烂《资治通鉴》，结果学到的是各种钩心斗角，那是把伟大史著当成厚黑学了。如果你读《旧制度与大革命》，得出的结论是专制压迫千万不能放松，那是把托克维尔当成马基雅维里了。这种读法，佛头着粪，不如不读。历史在中国有着崇高的地位，我国史学的传统不仅是对客观事实的真实记录，而且必须有价值观的判断。我们希望用历史来指导现在，并且展望未来，我们希望历史能告诉我们如何有一个更好的世界。如果你同意以上这段话，那么这本书就是为你准备的。

我在清华大学经济管理学院给本科生开了一门通识课"中国与世界：历史视角"。最初我只是打算上一门介绍经济史和政治史的课程。但是后来我产生了更大的雄心，我的雄心基于这样的认识：中国顶尖学府的年轻人，或者任何有远大抱负的年轻人，他们未来五十年内，有很大机会影响更多的人。对他们来说，有比纯学术的经济史或者政治史更重要、更迫切的学问。宋儒将抽象的政治理想和政治现实结合起来，总结如何施行仁政，构建一位合格的帝王所应具备的知识体系，这就是所谓的帝王之学。帝王之学不是权谋术，而且排斥权谋术，它反映了古人希望从人力资本着手，培养未来的仁君。今天，我们有了古人不可想象的现代知识，对人类社会的运转有了更深刻的了解，可以站在比古人更高的角度，总结近三千年来的中国与世界历史，剖析权力的结构、权力的制约以及权力的使用，从而知晓如何更好地治理一个国家。

  本书就是在这门课的基础上写成。本书不涉及具体的政策，而是要探讨更深层次的理念：国家如何形成，民族如何诞生，如何搭建政治体的组织结构，如何制衡统治者，如何构建一个有为政府，如何选贤任能，等等。本书尊重中外先贤对这些问题的不懈思考，并且运用经济学的思维方法和分析工具，总结现代社会科学对这些问题的分析。但是，本书的内核，和三千年来一路薪火相传、绵延不绝的中华正道是一致的。

黄张凯

2022年于清华园

# 第一章
# 普天之下：全球视角下的中国与世界

中国是一个大国，而且是一个历史很悠久的大国，大国和世界之间是什么关系？世界对大国又产生什么样的影响？从2020年开始，全世界人民都开始在公共场合戴口罩。新冠暴发影响了全世界，让我们意识到全球70亿人口、两百多个国家实际上被连成一个整体。在中国发生的很多事情影响了世界，在世界发生的很多事情，也影响了中国。

今天的中国已经是世界上第二大经济体，但在这之前，很多敏锐的人已经感受到了中国经济崛起对世界的巨大影响。2006年，英国《金融时报》一个驻华记者出了一本书叫《中国震撼世界》(*China Shakes The World*, James Kynge)。这位记者从几件历史上看很小的事情入手：英国的东海岸有个港口叫哈维奇（Harwich），在13世纪的某一年，那里的鱼价突然上涨了。这个小小的事情和历史、和世界有什么关系？原来，这个北海港口的居民惊奇地发现，原本应该出海的水手不见踪影。消息传得很快，成吉思汗的骑兵已经席卷欧洲大陆，波罗的海各船队的水手均已应征入伍。这样，就造成了渔业的劳动力供给下降。这导致渔获下降，鱼的价格就上升了。大国的到来就是这么突然,这么不可思议! 2004年2月,这位记者发现:世界各地的窨井盖从马路和人行道上消失了。刚开始消失速度还较慢,后来越来越快。中国的需求将废金属价格推到了历史新高。各地盗贼几乎所见略同。夜幕降临时,盗贼们就撬起铁制窨井盖,卖给当地商人。商人把窨井盖切割后,装船运往中国大陆。第一批窨井盖被撬事件发生在中国台湾,下一批则在亚洲其他地区,如蒙古和吉尔吉斯斯坦。很快,复苏的"中央之国"引力,抵达世界最遥远的角落。哪里太阳下山,哪里就有小偷为满足中国的饥渴开工。在美国芝加哥,一个月内就有150多个井盖失踪。苏格兰"下水道井盖大抢劫"期间,几天内100多个井盖就没了。在加拿大蒙特利尔、英国格洛斯特和马来西亚吉隆坡,有的行人一不留神,就跌进窨井。

为什么小偷会一窝蜂地去偷井盖?因为黑市里井盖的价格在上升。二手的井盖只能拿来用作金属的再造,这说明对金属的需求在迅猛上升,影响到了黑市。当然这是记者的俏皮话,用一个玩笑来展开一个宏大主题。但是,我们这样一个拥有14亿人口、960万平方公里土地,以及如此巨大经济规模的国家,有什么动静的话,确实就像一头大象跳进了池塘,稍微动一动,就能在全世界掀起很大的波浪,造成很大的影响。

那么世界又是怎样影响中国的?我们不妨把目光投向更久远的历史:1492年哥伦布发现了美洲,之后达伽马完成了环球航行,世界各国通过海运这种非常便捷的方式紧密联系起来。我们可以把哥伦布发现美洲的1492年看成是世界近代史的开端。在这以后的5个世纪里,世界各地互相影响,互相联系,比之前更加紧密。但是当时中国明朝的古人,根本就不知道哥伦布。就在他们浑然不觉的情况下，这个五千年未有之大变局，悄然开始了。美国著名历史学家魏斐德在《洪业：清朝开国史》一书的序言里，描绘了早期的全球化如何影响晚明大变局：1620年至1660年间，欧洲市场爆发了一次贸易危机。当时的世界贸易帝国是西班牙，以西班牙的塞维利亚为中心的世界贸易体系遭到了非常沉重的打击。尽管中国和欧洲相距很遥远，但是也受到了很多严重的影响。在17世纪20年代欧洲贸易衰退之前，根据菲律宾港口的记录，每年停泊在马尼拉的中国商船多达41艘，但是到1629年降为每年6艘。这是对贸易的一个非常大的外生冲击，造成贸易量的急剧减少。加之当时中国和中亚贸易往来的传统的丝绸之路已经萎缩，更多的贸易依赖于远洋贸易，因此，从新大陆输入中国的白银大大减少。中国的货币体系在明朝时经历了一次很深刻的变革，使我们转向了银本位，但是中国本身的白银产量并不高，更多的是需要进口，尤其是从新大陆进口。世界贸易中断造成中国和世界脱钩，对中国产生了巨大的负面影响。此时正好是长江中下游地区高度商品化的经济急需更多白银的时候，雪上加霜的是，1630年以后，西班牙的腓力四世采取措施限制船只从墨西哥的阿卡普尔科出口。而1639年冬天，很多中国商人在马尼拉遭到了西班牙人和当地人的屠杀。1640年，日本的幕府实行锁国，断绝了和中国澳门所有的贸易往来，从日本输入的白银也中断了。1641年马六甲落入荷兰人手中。马六甲位于今天的新加坡和马来西亚之间，是重要的海峡。当时南中国海的贸易主要由葡萄牙人垄断，马六甲落入了荷兰人手中，阻断了葡萄牙人的贸易线路。中国传统的远洋贸易线路不像今天大家看到的那样：一艘万吨轮从出发地开始，经过大洋到目的地，而是沿着海岸线，由一些中等大小的船只一站一站地过去。运送中国商品的船队需要先经过这些中间港口进行补给，然后换船，然后再一路经由非洲的西海岸到达欧洲。印度的果阿一直到20世纪60年代都是葡萄牙的殖民地，是东西方贸易航线上一个非常重要的中转港口。马六甲被荷兰人占领以后，葡萄牙人在果阿的港口就失去了作用，因此果阿和澳门的联系就被切断了。这样，由于各种各样的原因，中国各个方向的贸易线路都被切断了。2018年开始，中国被迫和美国打贸易战，贸易战对中国的民营企业，尤其是进出口行业造成了很大的冲击。但是如果我们从贸易量的波动来看，17世纪20年代到40年代这段时间，世界其他国家的这一系列政治经济因素影响，造成了中国对外贸易线路的中断，这对中国海外贸易的打击比我们现在经历的贸易战要大好多倍。贸易的中断，给中国带来一个重大影响：白银的进口迅速减少。中国当时实行银本位，但是中国又需要大量从海外进口白银。在1635—1640年白银进口量陡然减少期间，由于国际丝绸贸易萎缩，浙江北部的湖州等丝绸产地迅速衰落，江南主要以养蚕为生的地区的日子就非常艰难。与此同时，天灾和瘟疫又一起袭来。1626—1640年，罕见的自然灾害席卷了中国大地，严重的干旱和洪涝接踵而至，造成了接连不断的饥荒，导致大量人口死亡。在随后的1644年，甲申之变发生了，明朝走到山穷水尽的地步，最终亡天下。因此，远在几百年前，世界局势就深刻影响到中国的历史进程，但是当时的古人对此茫然不知。

## 美好的开端

如果我们从甲申之变往前上溯一个世纪，我们会发现，17世纪的世界有一个非常美好的开端。1567年是明朝的隆庆元年，隆庆皇帝明穆宗做了一个影响深远的决定——解除海禁，史称隆庆开关。在这之前，中国一直受到倭寇的骚扰。那些所谓倭寇，其实大部分是浙江、福建、江苏、广东沿海的居民。他们打着倭寇的名义，在沿海作乱。为什么中国华南沿海的居民要成群结队地作乱？因为沿海的居民最先感受到全球化的躁动，积极参与到全球贸易中去。然而明朝的海禁政策阻碍了新兴资本的需求。明朝派了戚继光、俞大猷把倭乱平息了。但是当时的有识之士意识到倭乱背后的机制，认为如果不开海禁，沿海的老百姓利益受损，是不稳定因素。因此如果想从根本上解决倭乱，光靠武力是没有用的。不如顺势而为，废除海禁，让老百姓可以通过远洋贸易谋生，从而长治久安。

今天的中国社会治安环境比上世纪90年代有了很大的改善。这首先有一些技术上的因素，比如说现在大家钱包里可能只带很少的现金，偷钱包这个事情从经济学的成本收益来看不划算，因为钱都在手机账户里。而偷手机也不容易，因为很多人手机24小时不离身，一有空就看手机。这些技术的进步对偷盗产生了意想不到的冲击。除此之外，中国经济的高速增长吸纳了大量的劳动力，使得年轻人可以找一份体面的工作，不用去触犯法律。但是在中国经济腾飞之前，社会治安是个大问题。中国在20世纪60年代有一次婴儿潮，这一波婴儿成年以后要找工作，而在90年代末大学扩招之前，考进大学的人比例是很低的。在中国加入世界贸易组织（WTO）之前，没有那么多的制造业可以像富士康一样，吸纳那么多的劳动力。2001年中国加入WTO，被纳入了世界贸易体系，中国的产品大量出口，这背后实质上是中国的劳动力在出口。经济起飞后，富裕的中产阶级的需求又催生了服务业，同样也吸纳了很多劳动力。到大都市来打工的农村青年，骑个电动车就可以送外卖，可以迅速获得比困守农村更多的收入。但是这些机会在二三十年前是没有的，因此无所事事、没有经济来源的年轻人就容易受到犯罪的诱惑。差不多四百年前，明朝人也意识到，要从根子上解决剩余劳动力因无所事事进而作乱这个事情，最终还是得靠给他们一份工作来解决。因此隆庆开关解除海禁，调整了海外贸易政策，允许民间从事海外贸易，这相当于当时的"入世"。隆庆开关以后，在官府的许可下，中国接入当时的远洋贸易体系，中国的商品，主要是丝绸、瓷器等大量出口，同时大量的美洲白银开始进入中国。接下来1573—1620年的万历年间，这是中国历史上经济最繁荣的时期之一。我们的中学历史课本里面提到，明朝中后期出现了资本主义萌芽，这指的就是万历年间。当时的中国经济非常繁荣，经济的繁荣又推动了中国军力的强盛。当时万历皇帝有所谓"万历三大征"，最重要的一战就是1592—1598年明朝军队击退日本的朝鲜战争。

  在亚欧大陆的另一端英国，17世纪的开端也非常美好。1603年斯图亚特王朝登场，都铎王朝退场。在之前1558年登基的英国君主是伊丽莎白一世。伊丽莎白女王统治期间，是英国历史上的一个黄金时代，当时英国的经济非常繁荣。1485年英格兰人口是220万，到1600年增长到400万。而在16世纪之前，英国只是欧洲边陲一个不起眼的小国。罗马人曾经短暂统治过不列颠的部分疆域。后来罗马人从英国离开，并不是被当时英国的土著居民打败，其根本原因是罗马人觉得当时的英国是鸡肋。罗马人从英国离开，跟中国古代的军队从当时的西域撤退的原因是一样的，在那里驻军从成本和收益来看太不划算了。英国没有什么出产，天气又冷又潮，是欧洲边陲的穷苦之地，罗马人希望回到他们在地中海沿岸温暖、丰饶的祖国去。公元409年罗马帝国彻底离开了，而随着罗马的撤出，曾经的殖民城镇以及庄园迅速衰落。英国保留了少量的罗马遗迹，英国有个城市叫Bath（洗澡）。这个城市为什么叫这么古怪的名字？因为当时罗马人在这里建了很多公共浴室。但罗马人走后，英国人再也没有能力维护、复制这种文明的生活方式，只剩下一些遗迹。英国真正崛起要再过一千年，催化剂是跨大西洋的远洋贸易。英国孤悬海外，地理位置非常适合参与跨大西洋贸易，因此在大航海时代，英国的经济逐渐繁荣起来。经济的繁荣也带来了军力的强盛。1588年，英国击败西班牙的无敌舰队，军力也达到了一个顶峰，奠定了海上强国的基础，英国一跃成为欧洲强国之一。

因此，如果我们能够回到17世纪的开端，不管你是在东方还是在西方，都会觉得这是一个美好的世界。作为普通老百姓，你可能感受不到军事成就的影响，但是你能感觉到文化和艺术对普通人生活的巨大影响，因为当时经济的繁荣在东西方都带来了文化的巨大繁荣。在这一时期中国出现了"三言二拍"这样的市井文学。文学需要读者，"三言二拍"这些小说是写给老百姓看的，当时对这些市井文学有着巨大需求。在近代世界开端之前，大部分老百姓挣扎在温饱线上，没有能力顾及更高的精神需求，因为最基础的经济需求都很难得到满足。几千年来，大部分时候、大部分国家的大部分人群都是勉强糊口。但是到了明朝中后期，我们会发现中国文学的顾客和对象不再是帝王将相，而是大量的市民，这说明当时经济的繁荣惠及了普通的老百姓，普通人在吃饱喝足以后也有一些精神上的需要，因此出现了"三言二拍"这样的作品，这些通俗作品的流行带来了出版业的繁荣。除此之外,《牡丹亭》这样的戏曲也大量出现。汤显祖本身是个官员,在浙江当县令,但是他热爱写戏曲,遣词用句非常高雅。这样,知识阶层深度参与到通俗作品的写作中,并且用他们的文学修养对通俗作品加以提升。

同一时期的英国,出现了文学巨匠莎士比亚,他同时还经营着他的玫瑰剧场。这也说明当时英国人有很大的精神和娱乐需求,老百姓也有闲暇,喜欢看戏。不夸张地说,莎士比亚奠定了现代英语的基础,英语中的很多词汇和用法源自莎士比亚。在中世纪,英国的知识阶层和精英阶层用拉丁语交流,这是来自罗马帝国的传承。但是,随着英国经济的繁荣,出现了对本民族语言和对本民族文学作品的需求,所以莎士比亚应运而生了。

四百年前17世纪开端时,随着远洋贸易的兴起,英国和中国这两个欧亚两端相隔如此遥远的地方,同时出现了经济、文化、军事繁荣昌盛的局面。如果我们穿越回到17世纪的开端,我们会觉得太美好了。类似地,在2000年,一个美国人展望21世纪,他也觉得太美好了:经济繁荣,国力强盛,而且苏联、伊拉克、南斯拉夫,大大小小的对手一个个垮掉。他做梦也想不到会有几个亡命之徒在策划开飞机撞世贸大厦这种电影里都不会出现的情节。在2020年1月16号中美两国签署贸易协定的时候,美国总统特朗普展望未来11月的大选,他也会觉得太美好了,但是他不知道新冠病毒已经悄悄蔓延开来,他笨拙的应对会让他丢掉连任。我们如果再把眼光投向更遥远的过去,六千万年前,一头霸王龙吃饱喝足,展望明天,它如果会思考的话,会怎么想?它肯定也觉得日子太美好了,但是在几百万公里之外,一颗小行星正在高速飞向地球!

## 出人意料的结局

历史的发展往往是非线性的，充满着意外。不管在中国还是在英国，17世纪美好的开端有着出人意料的结局。美国历史学家史景迁在他的名著《追寻现代中国：1600—1949》中写道：迈入17世纪的中华帝国，"是当时世界上所有统一国家中疆域最为广袤、统治经验最为丰富的国家，其版图之辽阔无与伦比。当时的俄国刚开始其在扩张中不断拼合壮大的历程，印度则被蒙古人和印度人分解得支离破碎，在瘟疫和西班牙征服者的双重蹂躏下，一度昌明的墨西哥和秘鲁帝国被彻底击垮。中国一亿二千万的人口远远超过所有欧洲国家人口的总和……16世纪晚期，明朝似乎进入了辉煌的顶峰。其文化艺术成就引人注目，城市与商业的繁荣别开生面，中国的印刷技术、制瓷和丝织业发展水平更使同时期的欧洲难以望其项背"。他接着写道，然而，谁也没想到，"不到五十年就将自己的王朝断送于暴力。将混乱的国家重新带入有序轨道的，既非反叛的农民，也不是与朝廷离异的士大夫，而是越过明朝北部边境的自称'满洲'的女真人"。最不可思议的事情发生了！历史的长河出人意料地拐了一个弯，这是中国历史上最让人痛惜的事情之一。为什么会这样？

我们来比较一下东西方两个亡国之君。1644年崇祯皇帝"君王死社稷"，在煤山上吊殉国。五年之后的1649年，查理一世在伦敦被斩首，这是欧洲历史上第一个通过司法审讯被处死的国王。从表面上看，这两个人有很多共同点。明史批评崇祯"性多疑而任察，好刚而尚气。任察则苛刻寡恩，尚气则急剧失措"。崇祯临死前悲叹"朕凉德藐躬，上干天咎，然皆诸臣误朕"。这样，他临死也不反省,把责任推给臣子。而英国历史学家对查理一世性格的描述很像中国史家对崇祯的评判。我们从BBC网页上的历史频道,看看英国历史学家怎么评论查理一世的性格:"Charles I's pious self belief and strong-willed leadership were the very qualities that contributed to his much famed downfall."("查理一世对自己的盲目自信和固执己见的领导风格正是导致他垮台的原因。")查理一世的自我认知好高骛远、不切实际,同时又冥顽不灵、自以为是,最终让他丧命。这样看起来,崇祯和查理一世两人都非常多疑,非常固执,非常自负,但是又很无能。东西方的历史学家分别对自己历史上著名的亡国之君的性格做出了类似判断。为什么这么巧?中英两国在17世纪同样有着美好的开端,同样在三四十年以后遇到了巨大的困难,这两个君王性格又非常相似,他们的结局也同样非常悲惨,是因为他们共同的弱点导致了他们的悲剧以及他们国家的悲剧吗?还是反过来,是不是因为他们的失败,才放大了这些弱点?托尔斯泰有句名言,幸福的家庭都是类似的,不幸的家庭各有各的不幸。但是如果我们放眼历史,我们就会发现这些不幸的君王往往高度类似。在过去,历史学家总是把君王的悲剧归咎为他们有着这样那样的缺点,但我们在今天重新审视历史,可以问一个问题:是君王造就了历史,还是历史造就了君王?类似地,股市上赚钱是因为投资者选股选得好,还是恰好处于牛市?99%的投资者侥幸赚钱是因为他们恰好在牛市。一旦我们了解金融学中的市场有效理论,我们就知道投资者积极选股其实多半是无用功。也许对统治者来说,也是一样的:天下大势的影响远超统治者自身的努力。

不仅是中英两国,17世纪的很多国家都发生过大量混乱,历史学家对此发明了一个概念叫"17世纪总危机"。在中国,当时明朝末年的农民战争,从天启七年一直打到清朝的顺治十五年,持续几十年战乱不断。当时的欧洲也是一样,几乎每个欧洲国家都发生了持续、频繁的内乱。在英国,抢粮风潮从1600—1620年的12起上升到1621—1631年的36起。在德国和瑞士有25起主要的农民造反,一半以上发生在1626—1650年。在法国,民众造反的数量在17世纪中期达到峰值。在仅有60万人口的普罗旺斯,短时间内发生大量起义:1596—1635年发生了108次民众起义;1636—1660年更多达156次;1661—1715年则达110次。法国年鉴学派史学大师马克·布洛赫(Marc Bloch)对此指出,近代早期欧洲的农民起义就像工业时代的罢工一样普遍。放大到国家层面,在整个17世纪,国家崩溃的情况也是空前绝后。明朝是世界上人口最多的国家,灭亡了。欧洲最大的国家当时是波兰-立陶宛的联邦共和国,分裂了。历史上第一个全球帝国西班牙帝国分裂了。在法国爆发了投石党运动,整个国家陷入瘫痪。英格兰爆发了内战,荷兰也发生了内乱。当时印度的莫卧儿帝国也发生了内战,奥斯曼土耳其帝国当时的苏丹则被刺杀。

全世界的老百姓在这些动乱中生活得像蝼蚁一样悲惨。在整个北半球,17世纪的死亡率是空前的,据学者估计,在这个时间段全球人口减少了三分之一。1618—1648年,欧洲的新教国家和天主教国家之间爆发了三十年战争,整个欧洲大约损失20%的人口,德国的男性减半,在德意志的一些地区有60%的人口丧命。在1642—1655年英格兰的内战中,英格兰3.7%的人口死亡,苏格兰死了6%的人口,爱尔兰最倒霉,有41%的人口死亡,接着发生了大饥荒,又死了16%的人口。在1618—1678年,波兰只有27年是和平的,其他的时间天天都在打仗。这期间荷兰只有14年时间是和平的，法国只有11年，西班牙只有3年没有打仗，这一时期世界上发生的战争比20世纪第二次世界大战之前的其他任何时期都多，战争的持续时间也比其他任何时期都长。战争杀死人口最多的时段是20世纪，两次世界大战中，由于现代化武器的出现，杀人的效率大大提高了，但是战争持续的时间并不长。军事史学家统计了从15世纪到20世纪战乱持续的时间，发现20世纪平均每场战争要打两年，而17世纪平均每场战争要打七年，持续的时间是有详细记录以来最长的。

## 气候的影响

查理一世和崇祯为什么这么不幸？他们恰逢乱世，历史的洪荒之力远超君王的力量。虽然17世纪有着美好的开端，但是从17世纪20年代开始，世界各地都陷入了持续的混乱中。当时全世界爆发了巨大的系统性风险，这和中国皇帝或者英格兰国王的个人品质或者能力其实并没有关系。什么因素能够同时影响中国和欧洲？首先是气候。气候问题是有史以来能够同时影响全世界不同国家的首要因素。进入工业革命以来，人类对化石燃料的使用使得全球温度大幅升高，使得我们今天面临全球变暖的危机。但是在17世纪却正好相反。从16世纪70年代到17世纪80年代，当时全球的平均气温下降了大约两度，导致洋流和海水盐度变化、极地冰盖和冰川生长、风暴和暴雨频发，以及夏季干旱和冬春季节大规模霜冻，这些极端的天气事件在世界各地频繁出现。天文学家还发现，从公元1645年到1745年，这一时期太阳黑子活动非常少。太阳黑子的活跃代表着太阳活动的活跃，太阳黑子活动减少了，就代表太阳活动趋向衰微。这段时间叫蒙德极小期，太阳到达地球的能量分外微弱。此外，在这之前的16世纪末，南美洲的一些火山大爆发，火山灰直接导致了北半球很多地方的冬天变冷。北半球的气候从14世纪——也就是中国的元朝末年开始转寒，进入了所谓的小冰期。极寒天气到17世纪达到了极点。17世纪40年代明朝灭亡的时期，气温达到最低，严寒比往常更早地降临温带地区，导致中原的河流和湖泊冻结，庄稼每年的生长和收获期明显缩短。中国大部分地区是季风性气候，我国的气温和降雨有很密切的关系。天冷的时候降雨就少，天热的时候降雨就多，雨热同期对作物的生长非常有利，因为气温高的时候雨水也多，有利于庄稼生长，而当寒冷的时候庄稼不用生长了，降水少也没关系。中国占据了东亚大陆一片非常得天独厚的地方，农业上有很大优势：有很多平原，土壤肥沃，同时又是雨热同期，有利于农作物的生长。但是反过来看，如果温度降低，降水也会减少，这是季风型气候的一个特点。因此，随着温度的降低，不仅霜冻和湖泊结冰的现象大规模出现，降雨也大幅减少，严重地影响了庄稼的生长。

在中国的季风型气候中，气温每上升一度，降雨线会从东南向西北推进几百公里；气温每降低一度，则反向后退几百公里。长城是中国农耕区和游牧区的分界线，古人如何为长城选址？除军事、地形等考量外，一个很重要的因素是看哪个地方适合农耕，中原王朝就把它囊括进来。历史上汉唐军力鼎盛时期，中原王朝的部队越过传统的农牧分割线，向北攻击。但是中原王朝的军队最后都回来了，并不驻扎下来，因为这些地方农耕政权占领了没有意义。回来以后防线就设在农耕区可以提供后勤补给最远的区间，在这里就出现了我们的长城。400毫米降雨量是农作物生长需要的最少年降雨量。这条等降水量线从中国东北到西南，分割了农业和游牧两种不同的生产和生活方式，当中一段与长城走向大致符合。而年平均气温的升高和降低，对降雨带来的影响，使得中国华北地区农耕和游牧地区的分界线来回移动，这对中国历史造成了巨大的影响。秦汉时天气比较暖和，唐朝的天气也相对比较暖和，因此，秦朝的万里长城比明朝的万里长城要更加靠北。我们今天去北京北部郊区旅游看到的慕田峪、八达岭长城都是明朝时建造的。戚继光是一位很有军事能力的将领，他在南部打击倭寇，后来被调到北部，拱卫京师，戚继光就在慕田峪修了这段我们今天看到的长城。但是秦始皇修的长城要更靠北。北京东北方向的秦长城在今天的赤峰，属于内蒙古。秦长城的中段在云中郡，这是春秋战国时赵国设立的行政区域，它的遗址就在今天的呼和浩特。沿着秦长城往西，我们可以看到九原、五原这些《史记》里经常出现的名字。五原县今天隶属内蒙古自治区巴彦淖尔市。从名字的变化就可以看到，后世中原王朝对北部边境的控制远不如秦汉甚至春秋战国。

例如苏东坡的名篇《江城子·密州出猎》：老夫聊发少年狂，左牵黄，右擎苍，锦帽貂裘，千骑卷平冈。为报倾城随太守，亲射虎，看孙郎。酒酣胸胆尚开张，鬓微霜，又何妨！持节云中，何日遣冯唐？会挽雕弓如满月，西北望，射天狼。

词里提到的云中，是秦汉故地，但是到了北宋，随着气候变冷，中原王朝大幅度后退，士大夫对此只能在诗词里想象了。到了明朝，明长城和秦长城比，大幅度往南收缩。《史记》里面描写汉朝的军队和匈奴作战，汉军出塞并不是从今天的居庸关、慕田峪，或者喜峰口出击匈奴。从汉朝的记录来看，卫青、霍去病部队的前进基地比明朝时永乐的部队出塞的基地要往北推进几百公里。这是因为秦汉时的气候比明朝更加暖和，降雨更多，400毫米等降水量线比今天更加靠北，中原王朝的势力能够往北扩张更远。

到了明朝万历年结束以后，从天启年间开始，中国华北地区的温度就开始急剧降低，这带来了一个很大的影响：旱灾。中国历史上，最容易造成庄稼歉收以及饥荒的自然灾害不是洪涝，而是旱灾。中国大体上不怕降雨多，而是怕降雨少，部分原因是干旱持续的时间可以很长。明朝从天启到崇祯年间，气温降低，使降雨急剧减少，发生大量旱灾。1637—1643年的崇祯七年大旱，其持续时间之长、受旱范围之广，为近五百年所未见。当时中国大面积遭受严重旱灾，干旱少雨的主要区域在华北，河北、河南、山西、陕西、山东，这些地区都连旱五年以上，旱区中心所在的河南省，更是连旱七年之久。明末的民变频繁，出现了大量的农民起义，这背后是持续多年的长时间、大规模的旱灾。气温降低更是直接影响了军事行动：崇祯六年十一月，黄河突然冰冻，李自成率部从渑池进入河南，从此中原大地被反复蹂躏。明末士人意识到了这个关键的转折，在书中悲叹："君子于六年十一月渑池之事，未尝不抚卷太息，以此为中原之所以溃，国家之所以亡也。"（吴伟业《绥寇纪略》）

我们再看一下欧洲的情况。在伊丽莎白女王时期，英国取得了直到今天英国人还经常挂在嘴上的一个重大军事胜利：击败西班牙的无敌舰队。西班牙的无敌舰队当时被英国击垮，也有非常大的偶然因素。1588年西班牙的无敌舰队，绕了整个英伦三岛一圈，到处找地方跟英国的主力舰队决战，但是他们遇到了一场冰风暴，这场风暴摧毁了无敌舰队的大量战舰。因此英国人打败无敌舰队，一半是老天爷帮忙。从17世纪初开始，阿尔卑斯山的冰川不断生长和扩张，跟今天正好相反。我们如果经常去西藏或者青海旅游，可以看到冰川比二十年前后退了很多。但是从17世纪20年代开始，在今天的瑞士、德国等地的阿尔卑斯山山区的居民，他们抱怨的是冰川在不断生长，危及他们的生存。在英国也是如此，1608年，泰晤士河冰冻了六周，伦敦的居民在冰冻的河面上，举办了一个活动叫霜冻节（Frost Fair）。整条河都冰冻了，人可以走上去，伦敦的居民就在河上举办各种活动，摆摊，游玩，相当于有一块巨大的平地，可以让伦敦的居民进行娱乐。1683年冬天，泰晤士河冰冻了整整两个月。1666年，伦敦在经历了一个极其干旱的夏季以后，又经受了一场著名的大灾难：伦敦大火。这是在经过了一个非常干旱的夏季，后来又出现了大风导致的，这场大火几乎毁灭了整个伦敦。当时的极端气候一直影响到今天：17世纪末期到18世纪初，意大利有一个制作小提琴的大师斯特拉迪瓦里（Stradivari），他做的小提琴特别名贵，音质特别好。科学家用CT来扫描他留下的这些小提琴，发现这些名琴的木质特别紧密，密度特别高。寒冷的时候树木生长得非常缓慢，导致木质更加紧密。因此现在有人认为，为什么那个时期出现了一些非常名贵的、保留到现在音质都非常好的小提琴，因为他们用了当时产的一些木头。而为什么当时的木头生长特别缓慢，导致木质特别紧密？这背后的原因是当时的天气实在是太冷了！不管是在欧洲还是中国，17世纪乱世的背后是当时干旱寒冷的气候。

## 全球化的影响

能同时影响中英两国的第二个因素是全球化。在远洋贸易兴起之前，世界各国的联系很少。中国古代有丝绸之路，但是丝绸之路的贸易量非常少。通过陆地运输，成本非常高，而且货物的损耗非常大。长距离的运输成本非常高昂，古时候中国的军队出征，带的军粮有一大半路上就吃了。远洋贸易体系形成以后，方便廉价的运输方式带来了真正意义上的全球化。17世纪，由于各种原因，欧洲进入中国的白银大大减少，形成了通货紧缩。今天如果央行要紧缩银根，提高利率，减少货币投放，经济就会收缩。当时明朝出现了近代史意义上的一次经典的通货紧缩。张居正实现了一条鞭法，加剧了明朝的货币白银化，以及经济的货币化。但是白银输入的减少，使得货币的供给减少，极大打击了明朝的经济。

全球化除了使得中国的产品走出去，美洲白银进来以外，更重要的是知识的流动，这是更重要的交流。火药是中国最先发明的，传入欧洲以后，大概到了15、16世纪，当时的欧洲进行了一场军事革命。明朝初年时，火器在中国军队中已经普遍运用，永乐皇帝麾下的军队里面就有火器营和神机营。在19世纪之前，欧洲的军队敲锣打鼓，然后排队互射。当时的火枪的射击速度是很慢的，不像现代步枪可以一扫一大片，因此士兵们排成好几排，第一排开火，打了以后退后去装弹，然后后面一排补上再开火。明朝很早就出现了这种战术。明朝开国将领沐英，在1388年与云南土著军队的战斗中，为了对付敌军的象群，就使用了这种三排参差轮番开火，以保持火力不中断的火枪阵列。但是到了16世纪以后，中国在戚继光平定倭寇以后，整体非常和平，和欧洲不一样。这样，中国对军事技术的需求下降，没有动力去发展军事科技，跟欧洲正好相反。因此，到了17世纪，欧洲的军事科技已经大幅度领先于中国，又通过葡萄牙人和西班牙人以及各国传教士带到中国来，让中国人见识到了西方火炮的威力。明朝先后引进了弗朗机炮以及威力更大的红衣大炮。经济非常繁荣的时候，中国人的思想也是非常开放的，一点儿都不觉得吸收外国人的先进东西有什么丢脸的。全球化对明朝影响非常大，而且当时的中国人思想非常开放，有好东西马上就学，很愿意学习全球化带来的先进技术。传教士带来了很多东西，明朝人觉得《几何原本》是最重要的。因为《几何原本》包含了一个公理体系，这是中国传统所欠缺的。中国古代知识分子的品位非常高，一下就抓住了这个最有价值的东西。所以当时徐光启就让传教士翻译欧几里得的《几何原本》，但《几何原本》没有翻译完，因为到了后面几卷，传教士也不懂，没法翻译。徐光启学习西方文化学得津津有味，最后干脆还受洗成了天主教徒。当时中国人对外来的宗教也非常开放和包容：毕竟，天主教跟佛教一样，都是外来的，中国人可以接受佛教，自然也可以接受天主教。徐光启后来做到礼部尚书兼文渊阁大学士、内阁次辅，当时中国人根本就不觉得有什么不妥。

徐光启有个学生孙元化，他也是天主教徒，他请葡萄牙人来帮着明朝制造大炮，训练炮兵。但是，历史跟中国人开了一个巨大的玩笑。孙元化请葡萄牙人在山东的登莱训练炮兵，制造大炮，他有个部下叫孔有德，由于各种原因孔叛变了。据传，这是因为孔有德的士兵吃了当地富户的一只鸡，起了争执。他带着这些炮兵和大炮投降后金。这些人投降后金以后，满洲人如获至宝，马上把他们编入八旗，变成了旗人。因为这些人带来的炮兵太重要了。这样后金在关外打明军，事实上不是一个落后民族打一个先进民族，因为他们有这些葡萄牙人制造的大炮和葡萄牙人训练的炮兵，他们的火器一点儿都不比明朝差，甚至更先进。这样，满洲军队在战争中不断地打败关外的明军，然后不断缴获更多的大炮，滚雪球一样地发展起来,持续获得更大的胜利。吴三桂为什么最后降清?一个原因是,他在降清之前,锦州的清军有100门左右的红衣大炮,吴三桂只有10门,这是中国人积极虚心向西方学习的过程当中,历史跟中国人开的一个大玩笑,是一个大悲剧。一只鸡导致了虚心好学的明朝人反而给自己敲响了丧钟!

我们再来看看全球化对斯图亚特王朝的悲剧性影响。大航海时代开始以后,远洋贸易兴起。1552年英国成立了历史上第一个合股公司,这个和以后出现的股份有限公司不一样,股东不是有限责任。合股公司的出现,是当时一个很重要的发明,合股公司汇集投资者的资金,用于经营新航线带来的远洋贸易。而在此之前,任何从事远洋贸易投资的投资者本身,他一定是一个航海者或者是一个对航海业务熟悉的人。合股公司的出现,可以让那些本身不是航海家的人,也可以把自己的钱投入航海贸易当中去。后来合股公司慢慢演变成了股份有限公司。

1580年英国船长德雷克的旗舰"鹈鹕"号完成了环球航行,这是英国人第一次完成环球航行。现在阿根廷最南端的德雷克海峡,就是以这个英国船长的名字命名的。德雷克环球航行后,英国船队熟悉了与亚洲进行航海贸易的线路。德雷克本身其实是个海盗,他这些所谓的舰队是能贸易就贸易,有抢的机会就抢。德雷克顺道劫掠了西班牙在太平洋的船队,满载而归,向伊丽莎白女王献上了大量的财宝。所以马克思说资本主义兴起的时候,它每一个毛孔都滴着血和肮脏的东西。由此,英国人打破了西班牙和葡萄牙对利润丰厚的东方贸易的垄断。不仅如此,德雷克船长在1585年劫掠了西班牙在大西洋沿岸的港口。这样一来,英国的精英阶层投资远洋贸易的热情被激发起来,大量入股那些合股公司。根据统计,

1575—1630年，英国的这些合股的远洋贸易公司有6366个投资者，也就是6366个股东，而在这期间，23%的英国国会议员作为股东投资了这些公司。

当时英国人投资远洋贸易热情高涨。有经济学家统计了当时英文出版物的词频，发现词频在这一时期发生了剧烈的变化。在17世纪之前，跟宗教有关的一些词仍然占据主流，比如说pope（教皇）。当时也是英国政治新思想大爆发的一个时代，因此随着时间的推移，跟政治有关的词的词频明显上升，比如说freedom（自由）、right（权利）。但是英文出版物中上升最多的是trade（贸易）、Indies（印度）、America（美洲），这些是跟当时贸易有关的词。从16世纪后半期开始，这些词出现的频率急剧上升。因此，从英文出版物来看，德雷克船长发现了新航线，使得英国进入全球贸易体系以后，英国人对全球贸易的热情被极大地激发出来。

英国积极投入航海贸易，同时也改变了英国的财政结构。英国从大宪章时代开始，王权就受到议会的限制，国王要征税往往要受到议会的制约。英国和其他欧洲国家的议会有很大的权力，限制了王权。当时，欧洲和中国的春秋战国其实很类似，国王事实上是贵族的首领，而不是中国明清皇帝那样一言九鼎的统治者。在各种因素下，欧洲的王权未能像中国皇权那样得到集中。英国国王要在本土捞钱，会面临议会的制约，就不太容易。但是对于新航线带来的海外贸易，王室有很大的掌控权力。今天的上市公司有公司章程，英文叫Corporate charter。最早的时候这个所谓的charter是王室给商人的，办公司是一个特权，允许他们从事海洋贸易。因此，事实上海外贸易权控制在英国王室手中。

我们可以分析英国王室的财政收入来源：传统上，王室收入依靠国内征税以及卖地收入,这两项收入比较稳定,在百余年里变化不大。随着大航海时代的来临,海外贸易给王室带来了关税收入。从17世纪初期开始,关税金额一路走高,超过了传统的税源。国王在关税的收取和海外贸易公司的特许经营上有着很大的权力,国王越来越不依赖于议会,而是通过征集关税来积蓄力量,和议会的关系越来越紧张。英国王室越来越依赖海外贸易带来的财政收入,关税在英国王室收入中的比例由1552年的5.2%,上升到1642年的52.5%。议会对国王在英格兰本土的征税越制约,国王就越有动力压榨关税收入,这导致大部分海外贸易公司并不盈利,因为关税太高了。更麻烦的是,当时的合股公司不是有限公司,股东需承担无限责任,公司的亏损最终会转嫁到股东身上。如果公司不赚钱,把本金都亏光了,股东依然要对公司产生的亏损以及债务负责。由于英国王室的关税收得太多,在海外贸易公司有投资的议员利益受到很大损害,因此他们就纷纷站到了国王的对立面。据统计,1640年,在英格兰内战爆发的前夜,英国下议院的500个议员当中,147个人在进行海外贸易的公司中直接持有股份,还有190个人的家族在海外贸易公司当中持股。英国国王把这些议员的财源掐住了,造成了他们很大的损失,这让议员们对国王分外不满。根据研究显示,在海外贸易公司有投资,使得议员投票反对国王的概率在边际上有20%的增加,这足以改变历史进程。在这些因素的作用下,英国议会最终和国王决裂,英格兰内战就爆发了。最终,查理一世被砍了头。

## 从历史视角思考现在与未来

人被历史裹挟着,君王也不例外。无论是崇祯,还是查理一世，都是暗流涌动的巨大力量下的棋子。国家、民族和个人受到这些命运之手的摆布，但是当时的人们对这一切一无所知。历史的草蛇灰线隐藏在树木的年轮、南极的冰芯、商船的账本里。近四百年后，我们可以站在一个更高的高度，从中国与世界的历史视角看风云激荡。

中国传统的史书，往往将历史事件的走向归结于君王或者英雄人物个人的品德和能力。哪个王朝搞得特别好，我们就说是因为皇帝特别仁爱。哪个王朝没有搞好，我们就说皇帝特别糟糕。事实上，我们对崇祯的评价已经很高了，只能说他有好心，但是没有办成好事。我们对其他一些亡国之君，比如说隋炀帝等人的评价更差。但是，我们今天可以利用我们过去几百年积累的大量丰富的经济、政治、文化上的各种资料，包括利用现代科学的一些手段和技术，这使得我们可以站在一个全新的、更高的角度看天下兴亡。

人类是一个整体，崇祯的命运和查理一世的命运，被一些隐藏在暗处的因素联系在一起。没有哪个国家是孤岛，没有哪个国家能独善其身，每个国家都是世界的一部分。整个人类联系在一起，一荣俱荣，一损俱损。2019年11月3日美国大选，很多中国人希望特朗普连任。澳大利亚前总理陆克文在《外交事务》上写了一篇文章，其中也提到中国方面希望特朗普上台：因为中美两国是竞争者，因此两国都希望自己的对手被一个傻瓜领导。但其实这种想法是不对的，很多情况下如果美国没搞好，对中国也不会有好处，反之也一样。特朗普不理解这一点，他这个心态是很糟糕的，纯粹是一个零和思维。特朗普为什么有这种思维？可能因为他是个房地产商人，他如果是服务业或者制造业商人，可能就不会有零和思维。在很多行业，逢年过节的时候，要向供货商送礼，要向经销商送礼，你好，我好，大家一起好。聪明的企业家不会把他的甲方或者乙方压得死死的，一定要大家一起好，因为整个供应链是一荣俱荣，一损俱损，并不是说把另一方搞死了，企业就占便宜了。但是房地产不一样：我拍了这块地，那你就拍不到。特朗普的房地产思维限制了他，让他不能从一个很高的角度看问题。在现代社会，整个人类是一个整体，中国的奋斗就是人类的奋斗，人类的奋斗就是中国的奋斗。所以我们要经常思考，中国与世界的关系怎么样？是不是有一些共同的因素在推动历史的进程？

同样在17世纪，现代世界在欧洲诞生了。1603年荷兰东印度公司上市，这是现代资本市场诞生的一个标志。1609年伽利略发明了天文望远镜，并且在接下来一年里实证检验了哥白尼的日心说。1624年英国制定了《垄断法规》，现代专利制度出现了。1687年牛顿发表了划时代的伟大著作《自然哲学的数学原理》。伽利略和牛顿奠定了现代科学的基础。1688年英国光荣革命，出现了现代宪政体制。在17世纪完成了这些准备以后，到了18世纪中期，工业革命开始了，人类历史第一次进入了现代意义上的经济增长阶段。我们现在已经习惯了每年的经济增长，但是经济增长其实是一个新的现象。人类历史上的大部分时间并没有经济增长：几千年来的人均GDP几乎没有变化，但是到了工业革命的临界点以后，人均GDP突然猛烈爆发，现代意义上的经济增长出现了。

与此相关，我们自然要问一个非常重要的问题：为什么不是中国？为什么现代世界不是诞生于中国？你站在17世纪的初期，你没有任何理由相信欧洲会比中国更早进入现代社会；你站在17世纪初期的欧洲，你没有任何理由相信工业革命会率先发生在英国，而不是当时更繁荣的意大利。为什么欧洲从17世纪的泥潭里出来，完成了工业革命，领先世界将近四百年，这是社会科学里面最大的谜！

中国有着辉煌的过去。根据英国经济学家麦迪森（Angus Maddison）的研究，中国在1820年是世界上第一大经济体，占到了全球GDP的32.9%。根据清华大学、北京大学和牛津大学学者的非常有影响力的研究，中国经济在1600年达到了顶峰，占全球GDP的34.6%。但是中国在过去三百年经历了一个非常漫长的衰退。英国著名历史学家霍布斯鲍姆将1789年法国大革命和1914年第一次世界大战之间的125年称为漫长的19世纪。在这125年间，欧洲经历了知识、技术、思想、经济上的巨大进步，大体保持了和平与繁荣。与之相对应的是中国在这一时期经历了不可遏制的下滑。1913年中国的GDP占世界GDP的份额降到9.1%，到1978年改革开放前夜，中国经济已经到了山穷水尽的地步，国民经济到了崩溃的边缘，城乡居民人民币存款仅为210.6亿元，人均仅为23元，人民生活陷入赤贫。中国经济当时占全球GDP比例大概只有1.8%，而且这还是建立在官方汇率的数字上。当时的官方汇率一美元等价于两三块人民币，但真实汇率要比这低更多。即使按照这个远远高估、不切实际的官方汇率计算，当时中国的人均GDP也低于撒哈拉以南的非洲国家，而这些国家并没有伟大的历史和人文传统。我们的五千年历史好像完全没有任何作用，近代史上无数仁人志士的牺牲似乎全是徒劳无功，各种尝试全部失败。我们中国人从1840年开始，几乎把人类历史上能够想到或者曾经出现的所有政治制度都尝试了，却仍是气若游丝，几乎命悬一线。整个80年代，我们最大的焦虑就是中国会不会被开除球籍！但是在那之后，我们进入了伟大的崛起或者说复兴，按照年平均汇率算，2020年我们的GDP为100万亿元，相当于15.4万亿美元，居世界第二，占世界经济的比重达到18%左右。这和中国人口占全世界人口的比例大致相当，经过改革开放四十余年的奋斗，中国成为一个不折不扣的中等收入国家。

图1描绘了中国经济在过去一千年里占全球经济的比重变化，在很长一段时间里，中国经济占全球的四分之一到三分之一，但是在19世纪初期开始一路下滑，可谓是千年未有之大变局！从1978年开始，中国经济触底反弹，我们不禁要想：我们现在是在大变局的开始，还是结束？从千年尺度上看，与其说中国崛起，不如说是中国又回来了，因为我们在历史上一直很强，虽然我们不做老大很多年。

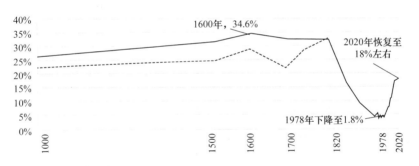

图1　中国经济占全球比重

让我们再从历史的角度来看各个经济体在世界经济体中比重的变化：英国工业革命以后的四十年，英国的GDP从占世界的3.8%，上升到5.9%；美国内战后四十年跟中国改革开放时代的经济增长速度最接近，从占世界的7.9%涨到17.3%；日本明治维新后四十年从2.3%涨到2.62%，二战后从3.3%涨到8.9%；俾斯麦首相统一德国的四十年后，德国占全世界经济的比重从6.3%涨到8.3%，联邦德国二战后的四十年从4%涨到4.4%；东亚四小龙的四十年从0.7%涨到3.5%。而中国改革开放四十年，从1.8%跳升到18%，这个增长速度是最快的。从经济增长的速度和持续的时间来看，再考虑到巨大的人口规模和经济规模，在世界历史上这段增长是绝无仅有的。然而，如果我们看看1800年之前的一千年，我们就会发现，这只是对我们伟大传统的一个回归！

经济学最关心的是寻找因果关系，关于因果关系有一个故事：有几个人去做客，主人家在20楼，需要坐电梯上去。进入电梯后，他们一个在电梯里做俯卧撑，一个在电梯里倒立，一个在电梯里单腿站着。到了以后主人问他们，你们是怎么来的？一个说我是做俯卧撑上来的，一个说我是倒立上来的，一个说我是金鸡独立上来的。正确的答案是什么？当然了，他们是坐电梯上来的！但是他们在电梯里面意识不到电梯的作用，他们以为自己在做俯卧撑，在倒立，在单腿站，做了这些才让他们上来。当我们看千年尺度的经济变化图，我们不禁想到，虽然人们对改革开放四十年取得的伟大成就做出了各种不同的解释，但从历史的角度来看，也许这些解释都不对。因为也有别人在做俯卧撑，有人在单腿站，有人在倒立，但是他们都没有上来，只有我们上来了！有可能我们沉沦的原因和我们复兴的秘密都隐藏在这过去的三千年里。

历史对我们有什么影响？经济学里有个词叫路径依赖。用黑格尔的话说，人类从历史中学到唯一的教训就是没有从历史中吸取到任何教训。不管怎么样，我们的今天和明天受到我们昨天的影响，但是我们对昨天的理解又受到我们今天的影响，我们是站在今天的角度去看昨天。意大利著名历史学家克罗奇说过："当生活的发展逐渐需要时，死历史就会复活，过去史就变成现在的。罗马人和希腊人躺在墓穴中，直到文艺复兴欧洲精神重新成熟时，才把他们唤醒……因此，现在被我们视为编年史的大部分历史，现在对我们沉默不语的文献，将依次被新生活的光辉照耀，将重新开口说话。"

中国也到了这么一个时间点，我们过去的文献也将重新开口说话。我们站在历史的角度看中国和世界，不光是为了理解我们的昨天，更是为了理解我们的今天，并试图展望我们的明天。

本书将用经济学思维来分析历史进程，让读者能够知晓当代社会科学对重大历史进程的分析，理解人类追寻良治的努力。希望读者能有一个普世的态度来看待人类不同社会的发展，同时对我们国家的历史和我们国家的典章制度抱有同情的理解。

第二章
# 金戈铁马：国家的形成

什么是国家？在英文里面有几个词的意思非常接近：country，nation，state。这三个词有着细微的区别。大体而言，country跟地点有关，更多的是一个地理概念。在英文里面的country不一定是指中文语境里的国家，比如加利福尼亚盛产葡萄酒，号称wine country，这是葡萄酒之国或者葡萄酒之乡的意思。Nation跟人有关，指的是互相认同的一群人，这群人我们称为民族。这一章我们讲的国家是英文中的state，在政治科学里面，state和国家的组织架构与行政体系有关。我们的问题是：一个政治体，在它展现出什么特征后，我们可以把它叫作是一个state？也就是说，国家是如何构建出来的？

一个政治组织做了什么，我们才能把它称为一个国家？一个通行的解释是由美国著名社会学家蒂利提出的。他提出，一个被称为"国家"的政治体，需要做四件事情，这四件事情使之跟其他的政治体不一样。

统治者要做的第一件事情就是战争。统治者通过打仗来消除疆域以外敌人的影响。

统治者要做的第二件事情是政体的构建，以此来消除疆域内竞争对手的影响。境内如果有人造反，统治者就通过强大的国家机构来进行镇压。

第三件事情是对被统治者施加保护，消灭或者阻止侵犯他们的人。被统治者的敌人是谁？这个范围很广。被统治者在各种各样的经济活动、社会活动、文化活动当中受到一些不必要的干扰，这些干扰者就是他们的敌人，统治者就必须保护被统治者，让他们的生活能够不受干扰地顺利进行。

第四件事情是榨取或者说汲取。统治者做的前面三件事情都需要资源，都需要一些能力来获取必要的资源，因此他就必须想办法从被保护的那些人手里，或者从敌人手里获取能够用来进行以上三种行为所需要的资源。

这四件事情都需要暴力。跟敌人打仗需要暴力。维持统治者在国内的地位，消灭竞争对手，也需要暴力。统治者保护他的被统治者，比如说警察执法、法官判案等执法行动，靠的还是暴力。最后，获取进行以上三种行为所需的资源，事实上靠的也是暴力。凭什么你心甘情愿把你的所得的一部分交给统治者？因为他手里有暴力。暴力是如此地重要，因此统治者必须垄断暴力，以及其他各种集中强制手段和胁迫手段。当一个政治组织实行了这四种行为，那么它就是一个"国家"。而要能够有效地实行这四种行为，需要一系列特殊的组织结构。当我们观察到这一系列特殊的组织结构在一个政治组织里面出现的时候，我们就认为这是一个国家。

我们再来看一下，2000年颁布的《最高人民法院关于审理黑社会性质组织犯罪的案件具体应用法律若干问题的解释》中关于《刑法》第294条规定的"黑社会性质的组织"的定义：

1. 组织结构比较紧密，人数较多，有比较明确的组织者、领导者，骨干成员基本固定，有较为严格的组织纪律；

2. 通过违法犯罪活动或者其他手段获取经济利益，具有一定的经济实力；

3. 通过贿赂、威胁等手段，引诱、逼迫国家工作人员参加黑社会性质组织活动，或者为其提供非法保护；

4. 在一定区域或者行业范围内，以暴力、威胁、滋扰等手段，大肆进行敲诈勒索、欺行霸市、聚众斗殴、寻衅滋事、故意伤害等违法犯罪活动，严重破坏经济、社会生活秩序。

可以看到，最高人民法院对黑社会性质的组织的解释，跟我们前面讲的社会科学里面对国家的解释很类似。什么是黑社会？黑社会就是一个非法的"国家"。《庄子》说"窃国者侯"。看到这里，大家可能觉得很惊讶：黑和白的界限模糊了，黑的慢慢洗白了，白的慢慢变黑了。其实，世界上有很多国家还不如黑社会呢！很多统治者一心只想着做前面所说的第四件事情，也就是汲取资源，但是前三件做得一塌糊涂。尤其是第三项工作，也就是在保护被统治者上做得很差。

黑社会怎么提供保护？假设有人去一条街上开个饭店，这个时候街上的小混混过来收保护费，收了保护费以后他如何保护店家？有两种保护，第一种保护是收了保护费后，别的流氓地痞就被他打跑，不能来骚扰店家。因此黑社会收钱办事，执行的实际上是一个警察的功能，商家对此也欢迎。第二种保护就很霸道了：你给他交了钱，他就不打你。在这种情况下，被保护的对象受到的暴力威胁恰好来自这个自命的保护者，来自黑社会自己。如果黑社会不存在，这个事情根本没有发生，岂不是更好？一个有趣的问题是：古往今来很多国家对他们的臣民提供的保护性质很多情况下其实是第二种。所以很多时候，有些国家干的事情跟黑社会差不多，甚至还不如一些黑社会。大家看，警匪片里面黑社会拜谁？拜关公，关公是中国传统中代表"义"的形象，义薄云天。这听着很讽刺：黑社会讲究的居然是义！互联网上的段子传说，日本当年阪神大地震后，第一个出来维持治安的是日本的黑社会山口组，他们发挥了政府的功能。这样看来，国家和黑社会之间界限其实是模糊的。因此很多学者认为，发动战争和缔造国家这些行为，本质上是一种典型的有组织的犯罪。战争的发动者和国家的缔造者本质上是暴力的、自私的冒险家。他们其实不就是想夺权嘛！所以国家的统治者，不过是个手握刀把子的创业者，有的统治者甚至还拿了外国的钱，到国内来举事，这和一个典型的创业者拿风投的钱创业也很类似。千百年来各种强盗的行径、海盗的行为、黑社会的竞争、国家维持治安和发动战争，本质上都在同一个范畴里面。只不过有人成功了，有人失败了，成王败寇，失败了就是黑社会，成功了就是国家。有一段关于明朝开国皇帝朱元璋的野史（当然也许是别人黑他）中记载，朱元璋坐了龙椅以后，感叹道："原本打家劫舍，没想到弄假成真。"朱元璋一开始起兵的时候，根本没想到后面这么多冠冕堂皇的理由。我们去南京旅游的时候，可以去瞻仰一下南京的明代皇陵，看一下朱元璋的功绩："驱逐胡虏，恢复中华，立纲陈纪，救济斯民。"很伟大，很了不起，但其实他刚起兵的时候哪里会想那么多！无非是想在乱世中混口饭吃，分一杯羹。所以这个世界上很愚蠢的一件事情，莫过于被这些高大上的黑社会勒索、保护、胁迫、用暴力威胁的那些可怜人，有时候竟然会反过头来歌颂这些黑社会。最蠢的事情就是去崇拜一个黑社会头子，真是太傻了。正如毛主席诗词里写的:"五帝三皇神圣事,骗了无涯过客。"

毛主席还有一句话叫"枪杆子里面出政权",说明暴力是很重要的。国家使用的暴力和其他任何组织所使用的暴力区别在哪里?国家所使用的暴力和其他组织使用的暴力相比有这些优势:暴力范围更广,形式更为有效,也就是说国家拥有的暴力更强大,更野蛮,更能获得被统治者的认可,邻近地区的其他威权也更愿意与之合作。正如黑社会暴力很厉害的时候,另外一个街区的小混混就得承认这个黑社会对这一街区的垄断,愿意与之合作。但是,受到同行认可,并不意味着国家的暴力天然就代表着正义。在这个权力链条的上端,合法的暴力和非法的暴力之间并没有清晰的界限。例如,在战争年代,国家统治者鼓励军队抢夺战利品,这是正义的,还是非法的?在大航海时代,伊丽莎白女王一世时期,英国的舰队对西班牙商队在海上进行公开抢劫,这种海盗行径是英国政府允许甚至鼓励的。女王还给英国海盗发牌照,让他们能够拥有一部分本来是国家才能拥有的暴力。因此,单纯从暴力行为上来看,合法和非法的界限是非常模糊的。此外,在一个国家或一个领域内部,可能有些大首领,他没有称王,但是他也拥有一些私人武装,这些就构成了对国王的威胁。因此,任何一个国家的缔造者都必须想办法裁减各方的武装力量,以保证自己对暴力的垄断。暴力在缔造国家以及维持一个国家的统治当中,占有如此重要的地位,因此,我们要讨论国家,就离不开对暴力的分析。

## 中国的缔造

按照如上的政治学定义,中国是世界上最早的国家之一。那么，我们今天的中国在历史上是怎么出现，怎么形成的？让我们回到中华民族的童年：公元前1046年，周取代商，然后把诸侯分封到各个地方。西周时期，中国处于一个非常松散的政治状态，按照今天的标准，甚至连联邦都不能算，而是类似一个邦联。当时的周天子是天下共主，统领着被分封的诸侯。这些诸侯和周天子之间都有一些血缘关系或者亲戚关系。中国传统上是以家庭的形式进行统治，这是古代中国非常鲜明的特点。在远古的部落时期，部落的头领多半是部落的长者，部落成员之间都有亲戚关系。当部落扩大到一个国家的时候，这种关系就遗留下来了。我国古人如何处理国家这个更大的共同体内部的陌生人关系？有一句话就是"老吾老以及人之老，幼吾幼以及人之幼"，用对待自己亲人的态度对待别人。这种思想有非常先进、非常具有人文关怀的一面。在这个家族里面，我对我的老人好，因此我对别人的老人也好，我爱自己的孩子，因此我也爱别人的孩子，推己及人，就能够维护秩序。这是我们的家族观念，一种非常自然、非常仁爱的观念。但是随着时间推移，诸侯与周室的亲戚关系逐渐淡化疏远。太公望封到齐国，死后归葬于周，但是从后面第六代齐君开始，国君就葬在了齐国。这样，他们和周天子的关系，随着几代人过去以后，就慢慢地越来越淡薄了。

　　西周之初，天子的领地是最大最强盛的，诸侯国拱卫着处于中央的周天子。但是随着时间推移，诸侯国纷纷向外扩张，占领开发了无主之地。在周天子周围的这些诸侯国，因为外面没有现成的政权，因此可以无限制地扩张，但是周天子反而不能向四周扩张，因为一扩张会马上碰到各个诸侯国。所以，中间的王畿反而因为地理的因素被限制住了。类似情况在人类历史上发生过很多次，往往处于边缘地带的一些政治体,最后反而能够后来居上,获得领先地位。公元前771年,周幽王被犬戎杀死,西周结束了。次年周平王东迁洛邑,开启了东周。到了东周时期,旧的秩序崩溃,诸侯国开始互相征战,新的秩序逐渐形成。诸侯国颁布法律,设立财政体系用以汲取争霸所需的资源,他们还编户齐民,发展官僚制度,设立常备军,努力争取在残酷的国际斗争中获胜。这时候,这些诸侯国的行为越来越像本章一开始所讲的,不断从事国家所要做的四件事情。为了做这些事情,这些诸侯国的组织结构开始发生剧烈的变化,现代政治学意义上的国家就在中国出现了。

在这个过程当中,暴力,或者说战争,起了很大作用。在先秦早期,战争是贵族的活动,在很多战争当中,"礼"在其中占了很重要的地位,战争结束以后,双方要按照军礼进行完结仪式,进行"封尸"之礼,将敌军的尸首收起而封土。战败方则返回原来的国家,接受"凶礼"。即使在战争中双方也非常注意教养和风度,体现了古典贵族时代的规则。当时打仗,步兵是辅助性的,主要靠贵族驾战车厮杀,每辆战车配备一名驭手和两名武士,还有几十个人的后勤支持,驾驶战车是高难度的,需要非常昂贵的训练,很适合贵族。驾驶战车打仗的效率并不高,而且学习驾驶战车,不光要学体力上的技巧,还有一系列的规则。这一套教育昂贵并且无用,因此只有少数人才能承担,这就是贵族教育。在今天,什么样的教育是贵族教育?马术、高尔夫球等。这些技能都有一个共同的特征:无用。正是因为无用,才能成为贵族教育的一部分,中产阶层和劳动阶层的孩子没有多少家产可以继承,学习内容一定得有用才行。今天的北上广的家庭,小朋友课外都得上补习班。补习班有两类,一类是学科类教育,目的就是升学;另一类是为了陶冶情操,比如钢琴等。学有用的奥数,不能让你具备贵族气质,但学习钢琴可以,因为钢琴不能帮助升学,属于无用之用,这样才能和别人区分开来。总之,没用的东西才是贵族所学的。

当时先秦的贵族学什么?我们看周朝贵族教育体系当中的六艺:礼、乐、射、御、书、数。礼,礼仪,各种场合的讲究。类似很高雅地吃西餐,刀叉怎么摆放之类的,你要不会,你就不是这个圈子的。乐是指当时的几套在礼仪当中经常要用到的音乐,这都是跟礼仪有关的。射,射箭,也是有讲究的,国君怎么射,诸侯怎么射,有一套复杂的规则,射中是其次,关键是要好看,像武术表演一样。御,驾驶战车,平民百姓根本不可能学,好比普通人坐进法拉利都不知道怎么发动车子。书,书法写字;数,算术,这些也都是贵族阶层所需要的。但是随着战争越来越残酷,诸侯之间的争斗越来越激烈,这些贵族时代的一整套雍容优雅的无用之用都不适合了。用我们今天很时髦的词来形容,贵族社会发生了"内卷"。在一个"内卷"的社会,北上广的家庭发现要上好大学就得上好中学,要上好中学得有奥数成绩,因此小学生都必须上补习班。学钢琴放在简历上挺好看,但是对升学或者高考没什么用。这样,小朋友们进入初中后,都不怎么练琴了。而且上大学后,男生发现弹钢琴远不如弹吉他对追女生有用,因此,大学生即使会弹钢琴,也不太愿意练琴了。所以,一旦社会"内卷",大家都被迫学一些有用的东西,贵族那一套就不灵了。

让我们来看一下,贵族时代是如何打仗的。这是《左传》里记载的齐国和晋国打仗时一段非常精彩的故事:

韩厥梦子舆谓己曰:"旦辟左右。"故中御而从齐侯。邴夏曰："射其御者，君子也。"公曰："谓之君子而射之，非礼也。"射其左，越于车下。射其右，毙于车中，綦毋张丧车，从韩厥，曰："请寓乘。"从左右，皆肘之，使立于后。韩厥俛，定其右。逢丑父与公易位。将及华泉，骖絓于木而止。丑父寝于轏中，蛇出于其下，以肱击之，伤而匿之，故不能推车而及。韩厥执絷马前，再拜稽首，奉觞加璧以进，曰："寡君使群臣为鲁、卫请，曰：'无令舆师陷入君地。'下臣不幸，属当戎行，无所逃隐。且惧奔辟而忝两君，臣辱戎士，敢告不敏，摄官承乏。"丑父使公下，如华泉取饮。郑周父御佐车，宛伐为右，载齐侯以免。韩厥献丑父，郤献子将戮之。呼曰："自今无有代其君任患者，有一于此，将为戮乎！"郤子曰："人不难以死免其君。我戮之不祥，赦之以劝事君者。"乃免之。

这段文字把春秋时贵族打仗那种气派表现得淋漓尽致：韩厥是晋国的大将，他在作战的前一天晚上，梦到他爸爸告诉他，你第二天打仗不要站在战车左右两边。因此，他上了战车后站在车子中间，紧紧跟着齐侯。齐国的邴夏说，敌人的战车中间这个家伙看着是个贵族，是一个重要人物，咱们把他宰了吧！但是齐侯却说，你知道他是个贵族，你还射他，这不合礼数。这说明齐国、晋国的贵族之间互相认为是一个共同体，都是自己人。于是齐国人就把韩厥左右两边的倒霉蛋给射倒了。左右两边的武士看着不是贵族，就没那么幸运了，就被敌人杀了。这时候，另外一个晋国将军綦毋张的车子坏了，跑上来说让我跟你一块儿乘车吧。上了韩厥的车之后，站在他左边，韩厥打他一下，不让他站在左边；站到右边，韩厥也打他一下，不让他站在右边。这是因为韩厥想起前天晚上梦里面他爸爸说不要站在战车左右，因为左右两边是危险的，于是韩厥就让綦毋张站后边。韩厥知道左右两边危险，于是让他的同僚站在后边，但是为什么没有提醒被射倒的两个倒霉蛋？因为这两个跟他不是一个阶层的，不是"君子"。所以，君子的礼仪施加的对象只能是同一个阶层的贵族，阶层的认同超越了国家的认同。或者说，国家的概念尚未成熟，人们不容易对同一个国家的人产生共情。

这时候，趁着韩厥低头整理缰绳，齐侯和齐国大夫丑父在战车上换了位置。快到华泉的时候，他们的战车陷住了，而恰好前一天晚上丑父在棚车里面时，有条蛇出来，他去打蛇，结果把手扭伤了，因此他就没有力气去把车子推出来。眼看着韩厥赶上来，就要抓住对方的国君了。接下来是春秋时期最摆谱的场景：韩厥准备去抓齐侯，他挽着马绳子，象征着要献马给齐侯，倒了一杯酒（他打仗居然带着酒，和我们春游野餐一样！），再捧上一块玉璧——这哪里是去抓俘虏，这是搞社交啊！他接着说："我家国君应鲁国和卫国请求，不要让我们的军队陷入你的地盘（因此我是被迫来打你的），我很不幸，作为军人，没法逃避职责。我倒是想撂挑子不干，但是这样既辱没了我家国君，也辱没了您。我滥竽充数当个军人，虽然我是个笨蛋，但是实在缺少人才，所以我不得不来干这件差事（要来抓您）。"这多谦逊，多摆谱啊！这些弯弯绕的谦语和敬语都是我们非常不熟悉的，因为我们离贵族时代非常遥远，现代汉语里面已经没有这些东西了。但是在英语和法语里面还有类似的这些修辞，因为他们离他们的贵族时代比我们要近得多。

韩厥装完这一套以后，丑父让齐侯去华泉取水。之前他们两个换了位置，韩厥不知道。这里又可以看出贵族时代的做派了：你已经被我抓住了，你还让你的手下走开去拿水喝，而我居然还允许。这和现代打仗完全不一样。这样，齐侯就趁着去取水，坐着别的车跑掉了。韩厥以为抓到了齐侯，但是其实抓到的是丑父。晋国大夫郤献子想把丑父杀了，丑父大喊："从来没有人愿意替自己的国君受难的，现在有一个，难道还要杀他吗？"郤献子被触动了，说："这么一个勇敢的人，我杀了他太不吉利了，因此我把他放了，给大家做个榜样。"

这时候的打仗与其说是打仗，其实更像一套仪式。春秋还有一个有名的宋襄公。《左传》记录宋襄公说："君子不重伤，不擒二毛。"意思是贵族作战不攻击负伤的敌人，不擒获老年人。二毛就是黑白两种颜色的头发混杂，指年纪大的人。宋襄公讲究周礼，要等楚军渡河列阵后再战，结果被楚军打得大败，自己也受伤而死。为什么会这样？因为到了春秋，已经是贵族的黄昏，随着战争越来越残酷，诸侯之间的争斗越来越激烈，这些贵族时代的雍容优雅都不适合了，古典的贵族被时代淘汰了。

中学语文课本里的名篇《曹刿论战》，里面提到一鼓作气，再而衰，三而竭，为什么要一鼓作气？打仗时候为什么双方按照鼓声来打仗？因为那个时候打仗还是按照那套周礼进行的，曹刿不讲武德，破坏了周礼，在战场上就占了便宜。今天的体育比赛在一些方面和古典战争类似。体育比赛里面也讲究礼仪，你使阴招取胜是流氓行为，大家鄙视你。你的对手倒了，你该怎么做？对手受伤了，你把他扶起来，大家都传为佳话，夸你有体育精神。奥运会的口号是更高，更快，更强，但是这些其实只是体育精神的一部分，如果单纯地追求胜利，你的对手倒了，你就不应该去扶。现代打仗的时候，如果对方的防线正好是一些老弱残兵，那得赶紧乘虚而入。但体育比赛不一样，要尊重对手，不能乘人之危，这其实就是古典贵族时代传留下来的礼法规则。随着战争越来越激烈，这套行不通了，宋襄公就失败了。我们读《左传》，读到的是我们中国青春年少的时候，和后面的老大帝国完全不一样。

在同一时期的人类文明轴心时代，西方战场上也有这些古典的高尚品德，他们也讲究"不擒二毛"。希腊神话中记载，希腊人的长者涅斯托耳携子安提罗科斯参加特洛伊战争，安提罗科斯不幸在战场上被特洛伊的同盟军埃塞俄比亚国王门农杀死；门农开始剥取安提罗科斯的铠甲，希腊人无法阻挡他。涅斯托耳看到这里，大声悲号，呼唤他的朋友们快来援救。他自己也从战车上跳下来，想以其微弱的力量跟门农争夺儿子的尸体。门农看他走近对他很敬畏，连忙主动地退到一旁。"老人家，"他说，"要我和你作战，那是说不过去的。刚才在远处，我以为你是一个年轻的战士，所以我朝你瞄准。可是现在我看清楚了，你原来是个老人。快离开战场吧，我不忍杀害你。"

希腊人对特洛伊的长者也是同样的态度：阿喀琉斯为朋友报仇，杀死了特洛伊的王子赫克托耳，而且让战车拖着他的尸体作为报复。特洛伊国王、年迈的普里阿摩斯目睹了这一切，心如刀绞。他在晚上潜入阿喀琉斯的营地，恳求阿喀琉斯归还赫克托耳的尸体。接下来就是《伊利亚特》的结尾，也是最虐心的千古名篇：普里阿摩斯行人所不能行，扑倒在阿喀琉斯的面前，双手捧起那双杀死了自己众多儿子的、沾满了儿子们鲜血的手亲吻着，恳求阿喀琉斯想想一个老父亲的悲苦。阿喀琉斯被打动了，和普里阿摩斯一起抱头痛哭，最后洗净了赫克托耳的尸体，归还给普里阿摩斯。特洛伊用12天时间举办葬礼，在这期间双方休兵。《伊利亚特》中的征战杀伐，就在这伟大的人性中戛然而止。

但是，随着战争的演变和战争的需要，各个诸侯国对暴力的运用要求越来越高，因此不可避免地就出现了国家化。春秋时期有一些著名的改革家，比如齐国的管仲。我们来看看管仲的哪些改革是在进行国家构建。

改革国家的组织结构，"叁其国而伍其鄙"。所谓"叁其国"，就是将国都划分为二十一乡，士居十五乡，工居三乡，商居三乡，分设三官管理。所谓"伍其鄙"，就是将鄙野（国都之外的广大地区）分为五属，设立五大夫、五正官分管。属下有县、乡、卒、邑四级，分别设立县帅、乡帅、卒帅、司官管理。这是一个非常典型的国家构建过程。

改革国家的财政制度，"相地而衰征"。根据土地好坏来征收不同的税赋，而且不论公田私田，都按照统一的标准收税，扩大税源。

改革国家的军事制度，"作内政而寄军令"。把行政组织和军事组织结合起来。

到了战国时期，更有名的一次变法就是商鞅变法。商鞅变法很重要的核心内容和精神，也是围绕着国家化来进行的。商鞅改革国家的组织结构，推行郡县制，全国设31个县，由国君来委任县令。商鞅编户齐民，五家为伍，十家为什，规定居民要登记户籍，按人口征收户赋。他还改革国家的财政制度，废井田，开阡陌，按照土地亩数来征收土地税，扩大税源。同时他改革国家的军事制度和权力结构，奖励军功，颁布按军功赏赐的二十等爵制度，废除贵族特权，贵族如果没有军功，也不能获封。这样，传统的封建制度中的君子小人分野取消了，贵族的力量遭到了打击。为什么秦国要打击贵族？我们前面讲过，国家的统治者要打击其他也拥有部分合法暴力的一些私人武装，要获得对暴力的垄断，因此就必须打击贵族。

战争的需要促进了国家化，国家的形成又更加有利于战争。和早期仪式化的战争不同，到了战国中后期，战争规模越来越大，伤亡越来越惨重。我们看同一时期中国、古希腊和古罗马的战争记录，就会发现史籍记载的中国的伤亡数字特别大。白起一下子坑杀了40万赵军，在今天山西上党地区，仍然能够出土战国士兵的骷髅。大规模的战争，反映了现代国家作为暴力垄断者的出现，能够高度有效地施行暴力。日本也有战国时代，也出了一些名将。网上经常有人嘲笑日本的那些所谓的名将和大战，按照中国春秋战国的标准，就跟乡民武装斗殴差不多。这部分原因在于：日本古代长期一直是封建制，因此对暴力的运用远远不如中国。

在来来回回的厮杀中，随着秦始皇统一中国，大一统的皇权专制国家出现了。这是世界上最早出现的现代意义上的国家。中国的封建社会结束了。后面的两千年中，是一个非常特殊的皇权专制的国家。我们的中学历史课本里讲中国封建社会从秦始皇开始，但是这种说法是我们按照西方的社会理论套上去的。19世纪的时候没有互联网，那时候的人类学家、社会学家、历史学家，他们怎么知道其他国家发生的事情？欧洲经过奴隶社会、封建社会、资本主义社会这样一个过程。但是这一套没法往中国历史上套。分封建土的封建制度，从秦始皇开始就基本上结束了（虽然后面也有反复）。因此，中国的封建社会并不是从秦始皇时代开始，而是从此结束了。这样，战争终结了中国的封建制度，促使中国统一起来，中国作为一个有着完整国家架构的政治组织就出现了。

## 欧洲国家的形成

我们今天所熟知的一些欧洲国家的形成,跟战争也有很大的关系。从中世纪晚期开始,当世界上其他地区在军事上处于比较缓慢的发展中时,欧洲在军事领域发生了一系列的变革,其中一些重要的变革不仅使欧洲战争的面貌发生了剧烈的改变,而且对社会发展和政治生活也产生了非常深远的影响,这就是欧洲的军事革命。

首先发生了步兵革命。自从马镫被采用以来,骑兵一直是古代战争中的主宰。中世纪在欧洲战场上起决定作用的武装力量是手持长矛的骑士,其他人员只是重装骑兵的辅助力量。这跟我们春秋战国时期挺类似。什么人才能当骑士?骑士阶层是一些什么人?他们都是欧洲的贵族,而贵族是有自己的一套规则和礼仪的。在今天,如果一个人很有礼貌,出门让女孩子先走,女孩子坐下前,你给她扶椅子,我们管这叫骑士精神。这跟中国古时候很类似,这些行为一定是贵族阶层专属的,而且是在贵族阶层的竞争不是很激烈、"内卷"没有出现的时候才会有。

随着战争在欧洲的演化,以瑞士方阵和英国长弓手为代表的步兵,依靠其严密的组织纪律性,通过长期严格的训练,相互间的密切配合和协作,极大地提高了战斗力。在1315年的摩尔嘉屯战役和1339年的牢彭战役中,瑞士长枪兵依靠密集的方阵打败了勃艮第的封建骑兵;在1346年的克雷西战役、1356年的普瓦蒂埃战役中,英国步兵凭借对长弓的良好运用取得了对法国重装骑兵的胜利。这样,步兵时代来临,骑士时代退场。这和我国春秋战国时随着战争越来越激烈,原来旧有的贵族作战方式逐渐退出历史舞台是非常相似的。

当时的步兵革命中还出现了火枪,尤其是火绳枪的大规模运用。火绳枪在重装速度和准确性方面都远远不及长弓。16世纪欧洲的步兵方阵当中火枪手与长枪兵的比例大约只有1∶3。在西班牙大方阵(Spanish Tercios)中,长矛兵排成密集的三排,在四个边角上是排成密集方队的火绳枪士兵。因为不能保持连续的火力,火枪手在自我防卫方面存在严重缺陷。17世纪初,经验丰富的毛瑟枪手每两分钟才能发射一颗子弹,这意味着在面对骑兵的冲锋时,他只来得及发射一颗子弹。从16世纪90年代起,尼德兰的莫里斯亲王开始在他的军队中采用"齐射"战术:在战斗中把毛瑟枪手排成横列,最前排的人发射完后做反方向行进,然后第二排的人发射;也做反方向行进……依次类推。1617年至1632年,瑞典国王古斯塔夫·阿道夫进一步发展了莫里斯的改革。这种战术保持了火力的连续性,而且用规模较小的战术单位取代数千人组成的方阵,使相同的人数能形成更多的战术单位,增加了军队的灵活性。另外,随着火枪技术的进步,在军队当中火枪手的比例也越来越高,到了17世纪40年代,在克伦威尔的新模范军当中,火枪手和长矛手的数量的比例已经达到了2∶1。这些战术和技术改革使军队提高了对先进的设备、严格的纪律和艰苦的训练的要求。这和两三千年前的古人打仗就很不一样。在更久远的过去,对武器装备没有那么多复杂要求,对士兵的训练和纪律也没有很多要求。在欧洲军事革命之前,欧洲人如何打仗?往往是贵族被国王召集去打仗,带上手下人就去了。平时那些人是农民,要打仗就变成了战士。他们不是职业军人,这种低烈度的战争和春秋战国之前中国的战争也是类似的。

在差不多同一时期的明朝,也出现了类似的火枪战术。图2是

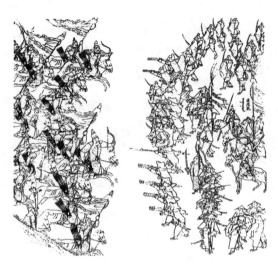

图2 清朝版画中的明军火枪战术

在清朝的版画当中明朝的火枪战术,我们可以很清楚地看到,最前面的这些士兵每人拿了一个三眼火铳在开火,第二排士兵在往回走,因为他们的火枪已经发射完毕,撤回来装填弹药。在火枪火力不足的情况下,东西方都不约而同地出现了这样的战术。

除了步兵革命以外,欧洲还出现了火炮革命。火药最初从中国传到欧洲,炮兵也逐渐发展起来。刚开始的时候火炮的威力小,射程很近,不稳定,在战争当中的实际效能并不高,特别在野外战场,它的作用比较有限。当时的火炮发射的是实心的弹丸,打在城墙上破坏有限,但是能发出巨大的声音,打击敌人的士气。因此,在围攻堡垒的战斗中,火炮主要被用来轰击木制堡垒大门,或将石弹射入城中,摧毁房屋和教堂,而不是轰塌城墙、围攻堡垒。从15世纪开始,火炮的性能得到了很大的提高。在英法百年战争的最后阶段,装备了新型攻城炮的法国军队,成功夺取了英军在诺曼底和阿基坦的众多堡垒。后来,法国大炮的优势一再重演,不仅打败了英国长弓手和瑞士的长枪方阵，而且顺利地翦除了地方贵族的割据势力，完成了国家的统一。

　　进攻方在发展革命性的技术，防守方也开始进行一些革命性的变革。当时出现的一个军事防守技术的重大革新是堡垒革命。从9世纪开始，欧洲城堡进入大发展时期，表现在城墙更加坚固，厚而且高，并且城墙的长度比以往更长。这样大大增加了进攻一方围城的难度和费用。但是火炮革命后，中世纪那种高耸的圆形堡垒在大炮面前已不堪一击。16世纪，意大利出现了一个很重要的军事改革：棱堡。第一座能够抵御火炮的现代工事坐落在教皇所属的奇维塔韦基亚港。沿着这个港口的城墙，按照固定间隔建造了许多四边形堡，上面安置了各种武器。由于棱堡体系能够为防御者提供侧翼的火力支援，在抵御炮击方面非常有效。棱堡和传统的一圈城墙有着显著区别：它有很多突出部，突出部很重要的作用就是让进攻方在任何方向进攻都会遭受两面火力打击。棱堡没有什么死角，对防守很有利。棱堡的城墙不是一道垂直的墙，而是一个斜坡。之前的古人肯定不会把城墙造成一个斜坡，因为那样敌人就容易爬上来。但是斜坡使得城墙的厚度加厚了，并且炮弹打到斜坡容易形成跳弹，不会造成损伤。另外，棱堡并不高。棱堡出现以后，欧洲城堡的高度普遍降低了，这和古人修筑城墙的思维不一样。古人修城墙，越高越好：如果守卫者面临的主要敌人是搭了云梯攻城的步兵，那么城墙一定是越高越好。但是棱堡主的假想敌是大炮。城墙高了，大炮就容易打中。当时的弹道计算技术落后，大炮不容易瞄准，城墙矮一些就打不中了。除此之外，棱堡往往不止一圈墙，实际上是一个防御体系，一层套一层，中间还有壕沟。所以与其说它是一个堡垒，不如说它是一个立体的防御工事，一个庞大的系统。

由此，棱堡的推广让战场上进攻和防御之间的平衡再一次向防御方倾斜。为了攻下这种新型的防御体系，需要围攻的兵力就大幅度上升，攻防战的时间也大幅度拉长了。

这些军事革命对军事领域产生了很深远的影响。首先，军队人数急剧增长，欧洲军队规模在16、17世纪扩大了10至12倍。再加上修筑工事和制造枪炮、弹药带来的巨额开销，军费开支也暴增了。战争变成一个现代化的行为。古时候打仗，大多数情况下人多就容易获胜，因为战士们无非是拿刀枪棍棒拼蛮力。欧洲军事革命之后，战争越来越依赖先进的装备，而制造、使用这些装备的费用非常高昂。此外，军队的构成也发生了很大的改变。主要的兵源来自从社会各个阶层招募的步兵，而不是被封建贵族阶层垄断的重装骑兵。另一方面，对军队的组织和之前完全不一样，而且还出现了配合军队所需要的各种复杂的社会组织。欧洲军队打仗的过程和中世纪不同，更接近于今天的现代军队，需要对军队进行严格训练和管理，需要现代化战争依靠的那些非常精细复杂的组织，这给旧的政治体系带来前所未有的压力。一支近代军队，组织越来越精密，需要大量的参谋安排各种军事活动和辅助的活动。战争变得像是一套配合默契的仪器。这时候，中世纪那套非常古老、效率很低下的体系就不能胜任。类似地，像我们春秋时的宋襄公那样，欧洲的旧贵族发现自己那套被时代淘汰了，原来的贵族那种骑士打仗的很彬彬有礼的方式也被淘汰了。为了战争配套的官僚体系应运而生，而且也出现了现代财政体系，整个欧洲社会更加地组织化，贵族阶层被削弱了。在这个过程中，就出现了欧洲的近代国家。

我们现在来总结一下中国和欧洲的历史，看国家是怎么形成的：在历史的某个阶段，某个暴力集团首领发动了一场战争并成功地主宰了某一资源富裕的领土；战争又迫使他在该领土上不断强化对作战所需资源的汲取，包括人力、武器、粮食、住宿、运输、补给品，以及获取这些战争物资所需的资金。因此，他在完善其战争能力的同时也提升了汲取能力。这种汲取活动如果进行得很成功，就会帮助他清除或者压制他的政敌，或者使他们归顺；最终的结果便是缔造出了一个国家。这一过程创造出来各种形式的严密组织，这些组织又推动了国家建设。这样，征战通过军事组织的膨胀促进了国家的形成。国家发动战争，制造战争，而战争又制造了国家。

## 统一与分裂

总之，无论是在中国，还是欧洲，战争都促进了国家的形成。但是中国和欧洲除了这些相似的地方之外，还有一个非常大的不同：历史上，中国大部分时间是统一的，而欧洲大部分时间是分裂的，小国林立，犹如春秋时期的中国。图3是从公元元年开始到1800年这近两千年里，欧洲和中国两个区域里的国家政权的数量变化对比。我们可以看到，罗马崩溃以后，欧洲的土地上一直存在

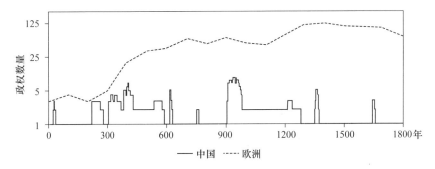

图3　政权数量：欧洲与中国

几十甚至上百个国家政权，但是中国不一样，大部分时间我们只有一个政权，这是中国和欧洲一个很大的区别。

　　为什么中国历史上能够长期保持统一或者相对统一，但是欧洲却不行？这里面有两个因素：第一，中国容易统一；第二，中国需要统一。

　　我们首先看一下欧洲和中国的地形图。《枪炮、病菌与钢铁：人类社会的命运》的作者戴蒙德观察到欧洲和中国地形的几何形状不同：中国是一大片，而欧洲则是一个扭扭曲曲的不规则的形状。中国古典文明的核心地区是黄河流域，黄河流域的地势总体比较平。但是欧洲文明的发源地希腊和罗马，都位于一个狭长的山地。虽然中国的地势总体上比欧洲更加崎岖，但中国核心区域的地势是很平缓的。此外，欧洲不像中国，没有一个核心的农耕区。虽然欧洲有很多适合农耕的地方，但是并没有连成一片。再仔细看，与中国相比，欧洲的地理结构更多地表现为区块化。欧洲的主要河流是从阿尔卑斯山脉流出，这些河流的流向呈辐射状，将欧洲分割得支离破碎。但是在中国，两条主要河流长江和黄河的流向呈平行状。欧洲有两个很大的岛，不列颠和爱尔兰，中国则没有很大的岛屿。中国没有大的半岛，而欧洲则有许多大的半岛，如意大利、希腊、西班牙和斯堪的纳维亚半岛。每一个半岛都是独立的，要将它们统一起来有着天然的障碍。欧洲大陆被阿尔卑斯山脉、比利牛斯山脉和意大利的亚平宁山脉等高山分割成一块块领域。在欧洲，这些被高山分隔开的地区形成了分割的地理单元，出现不同的民族、不同的语言、不同的国家。比如，意大利和德国被阿尔卑斯山脉分隔开，西班牙和法国被比利牛斯山脉分隔开。在中国则相反，中国的核心区域并没有被高山分隔开。

图4 欧洲与中国地形地貌

这些地理因素使得中国比较容易统一,同时比较容易保持统一。欧洲比较平缓的地方在欧洲的北部,那里的地势比较平缓,但是历史上这块区域被大量的森林覆盖,罗马帝国向欧洲北部扩张止步于德国的森林和沼泽。在今天的德国,90%的地区在公元8世纪是森林,最晚到18世纪初期,仍然有40%的地区被森林覆盖。与之相比,中国的中原地区从两万年前开始就一直森林稀少。在格林童话中,有很多关于黑森林的可怕传说,这在我国民间文学中就不常见。

这样,关于中国和欧洲为什么一个统一、一个分裂的解释,就是和二者的地形有关。中国的核心区域地势比较平缓,而且适合农耕,它不仅有利于统一,而且有利于扩张,这是很重要的观察:当中国的核心区域统一以后,以此为依托,向四面八方扩张就比较容易了。事实上,中国除了明朝以外,历次统一都是由北到南,秦、汉、魏晋、隋、唐、宋、元、明、清,只有明朝是朱元璋北伐统一的。这是因为中国南方的开发相对比较晚,而打仗需要各种各样的资源，长期以来，中国北方能提供的资源就比南方要多很多，这跟今天中国南北的差距正好相反。朱元璋采取了一个很有名的策略叫"高筑墙，广积粮，缓称王"。广积粮没错，可也得有粮可积才行。朱元璋为什么能够从南打到北？因为朱元璋在北伐前先控制了当时中国比较繁荣发达的江南部分，然后以此为依托才能够向北统一。

欧洲为什么总是分裂？欧洲最接近统一的时期是罗马帝国。罗马帝国早期的繁荣，受益于一段罗马气候最优期，或叫作罗马温暖期，大约在公元前200年到公元150年间。这段时间内，温暖、湿润、降水充足，气候稳定，适宜农业发展。考古资料显示，这一时期的小麦收成非常好。纵然如此，罗马帝国始终未能突破欧洲北部森林区域。这段时间结束后，气候条件开始动荡，降水减少，温度降低。罗马帝国无力维持统一的帝国，最终解体。在欧洲历史上，有几次很有名的试图统一欧洲的举动，比如，汉尼拔于公元前218年翻越比利牛斯山和阿尔卑斯山进攻罗马，把罗马人吓了一大跳，但他最终退回了迦太基。为什么汉尼拔这次远征这么出名？因为这太难了。有一幅油画叫《拿破仑翻越阿尔卑斯山》，我们看到的关于拿破仑的画像，最有名的就是这一幅。为什么表现拿破仑翻越阿尔卑斯山？因为如果一名将领能带领军队穿越征服这些地理上的巨大障碍，在欧洲传统上就是名将的标志。我们中国古代的不世名将，则要能够像霍去病他们一样，远征大漠，长途奔袭两三千公里，这对当时的农耕民族是一个很大的地形和地理上的挑战。在欧洲，这样的挑战就表现为翻越阿尔卑斯山，这是一个非常具有英雄气概的壮举。但是这种壮举非常罕见，而且战果不容易保持。腓特烈一世（红胡子巴巴罗萨）于12世纪中晚期多次从德意志进攻意大利，最终被击退；1213年，阿拉贡国王彼得二世翻越比利牛斯山,最后在法国境内战死。由此可见,欧洲的地形对于统一来说是很难的。

在罗马帝国之后最接近统一欧洲目标的是16世纪的神圣罗马帝国哈布斯堡王朝的皇帝查理五世。他控制了欧洲相当大的一部分,包括西班牙、尼德兰、德意志、奥地利、意大利。但是,他的统治更多是通过各种联姻和政治斗争,而非军事征服,其治下的区域也没有整合成一个统一的政治实体。所以有句名言说神圣罗马帝国既不神圣,也不罗马,更非帝国,因为它没有整合成一个统一的政治实体,和罗马帝国的丰功伟绩没法比。此外,欧洲的肥沃地区并不集中,这点对于中央集权很不利。查理五世的统治在很大程度上依赖于对富裕的低地国家和米兰大公国的占领。荷兰人获得独立,严重打击了哈布斯堡王朝的实力。而查理五世要派西班牙大方阵进攻荷兰却面临地理上的劣势。这段时间又正好是欧洲军事革命发生的时候,那些传统的战术失效了。最后,查理五世就把领土拆分,分给了自己的儿子和弟弟。

由此,我们知道欧洲很难统一,中国相对来说比较容易统一。但是,容易统一,不代表能够统一,还必须有统一的需要。我们今天觉得中国统一是天经地义的,"普天之下,莫非王土,率土之滨,莫非王臣"。悠久的历史让我们长期以来有了这种潜意识,我们已经忘了这个潜意识是怎么来的了:为什么中国人有这么强烈的要求统一的愿望?

从全世界范围来看,历史上大约90%的大帝国,要么是处在欧亚大陆的干旱区,要么就是和这片干旱区相邻。欧亚大陆的这片干旱区的大草原上,生活着游牧民族。一方面,游牧民族具有军事优势,使得他们可以很方便地对农耕民族进行掠夺;另一方面,游牧民族的统治者很难对游牧民征税。这是因为：第一，游牧民族居无定所，随时可以逃走躲避征税；第二，游牧民族没有谷物这样可以储存的资产，征税不易。如果我们再把时间往上推，人类有组织的文明首先出现在中东的新月沃地。那是一个很肥沃的地方，可以种植小麦。只有出现了谷物，才会有城市，才会有文明。因为谷物是可以储存的，但是牛羊不行。可以储存的东西，就可以交易，可以征税，文明就发展起来了。金融学第一课通常讲的是货币的时间价值，但是在谷物出现之前，人类不太容易有这种概念，也没有储蓄这种习惯。游牧民族的特点，使得他们的统治者很难对自己的臣民征税，那么匈奴王怎么获取资源来维持他的统治？那就得靠抢劫。草原边上的农耕民族是最佳的抢劫对象。第一，他们有值得抢的东西；第二，他们容易抢。这样，邻近大草原的农耕地带的民族，天然需要团结起来，应对游牧民族的侵略。渐渐地，大帝国就出现了。

我们可以在地图上看欧亚大草原的分布，并计算不同文明距离欧亚大草原的距离。奥斯曼土耳其最强盛的时候，它的兵锋曾直逼维也纳。而维也纳以西的阿姆斯特丹、巴黎等欧洲名城历史上从来没有遭遇过草原民族的威胁。骚扰这些欧洲城市的野蛮民族是北欧海盗，而北欧海盗的战斗力和游牧民族大规模的骑兵部队是不能相比的。维也纳距离欧亚大草原东端的距离，相当于中国的广州距离欧亚大草原东南端，因此中国是退无可退。我们离欧亚大草原特别近，我们面临游牧民族的侵略和威胁特别多。农耕民族缺少马，难以对抗游牧民族，那怎样才能团结起来保卫自己？这就需要形成一个统一的帝国。

欧洲的主要城市远离欧亚大草原，但是中国则不同。今天的西安离鄂尔多斯草原只有300公里，今天的北京居民去坝上草原玩，行车距离也就300公里左右。一匹典型的蒙古马，一周之内就能够跑到这个距离。因此，长安和北京始终处于草原民族的威胁下，只有统一的大帝国才可以有效地组织军事力量，对抗游牧民族的劫掠。因此，中国的地形不但让中国容易统一，中国的地理位置还让中国需要统一。统一的容易程度和统一的需要促使中国在过去两三千年的时间里，长期保持了统一。

其他国家的统一和分裂也有类似因素。让我们来看看另一个古老文明：埃及。大约从公元前3400年开始，埃及逐步统一。在随后的两千多年里，埃及被不同的王国由南到北统一，和中国统一的方向正好相反。但是，公元前1070年，新王国时期结束后，埃及再也没有统一，而是不断处于外来征服者的统治下。为什么会这样？

大约1万年前，撒哈拉地区的降水量大增，尼罗河两岸的沙漠变成了草原。埃及南边的努比亚地区遍布着游牧民族。从公元前3100年开始，他们和埃及人的交流开始频繁，相互间的战争也出现了。游牧民族从南边不断侵袭农耕的埃及人，埃及的统一政权也恰好出现在南部，并从南部统一埃及。但是公元前1000年左右，撒哈拉的降水消失，草原重新变成沙漠，草原向南收缩。努比亚游牧民族被迫往南边迁徙，退往今天的苏丹北部。埃及南部的威胁消除了，刺激埃及寻求统一的力量也消失了。那么为什么埃及人没有统一起来对抗北部的入侵者？埃及的几千年里面，统治者不断更换，来自亚述、波斯、希腊、罗马的统治者轮番登场，埃及人为什么不起来反抗他们？因为这些统治者不是单纯的掠夺者，对于埃及人来说只不过是换了一个征税的。但是游牧民族对埃及人来说就不一样，他们带来的威胁太大了。

再来看看东欧。靠近欧亚大草原的东欧地区在古代很长时间内都没有强大的农耕国家。这有可能是因为，公元500年之前，东欧地区的农业只在很窄的一些地带开展。一方面，农耕民族很难扩张，另一方面，他们也没什么值得游牧民族掠夺的。从公元500年开始，东欧地区的农耕区向北部和东部地区的落叶林区和针叶林区扩展，这样就不可避免地和欧亚大草原的游牧民族发生接触。到了公元9世纪，在今天的乌克兰地区的斯拉夫人，面临着南边强大的可萨汗国的威胁。可萨汗国又译卡赞王国，即《新唐书》所称的突厥可萨部。他们在唐初被唐朝击败以后，西迁到了今天的里海一带，建立了强大的半农耕半游牧的政权。在这一时期，基辅罗斯出现，后来逐渐扩张成东欧地区的第一个农耕强权。基辅罗斯恰好出现在可萨汗国的边上，这更像是农耕的斯拉夫民族为了应对游牧民族的侵袭，团结起来才出现的一个强权。

莫斯科大公国的兴起和基辅罗斯很类似：俄罗斯起初毗邻强大的草原帝国金帐汗国。金帐汗国分裂后，俄罗斯和后续的游牧政权继续冲突。俄罗斯尤其面临成吉思汗长子术赤的后裔建立的克里米亚汗国的掠夺威胁，双方争斗持续了三个世纪。虽然土地肥沃，但是克里米亚汗国并不从事多少农业，而是以半游牧的畜牧业为主。克里米亚汗国自身的出产难以维系统治，需要不断掠夺俄罗斯和乌克兰。克里米亚汗国主要的劫掠目标是人口，并将其在黑海地区的奴隶市场出售。当时，黑海有一个繁荣的港口城市卡法，这是中世纪欧洲一个非常有名的奴隶贸易港口，它为奴隶贸易带来了便利。1521年，克里米亚汗国攻入莫斯科大公国的心脏地带，掠走了30万人口。17世纪的前半期，克里米亚汗国在奴隶市场上出售了15万至20万俄罗斯人。要知道，他们俘虏的人数和杀死的人数大致相当，而当时俄罗斯人口在450万—500万之间，所以我们可以看到游牧民族对俄罗斯的威胁有多大。俄罗斯别无选择，只能拼命扩张，最终发展成了横跨欧亚的大帝国。

俄罗斯长期站在和游牧民族对抗的前线，所以他们自命为欧洲的守护者。为什么称俄罗斯为战斗民族？其实他们的历史很悲惨，不断被人打，都是被逼的。俄罗斯著名油画家列宾，中学课本里有他的名作《伏尔加河纤夫》。列宾还有一幅名作《哥萨克给土耳其苏丹回信》，描绘的是哥萨克拒绝土耳其苏丹的招降，回信辱骂。我们从小学英语，但是不学怎么用英语骂人。除了那个F打头的词，我们一般不知道英语里的脏话。大家如果读一下哥萨克给土耳其苏丹回信的英文版，那里面有一连串的脏话，而且骂得非常有想象力！可见，俄罗斯长期和游牧民族作战，骨子里已经浸满了仇恨。大帝国的出现，固然给它的人民带来无上荣光，但其实也是迫不得已，背后是无数的血海深仇。

图5　哥萨克给土耳其苏丹回信

大一统创造了和平，消灭了战乱。中国古代也有乱世，但是总的来看，欧洲的战争频率远超中国。大一统还有利于内部交流沟通，这增强了人群的免疫力。以上两点是中国古代人口远超欧洲的重要原因。除此之外，中国长期稳定统一的环境给发明创新带来了必要的空间。在古代，中国在技术方面长期居于领先地位。这些先进的技术包括：带有闸门的运河、铸铁锻造、深井钻探技术、火药、指南针、印刷术、造纸术和活字印刷术等。但是，对于高度不确定下的决策，分权体系有强大的容错功能，具有相对优势，定于一尊的中央集权反而是个累赘。正如费正清在《剑桥中国史》所言："十来亿欧洲人扩张到欧洲和美洲各地，在三大洲建立了五十来个政权，但是十余亿中国人只居住在一个国家。"

中国人很早就掌握了航海技术，却没能像欧洲人一样在全世界开枝散叶，这是为什么？在《枪炮、病菌与钢铁》一书中，作者戴蒙德提到一个解释：1405年至1433年，永乐先后七次派出船队，由郑和指挥。这些船队体量庞大，装备精良。相比之下，哥伦布率领的船队规模则要小得多，他只有三艘不大的船。尽管如此，他还是靠着这三艘船横穿大西洋，从欧洲到达美洲。1433年，明朝朝廷中反对继续派遣船队进行远洋航行的势力占据上风，皇帝也就没有再颁布圣旨继续派出船队，这在当时其实是理性的决定。欧洲的国王们有时也不愿意耗费巨资来组建昂贵的船队，但是欧洲大陆被分割成多个国家，有数十个诸侯、国王和皇帝，他们都有权决定组织船队，进行远洋探险。哥伦布在说服西班牙国王资助他的航行前，在意大利、法国、葡萄牙、西班牙的贵族和国王那里尝试过六次。哥伦布在欧洲，欧洲有好多国王；而郑和在中国，中国只有一个皇帝。当我们享受大一统带来的稳定和繁荣时，我们也要承受大一统带来的僵化。这真是：命运给你的礼物，早就在暗中标好了价格！

当然，这种机械的历史决定论过于简化了：今天我们知道，哥伦布大大低估了地球的周长，误以为能够从欧洲向西航行到亚洲。如果他知道太平洋加上大西洋的宽广，多半不愿意如此疯狂。这样，历史有时候并不站在理性的、正确的决策一边，哥伦布的错误认知，在欧洲的分权体系下，阴差阳错地创造出了人类近代史的开端！

## 第三章
# 非我族类：民族的塑造

《左传》有云："国之大事，在祀与戎。"为什么打仗和祭祀这么重要？现代人尤其很难理解为什么祭祀这么重要。在过去，我们一般把这理解成古人的鬼神崇拜和祖先崇拜，除此之外别无意义。但是，从民族塑造的角度看，对外的战争和内部的祭祀，都有助于民族认同感的产生。

## 欧洲各民族的塑造

一般认为，欧洲近代国际关系体系的建立起始于1648年《威斯特伐利亚条约》的签订。在由《威斯特伐利亚条约》确立起来的欧洲近代国际关系体系中，教皇和神圣罗马帝国皇帝的权威不复存在，民族国家开始享有独立主权，成为国际体系中的行为主体。但是今天我们看到的欧洲各民族的稳定形成，并不是一蹴而就的。

欧洲战争的发展经历了封建世仇性战争、雇佣军战争和民族化战争三个主要阶段。早先的封建世仇性战争对疆域较大的国家有利，而盛行于公元1400年到1700年之间的雇佣军战争却为富有的城市-国家（城邦）带来了好处。与此同时，那些兼有大型城市和广大贸易腹地的欧洲国家在战争竞争中逐渐占据了上风。同时，由于怀有共同民族主义情感的士兵在对他国的战争中会表现得更为勇敢，因此，当欧洲国家开始需要面向国内寻求兵源时，就会先后在本国推进民族主义化和军队专业化进程，以求在战争中存活。由此，随着欧洲国家对国内兵源的依赖日益加深，民族主义思潮在欧洲兴起，民族国家这一国家形式便在欧洲扩展开来。

问题是，怎样让人民认为自己属于同一个团体？一个很重要的可以将人群凝聚起来的工具就是语言。我们很自然地认为自己的语言是与生俱来的，就和我们的祖先一样，是天然赋予我们的特征，语言帮助我们将自己和别人区分开来。在中世纪，欧洲各国的官方语言是拉丁语。今天我们每个人都要学习的外语是英语，而英语作为规范语言的历史其实很短。不光是英语，其他欧洲各国的民族语言的历史也很短，在中世纪有教养的人说的是拉丁语，文献也是用拉丁语写成的。法国年鉴学派史学大师马克·布洛赫（Marc Bloch）在他的名著《封建社会》中挖苦道："法文，也就是一种被认为不过是退化了的拉丁文，因此，是必须要花上好几个世纪才能获得文学尊严的语言。"

但是这一切在印刷术出现以后得到了改变。印刷术出现以后，欧洲民族的语言蓬勃发展。本尼迪克特·安德森（Benedict Anderson）在他关于民族主义的名作《想象的共同体》中提到，这些印刷语言"在拉丁文之下，口语方言之上创造了统一的交流与传播的领域。那些口操种类繁多的各式法语、英语或者西班牙语，原本可能难以或根本无法彼此交谈的人，通过印刷字体和纸张的中介，变得能够相互理解了。在这个过程中，他们逐渐感觉到那些在他们的特殊语言领域里数以十万计,甚至百万计的人的存在,而与此同时,他们也逐渐感觉到只有那些数以十万计或百万计的人属于这个特殊的语言领域。这些被印刷品所联结的'读者同胞',在其世俗的、特殊的和'可见之不可见'当中,形成了民族的想象的共同体的胚胎"。这让我们很自然地想到,中华民族为什么有14亿人,而不是像欧洲一样分成许多民族,每个民族几千万人或者几百万人?其中一个很重要的原因就是我们的语言文字在塑造共同的民族认同上起了很大的作用,这是很多人都已经认识到的一点。早在秦始皇时代,中国的书面语言就通过"书同文"统一起来了。另外,中文是象形文字,不依赖于发音。一个广东人和一个陕西人,如果没有经过普通话的训练,他们可能根本就不能互相理解,这样他们很难会认为对方和自己是同一类人。我是吃米饭的,你是吃面食的;我是吃海鲜的,你是吃羊肉的;我的豆腐脑是咸的,你的豆腐脑是甜的……差距实在太大了!但是共同书面语言的存在,使得我们可以塑造共同的民族认同。

在19世纪,随着义务教育的展开,欧洲各民族的民族认同进一步固化。19世纪是欧洲各国日益民主化的时代,也恰好是义务教育的推广和民族认同塑造的一个重要时期。当时民主进程的推进,给统治阶层的稳固统治带来了很大的挑战。欧洲的统治者发现,统治一个同质的群体比统治一个有着五花八门诉求和思想的异质的群体要方便得多。对于统治者来说,最好被统治者只有一个声音,而不要五花八门的各种声音,不然统治者将疲于应付。当然,如果这个同质的群体只用一个大脑思考,甚至没有大脑,那就更方便统治了。如果这个同质的群体没有大脑,唯有统治者替他们思考,对于统治者来说妙不可言。民族塑造是如此成功,全欧洲范围的民族仇杀爆发了，这就是后来的第一次世界大战。而当时社会主义革命者变统治阶级的战争为国内革命战争的呼吁并没有奏效，因为同属一个阶级的认同感，没有同属一个民族的认同感更强。

19世纪在欧洲民族的塑造当中起着非常关键的作用。19世纪是产生了《共产党宣言》的世纪。当时欧洲各国内部的阶级矛盾，以及其他一些矛盾非常尖锐，这也是欧洲的统治阶层受到民主进程推进的压力的时候。各国统治阶层开始强力推广义务教育，而塑造民族认同是义务教育一个很重要的功能。怎样才能通过教育塑造民族认同？就要靠民族标准语言的推广。这里有一个冷知识：根据历史学家霍布斯鲍姆的估计，1789年法国大革命爆发的时候，法语只是法国精英阶层的语言，全法国只有12%—13%的人口能够流利地说法语，有大约一半的法国人完全不说法语，例如，在法国南部普罗旺斯等地的欧西坦语（Occitan），法国北部的佛兰芒语（Flemish），还有大量的各式各样的语言或者方言。我们读巴尔扎克的小说，就会发现法国的内部差异集中体现在巴黎和外省的区别。巴尔扎克的小说里，动辄外省人如何如何，好比上海人口中的"乡下人"，差距非常大，尤其是语言。

大革命时期成立的国民大会要求学校教法语，雅各宾党人的一个口号是"共和国的团结要求语言的团结"，把国民标准语言教育上升到一个很高的政治地位。但是在19世纪，仍然有大量的法国人是文盲，无法掌握法语。到了第三共和国时期，法国政府开始强制推行义务教育。教育支出占财政支出的比重从1881年的2.3%增长到1913年的6%。义务教育的一个重要部分就是法语的教学和强制推广。孩童在学校如果说方言会受到惩罚。1891年的一个内务部文件指出，用方言祈祷会破坏法国的团结。注意：他们可不担心用方言祈祷，上帝听不懂，但是他们担心用方言祈祷会破坏法国的团结！

19世纪的法国识字率并不高，而且有着明显的地区差异：识字率最高的地区在法国东北部以巴黎为中心的区域，而在广大的法国南部，识字率并不高。如果不识字，就不会本民族的语言，就不利于塑造这个民族认同。我们国家老百姓的识字率大规模提升要归功于1949年以后开展的扫盲运动。当帝国主义敲开我们大门的时候，中国人的识字率和西方相比要低得多。如果老百姓不识字，是文盲，没有掌握本民族的共同语言，就不利于中华民族的民族塑造。一百多年前的中国知识分子就已经感慨中国人只知有朝廷，不知有国家。为什么不知有国家？其中一个原因就是因为老百姓不识字，感受不到和同胞的纽带，也感受不到个人在共同体里的存在。

意大利在19世纪后半期获得统一，而意大利民族在这之后才被塑造出来。当时意大利的一个政治家有句名言："我们创造了意大利，现在该创造意大利人了。"这和我们今天可能的固化想象完全不一样。今天大部分人所理解的国家统一过程大概是这样的：先有A类人，他们散布在各地，然后把他们统一起来，形成A国家，我们把这个过程叫作统一。这是我们一想到统一的时候，脑子里本能地想象出来的过程，但是在历史上，很多情况并不是这样。正如在意大利，是先有了意大利的国，然后再有了意大利的民族。19世纪60年代，意大利获得了统一。当时只有10%的人说的是后来被定为标准的意大利语。意大利统治精英意识到，国家的统一离不开语言的统一。最终，托斯卡纳方言被确立为在全国推广的意大利语。在辛亥革命胜利、中华民国成立的时候，也有一个类似的记载，国会议员投票选北京话还是广东话作为官话。用哪个方言当官话,在语言学上的意义远不如在政治上的意义大,最重要的是在政治上哪个语言最利于推广,从而最利于民族的凝聚和民族想象的共同体的形成。和法国一样,随着意大利的统一和意大利官方语言的推广,大量的意大利方言和意大利方言的文学消亡了。在这一过程中,意大利人就被创造出来。正如语言学家所说的那样:当一群人有了自己的军队后,他们的方言就成为一门语言。

除了语言能够塑造民族的共同想象,增强凝聚力以外,还有很重要的一点就是传统。两个陌生人相遇,我发现我跟你完全不认识,但我发现你过年的时候拜祖宗,我也拜祖宗,咱俩就有共同点,就可以划分为一类人,这就是传统的作用。

传统,顾名思义应该有很长的历史,但是我们今天的传统大部分其实是被发明出来的。和今天那些老字号一样,先不说是不是真的,就算是真的,其实历史也不长。中国是一个很讲究传统的地方,那么在欧洲哪个国家很讲究传统?我们自然想到,就是英国。英国人,尤其是英国所谓上流社会,有各种各样的礼仪,简直是怎么不方便怎么来。但是我们今天熟知的英国那一整套让人眼花缭乱、印象非常深刻的礼仪,或者说所谓的传统,跟我们今天中国所谓的那些老字号一样,其实历史并不长,都是被人为创造出来的。历史学家霍布斯鲍姆在《传统的发明》一书里对此有犀利的嘲讽。他在书中提到1852年英国媒体对威灵顿公爵的国葬的评论:"英国被视为一个不懂表演与庆祝的民族,或者说他们没有掌握进行表演的恰当方法。据说他们聚集观看并鼓掌称赞这种粗糙、简陋的仪式。而且与法兰西以及其他欧洲大陆的民族不同,他们没有什么对仪式的真正的欣赏力。"

可见,英国人不但善于挖苦别人,他们损起自己来也是很损的。我们看威灵顿公爵在英国政治史上那么重要的一个人物，他的国葬应该是一个什么样的景象？我们想象出的应该是一个很肃穆的葬礼才对，但是当时的英国人聚集观看并鼓掌称赞！这种粗糙、简陋的仪式，看着像是中国北方农村跳大神一样！而这绝不是孤例，因为"19世纪前半期的大部分王室典礼都处于滑稽戏和彻底失败的表演之间。1817年在摄政王之女夏洛特公主的葬礼上，承办葬礼的人都喝醉了"。

葬礼像闹剧，加冕典礼也好不到哪里去："乔治四世的加冕礼，尽管设想着尽可能地庄严隆重，极其渴望赢得一些声望，但并不成功，结果如此夸张，以至于庄严感消失在滑稽戏中……乔治四世与庄严之间的调情是如此不成功，以至于后半个世纪中再没有重蹈覆辙。乔治的葬礼上，威廉四世经常说话，并且很早就退席了。《泰晤士报》在描写吊唁者时这样写道：'我们从未见过如此混杂、如此粗鲁、如此组织混乱的一群人。'对威廉来说，他厌恶礼仪与虚饰，想要完全省却他的加冕礼。最终，他允许举行仪式，但它被缩减得很短，以至于被嘲笑为'半截子加冕礼'。他的葬礼也一样可怜，'是一个极其拙劣的模仿'。仪式冗长、乏味，吊唁者在棺材附近闲逛、说笑。"

对于"庄严感消失在滑稽戏中"这样的场景，中文里有个活灵活现的成语——沐猴而冠。这哪里是国王登基，简直是草台班子唱戏！但是，从19世纪70年代开始，英国王室的公众形象发生了根本性的改变。这一时期的内外两个因素使得英国人感受到了团结的必要：首先是欧陆强国的竞争，当时德国获得统一，德国的崛起让英国感受到了很大的威胁，因此，英国需要内部凝聚起来。其次是英国民主的进步，伴随着内部的纷争不断。19世纪后半期，英国成为一个工业的城市化国家,简·奥斯汀笔下那种田园牧歌式的庄园生活在19世纪后半期开始被逐渐摧毁,阶级冲突的力量首次凸显出来。那么,由谁来承担团结英国人民的任务?不如让本来就没有多少政治权力的王室来担负起这个责任,因为这样是很安全的。英国王室变成了一种表演性的存在,成了时代的需要。与此相适应,英国王室的传统被创造出来了。

事实上,英国在历史上是个位于欧洲边陲的国家,游离于主流欧洲文明之外。我们学英语的时候就会发现,英语里所有关于好吃好喝好玩的词,不是法语词根,就是意大利语词根。英语里为什么没有发明这些词,需要从拉丁民族的语言中借用?因为中世纪英国文化不昌盛,就没有什么好吃好喝好玩的,连吃饭都是黑暗料理,德国也一样,猪肘子配酸菜。但是当英国王室要负担起团结民族的功能时,很多高大上的传统就被创造出来了。到了1901年,情况就发生了很大的变化。1901年爱德华七世的加冕典礼极尽奢华。当时的评论家认为:"这次盛大的庆典……具有一个更深层的、唯属于它的特征,这个特征是先前在威斯敏斯特教堂举行的仪式都无法匹敌的……因为在我国的历史上,这是第一次使帝国的理念射出耀眼的光芒,此时来自天涯海角的帝国子女集聚一堂,以尽自己一份力量。中世纪的古老传统的范畴扩大了,以包容进强大帝国的现代的光辉。"

在当时的英国,不仅是王室,在其他许多活动中,一些历史悠久的、老掉牙的仪式也复兴了,新制度、新习俗被赋予了具有不合时代的古风魅力的外表,其实这几乎都是一些新发明。在伦敦,庆祝新市长就职的彩车游行成为一个隆重的华丽盛会。英国的主教们开始穿着紫袍法衣,并手持主教牧杖。礼服、白袍法衣、香、圣坛蜡烛在大教堂和城里的礼拜堂中越来越普及。1887年和1897年，在维多利亚执政周年纪念庆典中，主持宗教仪式的牧师身穿哈利·波特式的斗篷式长袍，披着彩色的圣带，这也是一种创新。

中国现在有一个复古的运动，就是汉服运动，那些俊男美女穿着峨冠博带，特别好看，特别适合拍照。但是仔细想想，中国人穿棉布衣服是什么时候开始的？这要归功于元代黄道婆在中国大规模推广棉花。在之前有钱人穿丝绸，但大部分老百姓穿不起丝绸。如果我们穿越回古代，不会看到现在的古装戏里面那么漂亮的衣服，古时候大部分人都穿灰不溜秋的麻布。比如《清明上河图》，虽然图画很生动，但是在色彩上很单调。古代纺织技术没有现在这么发达，大部分人穿的衣服是破破烂烂的。西方也是一样，《圣经》里面讲耶稣被钉死在十字架上，他的衣服就被那些罗马士兵抢走了。罗马士兵争抢一个死者的衣服，看来衣服是贵重物品，能穿就行，谈不上样式设计、色彩搭配。我们今天在电视里看到的古装剧里那些漂亮的衣服在当时是不存在的。这只是我们今天把自己的想象投射到古人身上。

附带还有一个问题：为什么有人呼吁香港法官不再佩戴假发？男人戴一个长长的假发是什么形象？不用细想，一看就很奇怪。但是为什么英国本土的法官都开始不再戴假发了，香港本地的法官还要坚持戴假发？因为他们不在我们想象的共同体里面，香港毕竟跟我们分隔了一百多年，现在不让香港法官戴假发，是为了让他们和我们拥有同一个想象的共同体。为什么香港的警察现在不再采用英式的操典，而采用解放军的操典？这也是要让他们的想象跟我们的想象融合成一个共同的想象。共同的想象，要靠仪式，靠传统。

一个男人戴披肩的假发已经很奇怪了,如果现在有这么一个男人,他穿着紧身裤,披着个大棉被,脚踩高跟鞋,头上戴假发,这是什么形象?女生会喜欢这么一个男人吗?如此穿着的这个人,是法国的太阳王路易十四!在几百年前法国人看到他的时候,他们会觉得这是很庄严的。因此,人的观念在改变,想象也在变。当时的审美觉得,男人蹬着高跟鞋——高;披个被子在身上——富;穿着紧身裤——帅。这是当时的高富帅形象。但是

图6　路易十四

几百年以后,我们想象的共同体中不再有它的位置了。如果今天有人这么打扮,大家都会笑话他。

对民族凝聚力的追求也体现在各国首都大规模的重建上。在维也纳,环城大道对面的宏伟建筑群大多建于1870—1880年代,它们尤其要反映出"帝国的伟大"。在柏林,德国的统一在视觉上表现为"宏伟宽阔的街道,绿荫环绕的广场和纪念碑",其中包括胜利纪念柱、国会大厦、胜利街和大教堂,所有这些建筑都是在沙文主义炫耀的精神下设计出的,成了"民族荣耀的无言的守卫者"。在巴黎,埃菲尔铁塔是为1889年的博览会而建造,是为了"震撼全世界"而设计,它"像一座凯旋门般"矗立着,就像祖先们为了

纪念征服而筑起的凯旋门一样引人注目。在伦敦，狄更斯笔下肮脏的、雾气笼罩的城市被一大批富丽堂皇的新建筑和宏伟的纪念碑取代。我们今天在欧洲旅游，看到各种各样的青铜纪念碑和雕像，它们大部分历史并不长，集中建造在19世纪后半期，在欧洲人强力推进民族认同过程当中被建造起来了。这有助于欧洲各民族的塑造，加强他们共同的想象。

除了建筑以外，视觉艺术也被用来凝聚一个群体。最臭名昭著的就是1934年，德国著名女导演莱尼·里芬斯塔尔受纳粹邀请拍摄了《意志的胜利》，记录在纽伦堡召开的帝国代表大会。影片开始时，浓云密布的天空衬托出德国的动乱景象，显示一个正等待创世主开天辟地的混沌世界。然后天空逐渐晴朗，第三帝国的形象逐渐清楚起来。一架飞机穿云破雾时隐时现。陆地上的群众在仰望和等待。飞机终于着陆，舱门打开，希特勒从天而降。顿时，欢呼声响彻云霄。纽伦堡这座具有中世纪情调的都市，挤满了欢迎的人群，国旗随风飘扬，汽车在人群中慢慢地向前驶进，最后是阅兵场的情景，大批装甲战车整齐地隆隆驶过。片中整齐的队列、旗幡招展的会场、激情澎湃的演说，配以恢宏的瓦格纳的交响乐，渲染着集体，将个体降为渺小的尘埃。在这种视觉艺术和音乐下，通过反复催眠，具有独立思考能力的个人被抹去了，成为机械的零部件，集体无意识被塑造出来。充满哲学思考的德意志民族被自身吞噬，出来的是20世纪最大的怪物！

## 平庸之恶

我们回过头来看《左传》所说的"国之大事，在祀与戎"，这其实也恰好说明应该如何塑造民族这个想象的共同体。"祀"是对内的想象。民族国家的诞生需要"同质化"一些异质的人群，使公民感到他们属于由共同的文化、历史、价值观团结在一起的人群，愿意为之奋斗，甚至为之牺牲。这是正面的想象。"戎"是对外的想象。对本民族之外的人打仗，宣扬本民族的优越甚至种族的优越，引起对外敌的仇恨。由此，民族主义的情绪被释放出来了。

这种情绪的偏激之处在于能够制造"他们"。咱俩都吃豆腐脑，我们是不是一伙的？No。为什么？因为我的豆腐脑是咸的，你的豆腐脑是甜的，你是异端，你是"他们"。我自豪，我自豪于我们伟大光荣悠久的吃豆腐脑配油条的传统。因此，出现在想象的共同体中的，不一定是我们今天所习以为常的一些光荣和伟大，而且这些所谓的光荣和伟大从另一个角度上看，其实挺可笑的。豆腐脑是甜的还是咸的？粽子是甜的还是咸的？过年吃不吃饺子？这些小事在互联网上可以吵半天。当然万幸那些喷子现在只是在当键盘侠，大家想象一下，如果他们手里有枪会怎么样？网络暴民如果变成现实中的暴民，那就很可怕了。

共同的想象绝对不是一成不变的，也会被逆转。跟今天的汉服运动对照的是四百年前中国人经历的很屈辱的时代，男人被迫留辫子，被强迫改变本民族的想象。这种改变如此成功，以至于到了1911年辛亥革命以后，要把辫子剪掉，很多人还不愿意！表面上看，这好像并不是什么大事，但是就为了一个发型、一件衣服，或者一个祈祷的方式，历史上不管是中国还是外国，都死了好多人。

这个想象的共同体，有时候挺可笑，有时候挺可怕，有时候也挺可悲。有两个美国的脱口秀演员在他们的节目中对民族主义有过精彩的评论。道格·斯坦霍普说民族主义是让你恨那些你从未见过的人，而且为那些跟你一点关系都没有的事情自豪，简直可笑得要命。因为人可以为自己努力成就的事情自豪，但是为了自己生而有之的事情自豪算什么呢？另一个脱口秀演员乔治·卡林说自己是爱尔兰裔，难道就该为是个爱尔兰裔自豪吗？你是生而为一个爱尔兰人，不是努力成为一个爱尔兰人的，你骄傲什么呀！这全是毫无道理的事，但是很多美国人就这么认为的。而且并不是美国人才这样：世界各地的军事公墓里，埋着那些被洗脑的以为上帝站在自己一边的士兵。美国人祈祷上帝宰了美国的敌人，美国的敌人祈祷上帝宰了美国人。上帝要忙不过来啦！总有一方要失望。这是21世纪的喜剧演员对这些貌似高大神圣的民族主义的解构。

我们再来看一下马克思、恩格斯是怎么论民族主义的：

> 现代的工业劳动，现代的资本压迫，无论是在英国或法国，也无论是在美国或德国，都是一样的，都已经使无产阶级失去任何民族性了……在各国无产者的斗争中，共产党人特别重视和坚持整个无产阶级的不分民族的共同利益。
> ——马克思、恩格斯《共产党宣言》

> 工人没有祖国。决不能剥夺他们原来没有的东西……民族内部的阶级对立一消失，民族之间的敌对关系就会随之消失。
> ——马克思、恩格斯《共产党宣言》

> 民族是"虚幻共同体"，民族间的斗争是虚幻的斗争，目的是掩盖真实的阶级斗争。民族主义不是天经地义的自然真理，而是资本主义时代的产物。
> ——马克思、恩格斯《德意志意识形态》

自古以来，一切统治者及其外交家玩弄手腕和进行活动的目的可以归结为一点：为了延长专制政权的寿命，唆使各民族互相残杀，利用一个民族压迫另一个民族。

——恩格斯《德国的对外政策》

旧社会中身居高位的人物和统治阶级只有靠民族斗争和民族矛盾才能继续执掌政权和剥削从事生产劳动的人民群众。

——马克思《致〈人民国家报〉编辑部》

大家看，革命导师的这些话是多么地尖锐！因为马克思主义是普世的、国际的，是沙俄帝国主义的敌人。列宁痛斥帝俄是"各民族的大监狱"，这种暴虐一定程度上又来自俄罗斯民族形成的早期与草原民族的冲突。乔治·凯南在他著名的《长电报》中指出："克里姆林宫对世界事务神经质的认知的最深处是俄罗斯传统的、本能的不安全感。起初，这种不安全感，产生于一个和平地生活在广袤而无法设防的平原上的农作居民与一群凶暴的游牧民为邻的结果。"苏联是共产主义理想的第一个实践。在列宁的构想中，不仅有苏维埃俄罗斯、苏维埃乌克兰，还会有苏维埃波兰、苏维埃德国……从而达到天下大同。这就是苏联USSR：Union of Soviet Socialist Republics。马克思主义是普世的、平等的，拒绝民族主义，反对沙俄帝国主义。苏联早期的一个特色是对弱小民族（以及弱势群体）的扶持，布尔什维克的早期领导层中，包括斯大林、托洛茨基、季诺维也夫等少数民族人士，俄罗斯族裔并不占优势。这和共产主义的普世理想是分不开的。无怪乎俄罗斯民族主义者必然痛恨列宁。时至今日，各国左翼进步主义强调对弱势群体的保护，在近代史上，这是从法国大革命开始一脉相承的。

我们再来看20世纪的伟大作家乔治·奥威尔对民族主义的定

义。奥威尔除了《1984》和《动物庄园》以外，还有一个小册子非常有名——《论民族主义》。奥威尔对用各种标准把人群分类，并以此为基准来定义谁是好人、谁是坏人的行为，是非常痛恨的。他对民族主义的定义非常宽泛，不仅包括狭义的民族主义，还包括各种各样无脑认同任何一类团体的行为，他都称之为民族主义。煽动一部分人对另一部分人的恨，往往是政客维持统治的有力手段，这就属于奥威尔定义的广义的民族主义。

在《动物庄园》里面，奥威尔也描写过这种广义的民族主义。小说里的猪带着其他动物把农场主人赶走，要把动物凝聚起来，形成一个想象的共同体。猪的一个很重要的口号是："四条腿好，两条腿坏！"简洁有力的口号让动物们统一思想，这样就把动物和人分开了。猪还给农场的动物起草了七诫：第一条：两脚站立的是敌人。第二条：四脚站立的，或者有翅膀的，是朋友。第三条：动物不得穿衣服。第四条：动物不得睡在床上。第五条：动物不得饮酒。这几条都是跟仪式有关，不许动物有和人类一样的共同想象。第六条：动物不得杀动物，这是保持共同体内部的团结友爱。最后的第七条也是最有名的一条：所有动物一律平等，后来发现执行不下去了，就加一个括号：有些动物比其他动物更平等！

还有更大的恶，就是种族主义。种族的概念和民族一样，也是发明出来的，不是一个生物学上的概念。如果公民教育不足以创造同质的被统治者怎么办？那就干脆把他们杀掉，这是比把"他们"转化成"我们"更方便、更快捷的办法。人类历史上的大屠杀大部分不是反叛军干的，而是政府或者政府军干的。因为政府是暴力的垄断者，最有能力推行大屠杀。"我们"和"他们"之间的分界是如此清楚，以至于"我们"在看"他们"的时候，不再把"他们"看成是一个个人，而是可以用来随意屠杀的对象。人类是最高等的动物，也是唯一会大屠杀的动物，这比其他任何动物都野蛮。人与人之间无缘无故的仇恨，是奥威尔和马克思、恩格斯等思想家非常痛恨的一点。

托马斯·杰斐逊是美国的开国元勋之一，他在今天是一个非常伟大光荣的形象，代表着美国人民追求自由民主的精神，他也是奠定美国宪政基础的国父。但是他在对印第安人的处理上，却没有把他们看成是人！他在给国防部长的一封信中，说除非印第安人的部落被消灭干净或者赶过密西西比河，否则他手中的屠刀不会放下！美国开国元勋们提出的"人人生而平等"中，显然没有包括印第安人和黑人这些"他们"，既然连人都不算，那么对他们奴役、剥削甚至杀戮，就可以心安理得了。

离我们最近的一次大屠杀，是20世纪90年代的卢旺达大屠杀，主要是胡图族对图西族的屠杀。这个大屠杀里的两个民族——所谓的胡图族和图西族，完全是殖民者人为划分的，是被创造出来的民族。两者之间没有语言和文化上的区别，他们的差异主要在于社会阶级。传统上图西族是牛的主人，而胡图族则为牧牛人。他们之间的冲突其实和今天印巴之间的冲突有些类似。

大屠杀如果没有普通群众的配合是不可能发生的。20世纪著名的哲学家和政治科学家汉娜·阿伦特认为罪恶分为两种，一种是集权主义统治者本身的极端之恶，另一种是被统治者或参与者的"平庸之恶"（banality of evil）。阿伦特在1961年旁听了以色列对纳粹集中营臭名昭著的看守艾希曼的审判。在审判中，她发现这个双手沾满鲜血的刽子手，不是电影里脸谱化的邪恶角色，而是看着就像一个普通人，做一份非常平庸、非常乏味的工作。但就是这个人帮着把几十万的犹太人送进了焚尸炉。阿伦特由此提出"平庸之恶"的概念。平庸之恶是因为不思想、无判断、盲目服从权威而犯下的罪恶。个人完全同化于集体之中，服从集体的安排，默认集体的不道德和反道德的行为，甚至成为不道德体制当中毫不质疑的执行者。

  对这种平庸之恶，我们可以清楚地看到它的历史发展脉络：随着民族主义的出现，要把个人这个角色抹去，放到一个更宏大的集体里面，在集体里面的个人是不需要思考的，由集体来代替个人思考，这样就造成了个人的平庸之恶，并且促成了集体更大的罪恶。这条脉络和从16、17世纪开始的欧洲进步主义启蒙运动的方向正好相反。大约在16、17世纪的时候，中国和欧洲同时出现了启蒙主义思想。我们看晚明的文学，可以看到自我的觉醒，是非常人性化的文学，和帝王将相的文学完全不同。在欧洲，"人的发现"是启蒙主义运动的一个很重要的成果。启蒙运动尊重个人，尊重人性，提倡人性解放和自由。但是这一切被19世纪以后不断加强的民族主义，或者说是奥威尔笔下广义的民族主义抹杀了。民族主义和启蒙运动互相对立、南辕北辙。

  平庸之恶有着深刻的心理学基础。在经济学中，过去三十年有一个很大的进步是放松了理性人的假设，发展出了行为金融学或行为经济学。人类的诸多非理性中有一个就是集体非理性，尤其是羊群效应。羊群效应，也就是从众行为，是人类社会中的一个非常普遍的现象。在一个群体中，人们彼此模仿，彼此传染。通过相互间的循环反应刺激，情绪逐渐高涨，人们逐渐失去理性。金融市场中的羊群效应使得金融证券的定价长期偏离正确的价格，并且即使有理性的投资者存在，也会被非理性的狂热吞噬，因为理性人的力量可能微弱，无法对抗集体非理性。这给传统上经济学的理性人假设带来了很大的挑战和改变，我们也因此重新思考有效市场的可能性，以及什么是合理的经济政策。当无脑的羊群手中持有金融产品时，无非带来金融市场的混乱，但是当他们手中持有武器时，就可能爆发出让理性人绝望的平庸之恶。

第一次世界大战之后，20世纪20年代，欧洲各国在民族主义的极端化道路上不但没有停止，而且变本加厉。爱因斯坦就目睹了欧洲各国纷纷以爱国的名义煽动群众展开互相仇杀。爱因斯坦对此十分厌恶，他在1930年写了一篇文章《我的价值观》。在文中，爱因斯坦认为集体无意识这个羊群的大脑最恶劣的结果是让人作呕的军国主义。在爱因斯坦看来，那些听从统治者的一声号召就"一、二、一"齐步走，去屠杀那些跟他毫无关系的人，完全没有大脑，只是一个脊髓的神经直觉反应。他对此表示完全的反感和抵触。

爱因斯坦为什么这么反感民族主义？类似地，为什么马克思说工人阶级无祖国？这可能和他们的犹太人身份有关。犹太人在欧洲各国都很难融入各国想象的共同体，无论是法国也好，德国也好，英国也好，这些想象的共同体，都容不下犹太人的想象，因为他们自成一体，所以犹太人在欧洲一定是世界主义者，他们一定是反对民族主义，反对种族主义的。而历史上各个欧洲国家的统治者由于不能把犹太人纳入自己想象的共同体里面，对他们进行了非常残酷的迫害。因此犹太民族天然具有一种普世的情怀。然而，问题是知易行难，当一个人的立场变了，他这种普世的情怀也会改变甚至消失：1922年，爱因斯坦访问了中国。近年来，爱因斯坦的日记被披露出来，其中就有1922年他访问中国时的日记。当时的中国是个什么样的情况？是饱经创伤、非常愚昧、非常落后、非常贫穷的一片土地。爱因斯坦日记里写下了他对当时贫穷落后的旧中国的蔑视，甚至对中国人充满种族主义的侮辱。当然了，以当时的标准看，爱因斯坦是个文明人，为什么？因为种族主义是论迹不论心，就算歧视别人，只要藏在心里，不表现出来，就算是文明人。在这一点上并不要求心口如一，只要不表现出来，不对人造成伤害，也可以算是一个文明人。爱因斯坦只是把他种族主义的态度写在他的日记里，但是他做梦也没有想到，他这种种族主义的态度，日后会被希特勒和纳粹拿来，用在对他的犹太同胞的实践上！

在什么样的情况下，人类会更倾向于用普世的人道主义情怀对待他者？当犹太民族是个弱者的时候，爱因斯坦站在欧洲犹太人的角度，反对当时欧洲强权推行的民族主义和军国主义，但是当他面对比他更弱的中国人的时候，他情不自禁地站在了迫害者的立场上。就像鲁迅说的，当弱者面对更弱者，他会举刀冲向更弱者！这就是人性。人性经不起考验，即使爱因斯坦这样伟大的大脑，即使他理性地意识到民族主义的缺陷，他仍然不能够免于平庸之恶。当然，我们也许要庆幸爱因斯坦没有把这些想法公之于众，也没有付诸行动，只是埋在心里，埋在日记里。

## 中华民族的形成

讲完了欧洲，下面看看中华民族是怎么形成的。民族主义是个舶来品，在中国的传统上，"我们"和"他们"的划分是基于价值观和文明程度，《左传》中所谓"中国有礼仪之大，故称夏；有服章之美,谓之华"。韩愈也说:"孔子之作《春秋》也,诸侯用夷礼则夷之,夷而进于中国则中国之。"唐朝的皇甫湜更明确指出:"所以为中国者,礼义也,所谓夷狄者,无礼义也,岂系于地哉?"也就是说,中国不是一个地理概念,而是一个文明概念,野蛮人是不配做中国人的,是"他们",而只有文明人,才是"我们"。当利玛窦他们第一次来中国的时候,明朝的士大夫叫传教士"西儒",是西方来的儒者,在文明上是平视的。

唐朝有个阿拉伯人要来参加科举考试,引起了很大的争议。唐朝应不应该允许他参加科举考试?当时有个叫陈黯的人,就从儒家传统的价值观出发写了篇文章《华心》:"夫华夷者,辨在乎心,辨心在乎察其趣向。有生于中州而行戾乎礼义,是形华而心夷也。生于夷域而行合乎礼义,是形夷而心华也。"一千多年前的古人就有这样的见识,有这样的胸怀。

中国位于天下的中央,是因为文明的昌盛,从这个角度来说,中国是一个文明而不是一个种族。安德森《想象的共同体》里面也讲到中国:"The Middle Kingdom—which, though we think of it today as Chinese, imagined itself not as Chinese, but as central." 也就是说,中国人的想象共同体是基于世界中心的文明,而不是种族。什么叫中国?不是中国人的中国,而是因为我们在世界的中央,我们为什么在世界的中央?因为我们是文明人。《论语》里说:"子欲居九夷,或曰陋,如之何?子曰:君子居之,何陋之有?"哪里有君子,哪里就有文明人,哪里就是中国!这是穿越时空的文化自信。

中国传统的世界观是基于文明的,完全不是按照种族来区分你我,而是按照文明来区分。那么,"我们"对"他们"应该是什么态度?是不是因为他们不如我们,或者他们不在我们想象的共同体里面，我们就可以像美国的杰斐逊总统对印第安人一样，不把他们杀光，屠刀就不停下来？恰恰相反，我们还是采用非常文明的态度，也就是《论语》里面说的"近者悦，远者来"。同样地，更著名的那句"老吾老以及人之老，幼吾幼以及人之幼"，以及"己所不欲，勿施于人"，都表达了传统的中华民族价值观，都是基于平等态度和人人平等的思想。

和这种价值观一致，唐太宗说过："夷狄亦人耳，其情与中夏不殊。人主患德泽不加，不必猜忌异类。盖德泽洽，则四夷可使如一家。"唐太宗并不是因为他们是夷狄就不把他们当人看，他的境界比杰斐逊总统高得太多了！这种高度的文明向所有人开放，这是我们古人无比自信的普世价值观。这种自信不是来源于比别人强大，而是来源于比别人文明，而且还帮助别人变得更文明，不把别人排除在共同体之外。

显而易见，这种普世的情怀是非常理想化的，逐渐在现实中不能持续下去。尤其是到了宋代，随着少数民族政权的兴起，打破了中国人关于天下、中国与四夷的传统观念和想象，有了实际的敌国意识和边界意识，才有了关于"中国"的空间意识，才开始更讲究夷夏大防。这样，和欧洲民族国家类似，战争和外患激发了本民族的自我意识。这一时期，爱国主义文学作品开始在宋代大量涌现。比如，我们都熟知的岳飞的《满江红》，而宋以前是不太有这种作品的。唐朝诗人写了很多著名的边塞诗，边塞诗要么抒发建功立业的豪迈情怀，要么就是诉说士兵戍边的辛劳艰苦，都是基于个人的情感，而不是爱国主义情怀。这些边塞诗不是基于想象的共同体，而岳飞的《满江红》，是基于一个封闭的想象的共同体。唐朝人和宋朝人对于共同体的想象发生了很大的变化。

到了19世纪,在帝国主义的强烈威胁和刺激下,中华民族的概念就开始清晰了。当然,这里要澄清一点,中华民族的概念在19世纪最后成型,不代表19世纪之前就没有中华民族。林语堂有一本书叫《吾国与吾民》,是向西方介绍中国的,书中对中国的文明和中国的典章制度做了一个总结,其中最后一章叫"一个民族的诞生"。我年轻时留学,去国怀乡,在大学的图书馆里意外发现林语堂的这本书,读到最后一章非常感动。原文是英文,这是翻译过来的文字:

> 中国再生为现代民族的历程,与其说是一场喜剧,不如说是一场悲剧。多少年来,在外族入侵面前,中国人感到手足无措;他们一直犹豫彷徨,企求同情,采取逃避战术;请求别人做无效的调解;在别人失约之后气得捶胸顿足;最后幻想破灭,不得不决定鼓足勇气去面对这个家庭的新气氛。只有这时,中国人才真正地发现了自己。只有地地道道的愤世嫉俗才能拯救得了中国人自己,教会他们如何自立于世,于是可以说,他们发展为现代民族的每一步都是由于一个幻想破灭的痛苦教训所使然,起先是凡尔赛会议,然后是国联,最后是同日本的你死我活的争斗,他们要么被迫起来保卫自己,要么灭亡。
> 
> …………
> 
> 是日本的武装侵略使得中国成为一个完整的国家,使中国团结得像一个现代化国家应该团结的那样众志成城。在现代历史上,中国第一次团结一致地行动起来,像一个现代民族那样同仇敌忾,奋起抵抗。于是,在这种血与火的洗礼中,

一个现代中国诞生了。

我们今天意义上的中华民族和三千年前中华民族的概念完全不一样，今天的中华民族的概念和欧洲民族国家的兴起非常类似，是来自战争的胁迫，迫使我们放弃了那种昂扬自信的天下胸怀，形成了"我们"和"他们"的观念。这不是我们主动的，而是我们被迫接受的，不是我们传统的一部分。我们接纳了西方的传统，用西方的传统来改造自身，来对付西方的威胁和侵略。

我们今天讲爱国主义，但是不能变成像那个美国喜剧演员说的，去恨一个你从来没见过的人，这是很傻的事，纯粹是精神分裂。西方在最近五百年来，从欧洲军事革命开始，发展出民族主义甚至是种族主义。西方还发明了罪恶的核武器，这与民族主义结合起来，制造出人类最大的噩梦。而我们的伟大传统是普世的、四海一家的价值观，这比民族主义、种族主义这些低级的东西高明得多！

这种高尚的价值观体现在哪里？《吕氏春秋》里面有个故事，这也是我非常喜欢的一个故事：

荆人有遗弓者，而不肯索，曰："荆人遗之，荆人得之，又何索焉？"孔子闻之曰："去其'荆'而可矣。"老聃闻之曰："去其'人'而可矣。"故老聃则至公矣。

楚国有人丢了一张弓，但是他不去寻找，他很大度地说：楚人失之，楚人得之，肯定是被另一个楚国人捡到了，肉烂在锅里，无所谓了。这是一个非常高姿态的讲话，他把自己放到和楚国的同胞同样的地位，都是这个想象的共同体内部的。孔子听说以后，说这是好事，但是孔子的境界更高，他说"去其'荆'而可矣"，不用强调被楚国人捡到了，不如说人失之，人得之，有人丢了弓，有人捡到弓，全人类没有损失。孔子是四海之内皆兄弟也，有着更加平等、更加朴实的思想，真是太了不起了，全人类都在孔子的想象的共同体里面。但是老子的境界更高，老子的境界是一个哲学的境界，一个宗教的境界。老子说，"去其'人'而可矣"，这是大同精神到了顶点的一个说法。西方今天所有的自由知识分子都要自愧不如，因为老子超越了人类，在老子看来，物质不灭，丢失的弓肯定也是在大自然里面，这个世界没有受损失。所以老子眼里不光是人人平等，而且还类似于佛教这样的众生平等的思想。当然这个境界太高了，我们接受不了，比如，就像今天你再爱小动物，你还得吃肉，对不对？我们很难做到把我们的爱从人类身上扩大到所有的生物身上，这点太难了。

中国人传统的民族观还体现在顾炎武的名言中："天下兴亡，匹夫有责。"在顾炎武看来，亡国和亡天下区别在哪里？"易姓改号，谓之亡国。仁义充塞，而至于率兽食人，人将相食，谓之亡天下。"他把亡国和亡天下看得很清楚，这就是中国传统的基于文明的世界观。"知保天下然后知保国。保国者，其君其臣，肉食者谋之；保天下，匹夫之贱与有责焉耳矣。"天下兴亡，匹夫有责，就是这个意思，要为文明而奋斗，而不是为了一家一姓的得失。顾炎武的思想可以上溯到孔子，上溯到先秦诸子，那是我们中华民族青春年少、天真烂漫时，爆发出的最灿烂的思想。我们的先贤思考出一个普世的、包容的价值观，传递下来的应该是一个普世的、包容的文明。绝不是为了一家一姓，为了一个狭隘的小小的共同体，互相仇杀的狭隘的心态,而是一个非常宽广的心态。这是我们的传统理念非常光辉灿烂的一部分。

但是这种光辉灿烂的价值观在现实中推行起来却非常困难。虽然是老吾老以及人之老,幼吾幼以及人之幼,但是现实和理想之间有很大的距离。在现实中,国际主义的号召力不如民族主义,包容和平的佛教的号召力不如排他的亚伯拉罕一神教,团结的力量往往弱于分裂的力量。正如马基雅维利所观察的,仇恨比友爱更能激励人,因此他有一句名言:"如果要二选一的话,统治者与其让人民爱戴,不如让人民害怕。"(It is better to be feared than to be loved, if one cannot be both.)——为什么友爱、和平、普世的力量不如仇恨?为什么恨敌人的力量远超过爱众生?也许是因为人类本身自私的基因。人类社会和动物世界一样,征战杀伐,争夺资源。人只有依附于某个群体才能有安全感。

在今天,我们希望自己或者自己的后代能成为世界公民,不像很多政客一样狭隘,样样只考虑自己的小小共同体。但是英国前首相特蕾莎·梅说过一句话:"如果你是世界公民,那么你就不是任何一个国家的公民。"毕竟,在现实生活中,我们还必须是某一个国家的公民啊!中国传统里这种光辉四射的、看上去有点书呆子气的理想主义精神,在现实中往往遭到很大的挑战。理想的升华和现实的需要互相纠缠,两者之间的斗争在很大程度上影响了两三千年来中国的政体和组织结构,以及国家生活中的方方面面,一直影响到我们的今天。我们就在这种矛盾当中跌跌撞撞地往前进。虽然我们今天屈就西方舶来的民族主义,但是也许有一天,我们会回到我们的光荣传统,重现胸怀四海的中华。

## 第四章

# 周秦之变:权力的结构(上)

先秦是中国政治、经济、军事诸方面的思想启蒙和形成的时期,我们的祖先感受到了一个全新的文明要像一轮红日般喷薄而出。中国政治思想史上最伟大的一个预言,就由孟子在这一时期做出:

> 孟子见梁襄王。出,语人曰:"望之不似人君,就之而不见所畏焉。卒然问曰:'天下恶乎定?'吾对曰:'定于一。''孰能一之?'对曰:'不嗜杀人者能一之。''孰能与之?'对曰:'天下莫不与也。王知夫苗乎?七八月之间旱,则苗槁矣。天油然作云,沛然下雨,则苗浡然兴之矣!其如是,孰能御之?今夫天下之人牧,未有不嗜杀人者也。如有不嗜杀人者,则天下之民皆引领而望之矣。诚如是也,民归之,由水之就下,沛然谁能御之?'"

孟子认为,当中国取得统一的时候,天下就会安定。梁襄王就问他,什么样的人能够统一中国?孟子非常自信地说,那必然是一个不爱杀人的君王。孟子接着解释说,所有的人都会拥戴这样的统治者。孟子做了一个比喻：夏天的时候非常干旱，苗都要枯萎了。这时候天上下雨，草木就迸发出勃勃生机，没有人能够抵抗这种伟大的力量。现在天下的老百姓都非常痛苦，为什么？因为所有的统治者没有一个不爱杀人的。春秋战国是中国的国家构建时期，国家构建中一个非常重要的特点是统治者对暴力的垄断和熟练运用。谁是暴力的施加对象？只能是普通的老百姓。在这样的情况下，如果有一个不爱杀人，对老百姓仁慈的君王，那么所有的老百姓将"引领而望之"，就像七八月的草木翘首以待，在干旱的时候盼望着天上下雨一样。老百姓归顺这样的君王，就好像水从高处往下面流一样自然，这种力量是谁都不可以抵挡的。这就是孟子提出的"仁者无敌"。

在孟子这段话之后大约一个世纪，中国在公元前221年获得了统一。但是，和孟子预言的相反，统一中国的秦始皇不是一个不嗜杀的君王，而是在六国中最残暴、最嗜杀的！历史的走向有时候和人们善良的预期完全相反，孟子没有料到，统一中国并没有取决于民心向背，而是取决于谁最能有效运用暴力。在先秦时期，国家构建的需要压倒了人性的需要，这是中国古典政治理想在早期遭受到的一个重大挫折。理想中政权的合法性被迫让位于在现实中政权的有效性。在理想和现实之间出现了一个重大的背离，这个背离在之后的两千多年中，被后来的学者不断发现，他们不断试图把现实扭回到中国人的政治理想中去。

今天，我们站在21世纪，回首我们国家和民族过去三千年演化的历史，可以发现，我们的文明在经历了周秦之变以后，由分权走向集权，从一个活泼懵懂的少年，变身为雄居东亚的一个千年帝国。黄仁宇在《赫逊河畔谈中国历史》中把中国历史分类："中国在历史上产生过九个统一全国的大朝代,我们可称秦汉为'第一帝国',隋唐宋为'第二帝国',明清则为'第三帝国'。第一帝国的政体还带贵族性格,世族力量强大。第二帝国则大规模和有系统地科举取士,造成新的官僚政治,而且将经济重心由华北的旱田地带逐渐转移到华南的水田地带。……若将第二帝国和第三帝国比较,则可以看出第二帝国'外向''开放',带'竞争性'。与明清之'内向''保守'及'非竞争性'迥然不同……第二帝国带扩张性,而第三帝国则带收敛性。"不管是第一、第二还是第三帝国,它们都有个共同点,它们施行的不是周制,而是秦制。

在中国国家构建的过程中,由分权到集权、由周制到秦制的变化,是一个从中华文明的核心地区慢慢向四周扩散的过程。渐渐地,随着时间推移,不光是诸侯国在它们各自的统治区域内完成了由封建到郡县的转变,在后来的中原王朝向四周扩张的过程中,新拓展的土地也是逐步以郡县制来进行统治,而不是以西周的封建制度。

郡县制要求有一套行之有效的官僚制度。马克斯·韦伯在研究西方现代国家中的非人格的官僚体制时发现,中国的组织化和非人格化的行政官僚体系比西方早了两千多年。这一观点对后人的影响很大,并归之于国家"早熟论"。福山认为,中国历史上出现的国家比其他地域任何一个更为现代。中国人建立了统一和多层次的官僚行政机构,这是在希腊或罗马从未发生的。古代中国为何能够在广阔的领土上维持政治统一?福山的解释是,中国国家早熟的现代化,使之成为社会中最强大的社会组织。

在人类文明的轴心时代,东西方不约而同地出现了璀璨的思想和文化。在中国有老子、孔子、孟子,在印度有佛陀,在西方有苏格拉底和柏拉图。我们回顾中华文明的少年时期，先秦诸子百花齐放，今天的各种思潮，都可以在先秦找到种子。为什么中国和欧洲走上了不同的道路？

我们来比较一下中国和欧洲的国家构建过程。现代欧洲国家构建之前是漫长的中世纪，中世纪的制度是所谓feudalism。近代中国学者把feudalism翻译成封建制，因为这个制度看上去和西周的封建制非常类似。欧洲中世纪的feudalism和西周的封建制确实在政治体系上高度类似，二者都不是非常集权的政治体系。然而，如果我们仔细研究，我们会发现即使在西周时周天子带领诸侯的封建制，和欧洲中世纪那种国王和封臣、骑士之间的feudalism仍然存在着很大的差别。西周国家是武王伐纣军事行动的产物，周朝的形成过程和政治权力的组织逻辑与欧洲中世纪的大小政权有着很大的不同。周人立国的组织理念可以看成是宗族的外推，将周王和其亲友之间的关系直接转化、扩大成政权的组织结构。这有两个特点：首先，周的诸侯国的权力合法性源自一个大家长的分封，因此，中国的组织结构中很早就包含了自上到下的垂直成分。其次，周人用来维系中央对地方权威的是血缘纽带以及姬姓与非姬姓宗族的婚姻关系。中国被当成一个大家族，而整个西周社会可以说是一张由血缘和婚姻纽带编织成的大网。周的组织结构并不是由某种契约约束的，周人没有必要通过法理契约来维系家族式的政权组织并加以制度化。随着时间推移，当血缘关系逐渐淡薄时，旧的组织结构就很难维系，而在寻求新的稳定结构的过程中，自然又倾向于一个新的自上而下的结构。这种自上而下的家族关系以及这种关系当中形成的政治思想，对中国人的思想以及行为模式有着非常深远的影响。中国传统说"君父""爱民如子"等，就是这种模式的反映。

欧洲与此不同，欧洲中世纪的诸侯国并不是从一个大王朝分封而来，封臣与领主之间也没有血缘关系，他们的关系是一种契约。欧洲中世纪的领地虽然领自领主，但是从根本上讲，领地只是一种经济来源。西周分封的诸侯国则是西周国家权力的具体体现，诸侯在领受土地的同时也领受到大量的人口，并获得在这些土地上实行政治和司法统治的权力，每一个诸侯国都是一个集民事、经济、司法和军事权力为一体的政治实体，它与欧洲中世纪的领地完全不同。在军事方面，欧洲中世纪实行领地-封臣制度的一个主要目的是减轻领主装备他的战士的负担，在领地-封臣制度实行起来以后，欧洲的国王通常没有常备军，而只是在战时召唤自己的封臣参战，而封臣则会带来他们自己的骑士（当然这并不是国王组织军队的唯一途径）。封臣和国王之间、骑士和封臣之间，更像是一种契约交换关系：通过某种经济利益，换取军事服务。与之相比，西周的周王手头有一支庞大的常备军，这就是金文中常常讲到的西六师和成周八师。这是完全不同于领地-封臣制度的一套军事制度。我们今天读《诗经》可以看到有大量的诗歌在描述周王的征战，所谓礼乐征伐自天子出，在中世纪的欧洲则不存在类似这样的现象。

  欧洲为什么会有这样的领地-封臣制度？这种制度在欧洲出现，有着深层次的历史背景，是在特定历史条件下形成的一种特殊的制度。这种制度在欧洲中世纪出现，是高度发达的罗马帝国崩溃后被日耳曼蛮族取代的产物。日耳曼人社会仍处在一种部族组织状态，其主要的社会关系表现为一种武士对于首领的私人依附关系，而缺乏罗马人那种维系复杂的国家组织的能力。这样，随着罗马帝国的崩溃，在罗马帝国和罗马共和国的国家构建中形成的一套国家组织体系被摧毁了，取而代之的是国家构建之前的那套更加原始、更加分散、成本更低的系统。不过，占领罗马帝国的日耳曼人却很容易地接受了罗马人的法律观念和体系，特别是契约制度。在中央政权削弱的情况下，日耳曼蛮族将各自部落原有的武士对于首领的私人依附关系用法律契约的形式固定下来并逐渐加以推广，它是一种通过在国王与其属臣之间建构新的契约性质关系的方式来保证政府正常运作的办法。这种关系不是基于血缘，因此是有条件的，是一种交换。在这种关系下，欧洲国王的权力远远小于中国皇帝的权力。

由此可见，中国的今天，反映的是帝国形成后绵延千年的影响。西方的今天，反映的是帝国崩溃后绵延千年的影响。一个走向了集权，一个走向了分权。

## 欧洲走向分权

我们再来看一下罗马的崩溃及其影响。公元4世纪开始，欧亚大草原遭遇到极其严重的干旱，游牧民族纷纷迁移。一波波的野蛮人从东面涌入，最终在公元476年压垮了罗马帝国。当然，任何大帝国的崩溃都带有很大的偶然因素，在其崩溃之前，人们习惯于如此庞大强盛的帝国，无法想象它如何崩溃。但是当它崩溃之后，我们再回首来看，这个帝国的崩溃既有必然因素，也有一系列偶然因素。最后接管罗马帝国残余的日耳曼蛮族和攻击中国的草原民族相比，本身的组织结构更落后，更松散。从政治文明上来看，这些日耳曼人更野蛮，由于缺乏国家构建的能力，他们建立的大大小小的王国面积不大，力量不强。罗马帝国的国家构建部分被摧毁了，而日耳曼人是如此的落后和野蛮，他们没有能力接收罗马帝国的税收系统，就像蒙古刚开始征服南宋一样。当时蒙古人并不知道税收系统有什么用，他们也没有能力收税。中华文明之所以能够在蒙古征服以后幸存下来，很大程度上归功于耶律楚材。耶律楚材是辽国贵族后代，但是辽国已经有了国家构建能力，也拥有了一套官僚征税系统，因此耶律楚材有政治文明的记忆。耶律楚材说服蒙古人，说明了税收系统的用处，这才从蒙古铁蹄下挽救了中华文明。而罗马崩溃后的日耳曼蛮族就没有遇到他们的"耶律楚材"，最后没有接收罗马帝国的税收系统。国王打仗需要诸侯出兵，但是他们没有什么可以给诸侯的，因为他们一开始就缺乏征税系统带来的财政资源。在这样的情况下，日耳曼的国王们最方便的办法就是通过分封土地来换取手下的忠诚。这带来一个问题，土地是一次性的，给出去以后往往很难收回，而且它不可再生。分封的诸侯就逐渐坐大了。因此，日耳曼人的国王对内并不强势。既无兵权，又无财权，日耳曼人的国王被迫要重视臣民的意见。《尚书》中有句话："天视自我民视，天听自我民听。"为什么日耳曼蛮族国王能够做到，但是中国的皇帝通常不能够做到？因为中国皇帝的权力很大，他不需要听臣属的意见，而日耳曼人的国王权力很小，他被迫要听取臣属的意见，尊重臣属的利益。这样，集权对于欧洲来说，非不为也，是不能也。

集权有利于大国的兴起，大国也有利于集权体系的维系。反过来，在古代，对于代议制来说，老子理想中的小国寡民是最合适的，因为这种系统的交易成本低，议会开会也方便。维持一个大帝国有很多技术上的难题，交易成本非常高。有学者发现，中世纪的欧洲国家越大，代表们参与会议的成本越高，议会开会也就越不频繁。而欧洲的城邦国家，议会每周都可以开会。在14世纪的锡耶纳，通过喊话或者敲钟就可以召集市议会，因此，它的市议会也被称为"敲钟议会"（Council of the Bell）。

事实上，欧洲近代之前的国家大小和代议制民主之间存在着密切的关系。如果我们把欧洲18世纪前的政治实体按照面积由小到大排列，可以发现随着国家变大，代议制民主的质量越来越差。对于面积小的国家来说，他们的议会往往出现的时间更早，而且权力更大。议会最大的权力有两项：第一项权力是怎样征税，征什么税；第二项权力是国王怎么花钱。那些欧洲小国的议会普遍有这两项权力，但是对于欧洲的大国，他们的议会不但出现的比较晚，而且这两项权力也比较欠缺。对于小国来说，议会开会很密集，而越大的国家，议会开会就越不频繁，更像是一个橡皮图章。欧洲最大的国家俄罗斯干脆就没有议会，缺乏代议制民主的传统。在本书第二章，我们讲过俄罗斯帝国的形成是对外战争的需要，他们需要压榨国内的资源，动员起来对抗草原民族的威胁。这样，战争的需要使得俄罗斯不断扩张，不断扩张的国土又增加了代议制民主的执行成本，更有利于专制体制的形成和巩固。

不仅国与国之间产生了这样的差别，国家内部也是如此。法国大革命前有召开三级议会的传统，召集教士、贵族和平民开会讨论重大事项。有学者统计了法国外省举行三级议会的频率，发现随着法国行省的面积增加，其三级议会开会的频率逐渐走低。我们可以想象，在现代交通工具和通信工具出现之前，议会代表集中开会的频率受到国家规模和领土大小的限制，给代议制民主制造了技术上的困难。用经济学的术语来说，距离和地理规模作为外生的变量对政治体制产生了影响。

## 欧洲各国的分化

欧洲各国虽然是在罗马帝国崩溃的基础上,由日耳曼蛮族建立,但是从中世纪到近代,欧洲各国的政治制度也出现了分化。从战争影响国家构建的角度,我们可以提出一个有趣的问题:欧洲军事革命后,战争为什么在某些国家摧毁了中世纪的立宪制度并导致专制的兴起,而在另一些国家,同样的战争却保存了中世纪的立宪制度并促进了代议制政府的形成?有学者发现,代议制政府往往发源于那些不需要调用大量国内资源以应付战争的国家之中,而当一个国家不得不调集大量国内资源以赢得战争时,它就会向着军事科层制国家的方向发展。不仅如此,如果国家在面临战争威胁却不能从国内或国外获取相应的资源以应对时局时,其主权将丧失给更为强大的国家。这方面的例子是匈牙利和波兰,他们的代议制民主不能够有效动员国内的资源来对抗周围的大国,最终导致亡国。

那么哪些因素可以使一个国家不需要加强对国内资源的汲取,就可以支持战争?第一个因素是战争主要在一个国家的领土之外发生。通过对国外资源的掠夺或系统开发,并征募大量的雇佣军,就能让本国军事力量组织起来。本国所需要的战争赋税较轻,可以与议会进行协商,而不会带来内部冲突和危机。在这种情况下的国家构建就不是那么迫切,组织结构要比那些只能使用国内资源的地方松散得多。瑞典就是这一模式的例子,瑞典在近代早期进行的大多数战争在欧洲大陆,而不是在斯堪的纳维亚半岛,利用的都是国外的资源(主要是德国),不断在德国掠夺资源。因此,瑞典就不需要建立一个强大的专制政府。类似地,在人类历史上,游牧民族普遍采用的是军事贵族民主制,而不是农耕民族的集权体制。比如,蒙古部落选举大汗的忽里勒台大会，以及清朝入关前的八王议政。其中一个原因是因为他们不需要也没有办法对内汲取资源。他们主要靠对外掠夺来支持统治。因此在他们转化成农耕民族之前，主要采用的制度是军事贵族民主制，而不是更为"现代"的科层制。

第二个因素是军事联盟。在一个军事联盟中，统治者可以求助盟友，这降低了动员国内资源的规模。通过相互协议而不是掠夺，外国军队和外国资源取代了国内资源。在荷兰和西班牙的长期战争中，由于双方实力悬殊，荷兰人即使进行强大的国内资源动员，也未必能取得胜利。因此荷兰与英国、法国以及其他力量结盟，避免了与强大的哈布斯堡王朝一对一的战争。此外，荷兰还受益于当时土耳其军队在地中海的进攻以及西班牙发生内乱，这些都牵制了哈布斯堡王朝的军事力量。荷兰人可以利用盟友的资源，从而降低动员国内资源的规模，不需要一个强制胁迫的国内高压体系。这样，荷兰共和国的民主就得以保存下来。

不依赖国内资源的第三个因素是经济与商业财富，尤其是当时来自殖民地的国外收入来源，以及利润可观的商业交易的收入，这些可以为一个国家带来比他们的敌人更多的财富，相应地，对国内资源的汲取比例就能保持在比较低的水平，不需要强力压制内部各阶层，因此也不会引发内部冲突和危机。地中海地区和中国的丝绸之路一样，是人类各个文明交会碰撞的地方，发生过许多很有意思的故事。近一千年来，地中海地区类似我们的春秋战国，各路英豪纷纷登场，其中很精彩的一幕就是小小的威尼斯城邦凭借巨大的商业财富，挑战奥斯曼土耳其和哈布斯堡王朝这两个庞然大物。当时的威尼斯利用地中海贸易获得了巨额财富来建造强大的舰队和军队,用来反击西班牙和土耳其的入侵。由此,威尼斯的城邦民主得以保留。

最后一个决定因素就是地理和地形特征:岛国或者有河流、山岭、沼泽以及类似的自然屏障抵抗外敌入侵的国家,只需相对较小的或古老的军事系统就能够应对规模更大、更现代的军队,这样就无须加大对内部资源的汲取,也无须中央集权。瑞典就是依靠它的群山与森林来应对敌人的入侵,荷兰人靠的则是斯凯尔特河与海滨湿地,英国靠的是英吉利海峡。这些国家最后都发展出了代议制民主。

## 中国的集权

中国的情况和欧洲很不一样,中国最终发展出了一个统一的集权的大帝国,但是大帝国也面临自己的两难。最典型的就是帝国如何在信息和控制之间权衡。具体而言,中枢应该如何控制系统的枝丫部分?如果系统的枝丫部分坐大,上面的中枢部分可能就会失去对地方的控制。反过来,如果过于集权,则失去对信息的及时掌握,无法有效应对外部挑战。北宋吸取唐末和五代十国的藩镇坐大和武将叛乱的教训,采取的措施叫强干弱枝。北宋政府为防止武将拥兵自重,实行更戍法,又称出戍法,规定军队定期更换驻地,而将帅不随军转移。因此出现兵不识将、将不识兵的现象。北宋初年,宋太祖采纳宰相赵普的建议,以禁军分驻京师与外郡,内外轮换,定期回驻京师,故称更戍法。更戍军冠以驻泊、屯驻、就粮等名目。通常出戍京东、京西、河北、河东、陕西、江南、淮南、两浙、荆湖、川陕、广东等地戍军,以三年为期轮换。出戍边远条件恶劣地区的军兵，以半年为期轮换。朝廷临时任命成军统兵将官，造成兵不知将、将不识兵，易于控制。此法虽对防止将领专权有利，但却削弱了军队战斗力。这是北宋政府面临的一个两难境地。

如何控制军队是所有国家面临的重要问题。除了推行更戍法，宋太祖还调整了宋朝最精锐的禁军的组织结构，将其一分为三：殿前都指挥使统领殿前司禁军，侍卫马军都指挥使统领侍卫亲军司的马军，侍卫步军都指挥使统领侍卫亲军司的步军。然后再将禁军的兵权一分为二：握兵之权与发兵之权。都指挥使的三衙掌握的是握兵之权，而发兵之权则归枢密院。三衙尽管手握重兵，负责禁军的日常训练与管理，却无权调兵。枢密院掌管调兵的兵符，但无统兵之权。宋人总结说：祖宗制兵之法，枢密院与三衙"上下相维，不得专制"，因此，"百三十余年无兵变也"。这是类似于现代军队军政、军令分开的做法，非常超前。但是，由于缺乏现代军队拥有的信息传递手段，导致军队臃肿，失去战斗力。在现代技术没有出现之前，加强对军队的掌控反而意味着军队战斗力受损，这个两难问题对历史上的很多帝国来说都很难化解。

我国最近几年实施的军改借鉴了美军做法，即军政、军令分离。军政系统负责军队能力建设、专业管理，即按军兵种涉及的专业能力进行军事演练与武器装备研制等。军令系统平时负责研究制定战术思想和组织各军兵种的联合演习，在战时负责指挥各军兵种协同作战。平时，以军政线为主，军令线为辅；而在战时，两条线对调，由军令系统的战区司令部统一指挥战区内的各军兵种战斗力量，以实现集中统一指挥。这是军区改为战区的关键所在。军政、军令分离，使得今天的美军和进行军改后的解放军，作战时有可能和北宋一样都是兵不识将、将不识兵，但是这个问题潜在的不利影响在现代化的条件下被解决了。因此，某些情况下，科层制系统的控制问题和信息问题可以通过现代技术手段加以解决。

在抗击外敌上，帝国面对另一个两难：理论上这种高度集中的层级结构，有利于有效组织资源来对抗外部危机，但是也容易被人擒贼先擒王。欧洲殖民者入侵南美洲，非常轻易地就征服了阿兹特克帝国和印加帝国。这是因为这两个帝国的组织结构都是高度集中的，权力集中在统治者手里，中央政府一倒，全国立即崩溃。可是欧洲殖民者在北美洲面对更加落后的阿帕奇族的时候，却不能一举击溃。阿帕奇族没有统一的领导人，各部落在政治上是一个非常松散的联盟。这样即便有几个部落被击溃，剩下的部落仍然能继续战斗，根本谈不上擒贼先擒王。结果阿帕奇族跟白人抗争了几百年，一直到19世纪才向美国政府投降。萨达姆政权的组织结构也是高度集中的，美军一旦打下巴格达，伊拉克军队立即兵败如山倒，美军在整个进攻阶段伤亡非常小。可是更大的伤亡反而发生在占领后，去中心化的当地武装迅速兴起，游击战风起云涌，结果美军在占领阶段竟有超过四千人阵亡。

为什么集权的帝国在军事上出现了两难问题？集权的系统是中心化的，中央或者高层的命令通过权力结构传达到底层。这种中心化的系统所表现出的复杂行为，反映的是高层的意志。而一个去中心化系统中所表现出的复杂行为，是其底层构成基于本地信息的运作而产生的，并不是高层命令的结果。这种形式的控制被称为分布式控制。

中心化的集权系统和去中心化的分权系统孰优孰劣？很大程度上和本地信息的重要性有关。及时掌握信息是进行有效管理的一个重要前提。然而，层层叠叠的集权体系下，中枢系统往往不能掌握组织结构末端的信息。哈耶克在他的名篇《知识在社会中的运用》("The Use of Knowledge in Society")中，对本地信息的重要性及其对组织结构的影响做了精彩分析。哈耶克认为，由于信息必然是本地的，如果决策权不在本地，那么必然会导致决策错误和低效。在哈耶克看来，计划经济之所以效率低下，其中一个重要原因就在于计划的制订者缺乏信息。要解决这个问题，就需要分权。彻底的分权，就是市场经济。类似地，弗里德曼也说过一个很有名的比喻：什么是计划经济？计划经济就是甲和乙决定丙为丁做什么。这带来两个问题，第一个问题是激励问题：甲、乙、丙会不会为丁考虑？作为自私理性的经济人，他们考虑的是自己，因此，在这个过程当中一定会发生大量的激励扭曲。第二个问题是信息问题：就算甲、乙、丙是圣人，他们也难以胜任，因为他们不清楚丁的实际情况，这就是哈耶克一针见血指出的，计划者缺乏本地信息。那么如何解决这两个问题？只有通过分权，或者说，在弗里德曼的语境下，必须把决策权给丁。如果经济系统彻底分权，那就没有计划，就是一个纯粹的市场经济。知道什么时候对权力松手，是所有的政治家，包括那些伟大的政治家，面对的一个非常困难甚至是不可能的任务。小平同志为什么伟大？不在于他善于集权，而在于他善于分权，分权给中国人民。

信息非常重要，但是如果集权系统不愿意分权，怎样才能维系系统运转？那势必就要加强对本地信息的收集。我国古人很早就意识到信息的重要性。在历史上，宋朝特别重视广开言路。南宋后期魏了翁曾回顾说："所谓宰辅宣召、侍从论思、经筵留身、翰苑夜对、二史直前、群臣召归、百官转对轮对、监司帅守见辞、三馆封章、小臣特引、臣民扣匦、太学生伏阙、外臣附驿、京局发马递铺，盖无一日而不可对，无一人而不可言。"这段话把宋朝的信息传递系统说全了，从上到下，从高层到民间，都可以向朝廷进言。宋朝还设立登闻鼓院，供老百姓向朝廷呈递事状，这就是我们很熟悉的击鼓鸣冤的制度原型。

集权的中央了解到本地信息的重要性，因此要加强对本地信息的收集。古今中外都是如此。2008年之前，美国国防部长拉姆斯菲尔德非常迷信中央指挥的力量。美军的作战方法是用计算机模拟最精确的战场情况，制订周密的作战计划，然后让士兵不折不扣地执行，这是典型的中心化的集权结构。但事实证明这根本不好使，真正有用的智慧来自第一线的底层官兵，而不是来自五角大楼。前线士兵在作战中总结了一套第一手经验。这些经验在官兵中私下流传，最后还是引起了高层的重视并被整理出来，并且再被下发到前线。基层官兵发现大部分伊拉克当地人之所以不愿意跟美军合作，并不是因为他们仇恨美军——可能他们更恨萨达姆。这些人不愿意合作是因为他们害怕美军走了之后他们被武装分子报复。美军对此的策略就是在自己负责的整个城市中建立哨所，这些哨所条件很差，但美军在里面长期驻扎。美军为了守卫这些哨所伤亡很大，但是坚持下来以后，当地人的态度发生了变化。原来美军在当地人眼里是流寇，后来变成了坐寇，当地人只能和美军合作了。2008年后，伊拉克形势迎来转折：当地武装分子全面撤退，美军的死亡人数戏剧性下降。因此，来自基层的信息非常重要！即使在信息如此发达的现代社会，也是如此。在如此复杂的现代社会，仅仅靠一个伟大领袖到处瞎指挥，最后一定会出错。

在集权的科层制系统当中，帝王显然高居于权力顶端，制度设计、人事安排、政策发布，无不围绕这一核心构成。而正因其处于"顶端",相对明智的帝王自有"高处不胜寒"的感觉。政治上的独尊,并不能保证充分知情。中国历史上经常有皇帝微服私访的故事。但是权力高层对下层的巡视通常没什么用。因为皇帝下来视察的时候,见到的多半是一些群众演员。他们能说什么,不能说什么,谁来说,怎么说,都是安排好的。这样当然无法知道真实的情况和民意。那么在由上而下的系统中,中枢要及时获得下面的信息,就要奖励信息的上报者,但有时又因为信息不符合自己的利益或者想法而不快,甚至因此惩罚信息的传递者。关于这一点,一个很有名的例子就是花刺子模。花刺子模据说有一个传统,如果信使带来的是坏消息,就要把信使给宰了。在这样的情况下,传给花刺子模的当然全都是好消息!

由于下属和中枢之间的信息不对称,下属总是能够耍弄中枢,有时候沽名钓誉,故意危言耸听。明朝时有些官员故意出来骂皇帝,知道你皇帝也不敢杀我,给自己博一个好名声。这种行为叫"卖直"。但是更多时候他们曲意逢迎,蒙蔽中枢。中国两千多年来几百个皇帝,大部分皇帝是被手下人蒙蔽了,表面看上去皇帝至高无上,但事实上周围的人把他们当傻子一样耍,甚至全国上下配合着演戏。

如果中枢意识到这一点,他会怎么做?这是经济学里典型的在信息不对称下的策略问题:我知道我不知道,我还知道你知道,并且我知道你知道我不知道……在信息不对称下,中枢意识到这一点,因此不断增加收集信息的路径,技术手段愈益多样,花费的心思缜密繁复,但沟通中阻滞仍旧,渠道仍然不畅。特务系统的建立,部分原因就是为了解决信息问题。而为了监督特务系统,又需要额外的特务系统,而且需要这些特务系统互相背靠背。为了解决信息问题和监督问题，中枢设置了一套制度，但是中枢很快又发现它和这套制度之间又存在着新的信息不对称。因此，为了确保这套制度和自己一致，确保及时上报信息，确保这套系统不利用和中枢之间的信息不对称，做出对中枢不利的事情，中枢被迫又再发展出一套系统来。一个典型的例子就是，明朝的特务系统是东厂，后来又搞了个内厂，用内厂来监督东厂。

类似地，对地方的监督是个永恒的难题。中央总是不断派人巡视地方，渐渐地这些钦差权力越来越大，便由特派员变成了地头蛇，演变为新一代诸侯。于是中央又不得不派新的中央代表来巡视。郡县本为正式的地方政府，汉朝皇帝不放心，设十三州刺史以巡查各郡。刺史的"刺"本义是刺探，因此刺史本来就是个收集信息的巡视员。刺史逐渐扩权，到了汉末，刺史最终演变为新的地方官，州则由巡查区变成郡以上的一级行政区。为了防止刺史尾大不掉，唐朝设立诸道按察使巡查各州，今天的江西，在唐宋就是"江南西道"。到宋朝"道"变成"路"，又成为州之上的一级行政区，路的安抚使由巡视员变成地方官。朝廷为了监督安抚使，派人到诸路"行中书省事"，也就是代替中央在地方执行公务，是中央机构在地方的一个派出机构。到元代，行省发展为路之上的一级行政区，行省平章成为新的诸侯。到明朝又来了新的中央特派员，就是明朝中叶的巡抚，全称是巡抚某某地方都察院副都御史，顾名思义是中央监察机构（都察院）的派出官员，和今天的中央巡视组有些类似。但是到了明末，巡抚又演化为地方官，原来的行省正式官员布政使反而成了虚设。官职的变化是层层叠叠一套又一套，反映的是中枢在动态的过程当中希望解决监督控制和信息的两难。这个两难没有最优解，无法形成静态的均衡，必须时不时推倒重来。

## 封建与郡县

对于这套系统的利弊,中国的知识分子和思想家在过去两千年内一直在不断探讨和争论。周制与秦制,也就是封建与郡县的争论,是一个贯穿了两千年的探索过程。从经济学的角度看,这是一个关于组织结构的问题,是集权还是分权的问题。我们来看一下古人是如何思考这个问题的。

魏晋时期,陆机在其《五等诸侯论》中,通过比较三代和秦汉得出几个观点,对后世学者影响很大。他认为在布局上,封建比郡县更合理。在封建制下,社会在常态下民有定主,诸侯各务其治,在郡县制下,民无定主,官员是所谓的流官,往往在一个地方蜻蜓点水过几天就走了,缺乏对当地老百姓的同理心和共情。

陆机认为,在封建制下,中央与诸侯相对独立,互相照应,若出现异常情况也能有缓冲。即使国家衰弱,受害的只是局部,王朝不至于很快灭亡。郡县制就没有这种优势,一处有乱,天下大乱。秦代失于孤立无援,以致国家很快灭亡。此外,封建诸侯比郡县长官更可能精心治理,这是他分析人性得出的结论。"五等之君,为己思治;郡县之长,为利图物。"封建诸侯会更尽心治理,因为他的封国等于他的财产。郡县长官更关心升迁及其他的私利,而把百姓的福利放在其次。坐寇比流寇更关心老百姓的福利,这是经济学经典的激励问题。

但是,虽然封建制有这些好处,汉代行封建制却出过很多乱子。汉初给的封地太大,使诸侯太强了,以致与王室大小无别,难以控制,后来靠推恩令才从根本上削弱诸侯。天子与诸侯之间的分权如何才适当?贾谊曾经针对这个问题提出"众建诸侯而少其力"

的主张，意思是增加诸侯的数目，而减少每个诸侯出的力量。诸侯强弱到什么程度才适合？《后周书》载令狐德芬所言，诸侯力量的适当标准，是让诸侯强到可以帮助天子，弱到不至于尾大不掉。办法是巧妙地分封贤臣和王室，各自给予不同的权力。"分命贤戚，布于内外。料其轻重，间以亲疏。首尾相持，远近为用。使其势位足以扶危，使其权力不能为乱。"这实质是现代经济学常用的最优化方法，在两个冲突的因素中求平衡。魏晋时候的古人本能地运用了这种思维。

跟这些主张封建的学者不一样，唐朝时，柳宗元在《封建论》中提出郡县制要比封建制好。在防止叛乱上，郡县制比封建制优越，他列举"有叛民无叛吏""有叛国无叛郡""有叛将无叛州"等史实说明这个观点。为什么会这样？因为下级的权力是上级给的，因此不会像诸侯一样优先考虑本地利益，做出和诸侯一样的决策，官员就不会叛乱。此外，郡县制的用人机制比较好，因为中央能够有效地控制官吏，使他们不能胡来。郡县制度下的官吏，"有罪得以黜，有能得以赏。朝拜而不道，夕斥之矣。夕受而不法，朝斥之矣"。在人才的选拔上，郡县制更公平合理，因为封建制的诸侯是世袭的，不能保障居上者一定贤明。郡县制的官员是任命的，因此能"使贤者居上，不肖者居下，而后可以理安"。柳宗元在这里说的其实是我们中国长期以来实行的选贤任能制度的理论基础，理论上可以选出一个更好的下级。但是，这里带来一个问题，如果选拔标准是客观的，上级的选拔权力就被剥夺了。如果大学里评奖学金严格地按照学分绩点来排名，那么，老师、团委书记、学工部就没有了权力。为了保证上级有权力，这个标准一定不能完全客观，在奖学金评选条件中一定要加上"等其他因素"。古代的皇帝为什么要让臣子觉得自己天威难测？就是要为了保证决策的模糊性，因此，理论上虽然这种选拔机制可行，但是从上级的利益出发，并不希望在选拔下级中完全依赖于客观标准，因为这样就丧失了自己对下级的控制。

到了明朝末年，时代的大悲剧发生了，偌大的明王朝居然轰然崩溃。在这种强烈的刺激下，明清之际的知识分子集体迸发出了非常耀眼的思想光芒。这些思想的洞察力，在他们亡国之痛的刺激下，终于突破了近两千年秦制给人们的大脑带来的惯性束缚，直追先秦。顾炎武在他的《郡县论》中认为，当时郡守、县令无权，不能解决民众的问题，天下自然就不会太平。他主张把权力从上到下适当地分散，"以天下之权，寄天下之人"。在那个天崩地裂的大时代，在亡国之痛的刺激下，顾炎武、黄宗羲这一批明末遗民的思想和当时欧洲的启蒙思想家的思想是非常接近的，但是历史没有给中国人以实验这种思想的机会。顾炎武在《郡县论》中直指秦制的缺陷：

> 封建之失，其专在下；郡县之失，其专在上。古之圣人，以公心待天下之人，胙之土而分之国；今之君人者，尽四海之内为我郡县犹不足也，人人而疑之，事事而制之，科条文簿日多于一日，而又设之监司，设之督抚，以为如此，守令不得以残害其民矣。不知有司之官，凛凛焉救过之不给，以得代为幸，而无肯为其民兴一日之利者，民乌得而不穷，国乌得而不弱？

秦制下的官员们每天划水、摸鱼，想的是"以得代为幸"，遇事尽量免责，甚至不愿意为老百姓"兴一日之利"，在这样的情况下，老百姓就会变得穷困，国家就会变得弱小。顾炎武目睹和亲身经历了明末的大悲剧以后，对中国的政治制度和组织结构进行反思，他得出了一个结论，要"寓封建之意于郡县之中"，扩大地方自治和自主权："尊令长之秩，而予之以生财治人之权，罢监司之任，设世官之奖，行辟属之法。"顾炎武建议县令由地方来选聘和考核政绩，好的县令可以连任，权限也可以逐渐扩大，甚至退休时还能推举儿子或者弟弟继任。顾炎武提出的办法，跳出了传统封建、郡县二制之争。他认为县令应任用本地人，头三年为试用期，在这三年内如果称职的话，可升为正式县令。"又三年称职封父母，又三年称职玺书劳问，又三年称职进阶益禄，任之终身。"称职的要在当地安家，不得迁徙。县令有权任命县丞以下的官吏。"其老疾乞休者，举子。若弟代，不举子。"但是，"令有得罪于民者"怎么惩罚？那就"小则流，大则杀"。用经济学的语言来说，这套机制试图让县令把他的成本和收益打包考虑，最终达到最优解。顾炎武提出当时地方上祸乱纷呈，是因为官无定守，民无定奉。采用这种做法，能保地方太平。因为封建制的基础在于利用人的自私心理。封建制使人们得到私利的同时，使天下得到治理。因此，如果能使县令成为真正的主人，县是他私家的产业，他必会尽心爱护和治理。一旦出现动乱，县令、郡守也会拼死守护。同时，县令为了维护自身的利益，不会任用恶吏。

这样，从组织结构的角度看，顾炎武主张把政治权力由中枢下放到地方，实行一种分权。当统治者本地化之后，手里有权力，眼中有信息，心底还有利益，那么作为理性的经济人，他做出的决策，一定是理性的，而且是最优的，这是顾炎武的重要观点。

无独有偶，近两百年后，法国思想家托克维尔在他的名著

《论美国的民主》中，区分了政府集权和行政集权，前者是处理全国事务的国家权威，后者则是中央政府对地方事务的行政控制，而后者则往往被误认为是前者本身或者是其必要手段。托克维尔认为，以行政集权来构建政府集权是一条危险的道路：强大的行政集权反过来会损害政府集权。

为什么会这样？托克维尔在他的另一本名著《旧制度与大革命》中指出，高压统治使社会各阶层不能团结起来，彼此割裂，失去自治能力："个人完全丧失了处理事务的能力、审时度势的习惯和人民运动的经验，而且几乎完全丧失了人民这一概念。"法国大革命前夕，"外省已丧失自主权，城市只保留下一点自治的影子"。表面上看起来一切尽在中央掌控，但是"在那些危机时刻，中央政府因孤立和软弱而深感恐惧；它想恢复那些被它摧毁了的个人影响或政治团体，呼吁它们前来帮助，但无人响应，它通常惊异地发现，原来那些人已经死去，而且是被政府一手杀死的"。因此，"再也组织不起什么力量来约束政府；也组织不起什么力量来援助政府。最后，作为其基础的社会一旦动摇，这座君主的宏伟大厦顷刻间就会全部毁灭"。

法国的悲剧，也正是晚明和晚清的悲剧。

## 更多思考

除了封建和郡县、集权和分权的区别以外，中国古人的思考很少聚焦整个系统最核心、最顶层，也是最关键的部分，那就是皇帝。当然，我们不能苛求古人，不能奢望他们能够发展出我们今天才有的现代宪政思想。在整个中国古代，从孔子开始的诸多先贤，从其民本思想出发，通常寄希望于通过一个贤明的君主来实现。美国学者福山在《政治制度的起源》一书里对此做了评论，他认为："在某种意义上说，中国人发明了好政府。他们设计的行政机构是理性的，按照功能而组织起来，以非人格化标准进行招聘和晋升，这绝对是世界第一。在其他方面，中国政治制度又是落后的，它从没创立法制和政治问责制的机制。"福山指出中国制度的优点："中国王朝的重大遗产是高品质的威权政府。几乎所有世界上成功的威权现代化者，包括韩国，新加坡，现代中国大陆、台湾地区，都是分享中国共同文化遗产的东亚国家，这不是偶然现象。很难在非洲、拉丁美洲或中东，找到像新加坡的李光耀或韩国的朴正熙那样素质的威权统治者。"但是中国传统体制的问题在于："在没有法制和问责制的情况下，良好统治能否长久？如遇坚强能干的皇帝，该制度卓有成效，雷厉风行，简直令人难以置信。如遇变化无常或庸碌无能的君主，他们大权独揽，经常破坏行政制度的效率。"这就是中国这套制度在过去两三千年里最难解决的问题，也就是所谓的坏皇帝问题。中国历史上的几百个皇帝，能被称为贤明的，能够符合儒家理想标准的并不多，大部分是很平庸的，甚至是比较差的。

此外，即使集权有某些好处，但是集权在道德上有一个巨大的缺陷。黄宗羲在《原君》当中对这一点有着非常犀利的批判：

> 以为天下利害之权皆出于我，我以天下之利尽归于己，以天下之害尽归于人，亦无不可；使天下之人，不敢自私，不敢自利，以我之大私为天下之大公。始而惭焉，久而安焉。视天下为莫大之产业，传之子孙，受享无穷；汉高帝所谓"某业所就，孰与仲多"者，其逐利之情，不觉溢之于辞

矣。此无他，古者以天下为主，君为客，凡君之所毕世而经营者，为天下也。今也以君为主，天下为客，凡天下之无地而得安宁者，为君也。是以其未得之也，屠毒天下之肝脑，离散天下之子女，以博我一人之产业，曾不惨然。曰："我固为子孙创业也。"其既得之也，敲剥天下之骨髓，离散天下之子女，以奉我一人之淫乐，视为当然。曰："此我产业之花息也。"然则，为天下之大害者，君而已矣。向使无君，人各得自私也，人各得自利也。呜呼！岂设君之道固如是乎？

我们读《史记》就知道刘邦年轻的时候是个无赖混子，他的老爹经常骂他不如他的哥哥那样能够置办家产。后来他当了皇帝，回老家沛县，大宴家乡父老。刘邦跟他爹说："你看现在我和我哥哪个更能置家产？"活脱脱一副暴发户的嘴脸。他难道是像儒家理想中说的那样从为天下人谋利的角度来当皇帝的吗？当然不是。他为的全是自己的利益，最后胜利了，无非是从一个流寇变成了一个坐寇，这是一个黑社会洗白的结果。统治者为自己的利益，强迫别人服从他。统治者自私，"敲剥天下之骨髓，离散天下之子女"，但是他却不准别人自私，还要求大家为他献身，简直是无耻之尤！黄宗羲对此非常痛恨。

"为天下之大害者，君而已矣。"明末清初，我们的大儒痛定思痛，反思中国的制度，这是他们发出的最绝望也是最响亮的呼喊。"向使无君，人各得自私也，人各得自利也。呜呼！岂设君之道固如是乎？"黄宗羲最后走到了经济学的理性人思想：人人为我，我为人人。这和亚当·斯密不谋而合：每个人都是自私的，都必须为自己的利益考虑，但是在每个理性人的自利行为的均衡之下，天下能够达到大治，而不是不许别人自私，更不是要求别人为统治者牺牲。我们中国的传统要求人民为统治者牺牲，黄宗羲发现这不对，这不符合孔子的原意，不符合儒家的民本思想，绝对不是仁政。

类似地，黄仁宇在《中国大历史》当中也说："中国自秦汉以来的统一，可谓政治上之初期早熟"；"中国政治体系的早熟在当日不失为一种成就"；"可是中国人也必须为此付出代价"。具体要付出什么样的代价？鲁迅在《灯下漫笔》当中将我们传统的科层制对人性的压迫描写得栩栩如生：

> 我们极容易变成奴隶，而且变了以后，还万分喜欢……我们自己是早已布置妥帖了，有贵贱，有大小，有上下。自己被人凌虐，但也可以凌虐别人；自己被人吃，但也可以吃别人。一级一级的制驭着，不能动弹，也不想动弹了。因为倘一动弹，虽或有利，然而也有弊。我们且看古人的良法美意罢——"天有十日，人有十等。下所以事上，上所以共神也。故王臣公，公臣大夫，大夫臣士，士臣皁，皁臣舆，舆臣隶，隶臣僚，僚臣仆，仆臣台"（《左传》昭公七年）。但是"台"没有臣，不是太苦了么？无须担心的，有比他更卑的妻，更弱的子在。而且其子也很有希望，他日长大，升而为"台"，便又有更卑更弱的妻子，供他驱使了。如此连环，各得其所，有敢非议者，其罪名曰不安分！

在本章我们探讨国家治理当中的组织结构问题，这是一个所谓的是然问题，即组织结构是怎么样的？除此之外，还有一个所谓的应然问题，即哪种组织结构是最好的，最有吸引力的？从不同的角度出发，这个问题会有不一样的回答，帝王和老百姓处在金字塔的塔尖和底座，他们想的是不一样的。同样，如果我们今天问：人愿意生活在哪一种制度下？这个问题由于每个人出发点不同，立场不同，也不好回答，因为每个人受自身的经历和背景影响，答案很可能不同。正所谓彼之蜜糖，我之砒霜。我国古人对此有着深刻理解，还写出了千古名句："凭君莫话封侯事，一将功成万骨枯。"一个士兵，一个士兵的妻子，和一个将军，他们的目标不同，想法也不一样。我们总是受自身的立场和经历影响。

那么，我们应该代入哪个视角？我们读《水浒传》，自然而然代入好汉视角，羡慕好汉们大碗喝酒大块儿吃肉。读书稍多后，不再痴迷于拳脚棍棒，对被李逵排头砍去的看客多了几分同情，这是代入被好汉压迫的蝼蚁的视角。读史书，代入横刀立马大杀四方的豪杰视角，确实很爽，但是被豪杰杀戮的草民就不爽了。鲁迅笔下《药》中的红眼睛阿义这样自我代入："他说：这大清的天下是我们大家的。你想：这是人话么？……便给他两个嘴巴！"当一个人代入皇帝视角时，他自然觉得有人提意见真讨厌，当他代入太监视角时，乖乖不得了，提意见的都该杀！近年来有一种歪论：明亡于东林党。因为据说东林党叽叽歪歪，造成社会不安，好讨厌哟！

正是因为"吾生也有涯，而知也无涯"，我们永远不可能在信息的海洋中获取全局的信息来做出最佳的判断，因而总难免受自身的立场局限。如何解决这个问题？美国哲学家罗尔斯提出了一个概念叫"无知之幕"（veil of ignorance）。最初他提出这个概念是为了判断什么是正义。比如，我们把比尔·盖茨抢了，把马云抢了分浮财，大家觉得好不好？你要是马云你肯定不开心，你要是个键盘侠你就会觉得好极了。那我们现在想象我们躲在一道无知之幕背后，不知道自己是富豪还是想来分他财产的键盘侠，然后让你来选要不要这么干？你选yes，然后无知之幕一掀开，发现你就是富豪，你就傻眼了！罗尔斯说判断是否正义，要躲在无知之幕后面，把自己已知的东西撇在一边。这就相当于中国人说的投胎一样，婴儿脑袋一片混沌，什么都不知道。现在，请读者闭上眼睛想象一下自己面前的无知之幕。在这个无知之幕里面，我们不知道自己是男是女，不知道自己是穷是富，不知道自己是哪国人，不知道自己的职业，也不知道自己是健康还是残疾，不知道自己的性取向，总之什么都不知道。在这样一道无知之幕里面，请读者问自己：你愿意生活在哪种制度下？这就是一个应然问题。也许我们可以利用罗尔斯设计的这个思想实验来回答这个人类历史上争吵不休，甚至为此血流成河的问题。

第五章

# 组织迷思：权力的结构（下）

在国家治理体系和国家组织结构上，中国是人类历史上第一个建立官僚体系的国家，这产生了深远的历史影响，不仅影响到我们的政治生活，还影响到我们的经济和文化生活。中国传统的组织结构是科层制。一个典型的科层制结构的主要特征是由上而下，组织严密。在宋朝，有人就总结中国这种系统当中一个很大的优点，叫作"如心使臂，如臂使指"。从中枢指挥末端，就好像大脑在指挥自己的手臂，手臂指挥自己的手指头一样，流畅而自然，这是一个非常强调执行的系统。

即使在今天，中国的企业家也很喜欢谈军事化管理。企业家要通过正确的战略、优良的产品、高效的营销把企业搞好，真是太不容易了。但是大搞所谓军事化管理，要求员工像士兵一样服从，这谁都会，而且契合中国传统。所以一方面企业家觉得容易学，另外一方面我们文化传统确实有科层制这个特点，讲究服从和执行，因此中国很多企业家都喜欢谈军事化管理，最喜欢员工对他绝对服从。不光是轰动一时的上海文峰理发店的老板醉心于员工的全身心服从和崇拜，享受众星捧月一般的感受，即使今天的很多新经济企业，比如互联网企业和高科技企业也是这样。

21世纪什么最重要？人才。但是哪怕你是个人才，也千万不要真的以为人才最重要，企业老板肯定觉得人才不重要，因为老板的一个普遍心理是：有钱就能雇到人才，那凭什么说人才重要？所以在中国的企业里面，我们会发现不管是旧经济的企业，还是新经济的企业，总是带有一些这种科层制甚至家长制的色彩。比如，说餐饮业，很多餐馆大概是下午六点左右，会迎来第一波客人。所以有时候如果我们在下午五点钟的时候去餐馆集中的商区，会看到餐馆的服务员在餐馆外面列队，听领班训话。再比如，很多企业组织员工搞团建，团建里很多活动的核心就是建立服从意识。中国的老板最喜欢这么干，认为这么干了就可以让员工努力干活，甚至哪怕少付他们工资，他们也会努力干活。在一个典型的中国企业里面，老板高度抓权，组织结构围绕着老板，这是高度中心化的一个系统，企业的发展依赖于一个英明的老板，一个领袖。这种中心化的系统有其合理性，也有其局限性。

什么样的组织比较适合用科层制的中心化系统，什么样的组织比较适合分权的、比较松散的去中心化的系统？举一个例子：世界上的大学基本上都采纳了去中心化的系统，哪怕校领导控制欲再强，大学的组织机构本质上一定是分权的。为什么？因为在大学这样的系统里面，本地信息非常重要。商学院的不知道生物系在干什么，机械系的不知道人文社科在干什么，只有本专业的人才知道本专业在干什么。所以一个校长就算想大力发展某学科，他其实做不了具体指挥，他顶多是提建议，他最主要的任务是搞资金、拉赞助，帮助这个学科发展。由于各部门的信息高度本地化，所以大学的组织结构是高度去中心化的、分权的。曾经有一段时间，牛津大学从国外聘用了一个新校长，他觉得牛津这套系统非常地古旧僵化，不适应21世纪的教学模式，因此他想在牛津搞改革。在一个高度分权的系统里搞由上而下的改革，可想而知会有多难，所以新校长的改革阻力重重，推行非常困难。当时《泰晤士报》的高等教育版有个评论，说大学校长真是世界上最难做的工作，因为他领导了一群教授，而教授所受的训练就是提出批评、提出质疑，教授的工作也是提出批评、提出质疑。校长领导着一群擅长提出质疑和反对的人，这个职业真的是很难。牛津就有教授在牛津校刊上面写文章说，你这个新校长不是我们牛津毕业的，你难道不知道在我们牛津，校长的决定是要得到教授许可的吗？所以牛津这所世界上最古老的大学的传统是非常分权的，原因无他，对真理的追求要求质疑权威，而中心化的科层制要求服从权威，二者是互相矛盾的。

那么，什么样的组织结构需要特别讲究执行？什么样的系统里面，上级下达任务后，下级必须完全服从，并且迅速执行？那显然就是军队。依赖暴力的机构，或者运用暴力的机构，自然需要禁止任何自由散漫，这样才能最有效地运用暴力。这样看来，世界上并不存在一个放之四海而皆准的最佳组织结构，可以让任何系统都适用。经济学里最讲究权衡，我们在思考什么样的组织结构适应什么样的经济活动、政治活动、军事活动或者文化活动的时候，我们要想到各种各样的权衡。比如，是否强调信息的获取？如果重视信息的获取，那就要分权，让信息的获得者，或者最容易获得信息的人，同时也承担决策者的角色。但是这样会带来一个监督的问题。上级如何监督下级？怎么确保拥有信息的人会如实上报信息？怎么确保他在拥有信息以后，是为组织服务，而不是为个人服务？这是经济学中的委托-代理问题，需要设计正确的激励机制。再比如，我们是否需要灵活应对？战场也好，商业活动也好，很多时候情况瞬息万变，因此我们的行动需要灵活，需要随时调整。在这种情况下，决策权势必要下沉到基层单位。但是如果决策权下沉到基层单位，又如何保证执行？此外，还有协调问题：如果决策权下沉到各个基层单位，这些单位之间如何协调？如果决策权收到中央，那么中央和地方之间如何协调？决策者和执行者之间又如何协调？这里有各种复杂的权衡问题。归根结底，这些是经济学中的机制设计的问题，要设立一个机制，用以确保能够实现目标。

## 英国东印度公司组织结构

让我们来看一下现代经济体的组织结构：当四百年前，公司作为一种商业组织出现后，由于资金充沛，其运营范围远超以往的企业。这带来一个问题：组织机构如何演化以适应繁复的商业活动？当企业很小的时候，十来个人七八条枪，这个小团队并不特别需要讲究组织结构问题。但是企业扩张以后，就需要重视组织结构。一个人同时指挥几千人肯定不合适，所以在军队里面不是军长一个人负责几万人的行动，他下面还有师长、旅长、团长、营长，他需要有一个高效的组织结构。在现代公司出现以后，人类面临一个新的问题：现代公司的规模比之前的各种商业组织大了很多，在这样的情况下，中枢如何掌握信息，如何给各部门正确的激励，各部门之间如何协调？这些问题和中国古代皇帝面临的问题是很像的：我们这么大的一个国家，皇帝不可能事事亲为，必须得举重若轻。在中国历史上，凡是处处要跟部下争权，处处微观管理的领导者，大都下场不好，典型的例子就是崇祯。做皇帝的，没有守好自己的本分，反而去做一个部下该做的事情，但又缺乏第一线的信息，不完蛋才怪。

人类历史上第一个公司是英国东印度公司，东印度公司横渡重洋，远征异域，是人类第一次在全球范围进行带有军事性质的经济活动。东印度公司想要获得成功，就必须解决我们在上面提到的这几个问题。东印度公司持剑经商，能偷就偷，能抢就抢，抢不了就和当地人做贸易，因此它的组织结构带有商业和军事双重性质。东印度公司的顶层是当时的伊丽莎白女王和东印度公司的伦敦总部。印度业务的指挥枢纽通过当地的指挥长带领亚洲部门的军事机构，这一条线主要涉及军事领域。作为一个企业，除了军事以外，东印度公司必须要盈利，所以伦敦总部下面有一个董事会。直接对董事会汇报工作的是总督，类似于今天上市公司的CEO。董事会下面还有具体的委员会，这类似于我们今天的上市公司董事会里的专业委员会，比如薪酬委员会、战略委员会之类。

图7　英国东印度公司伦敦总部结构

由此可见，在东印度公司的组织结构中，军事和商业部门并存，伦敦总部高度集权。在这个高度集权的总部下面，按照职能部门来划分出各个子系统，每个职能部门上报给上面的中枢。我们今天的上市公司或者企业，也可以按照职能来设立具体的部门，比如销售、营销、人力资源等。如果按照这些职能部门来分，各司其职，汇报给上面一个中枢，这种形式是集权的，经济学中叫单一制（unitary form，简称U-form）。这种高度集权的、按照职能来划分的单一制结构里面，每一个部门像一个机器的组件，不太需要关心其他部门在干什么，只管执行就行了。我们来看看当时的东印度公司有哪些职能部门：会计记账部门（Accounting）、采购部（Buying）、通信部（Correspondence，用来确保和印度当地机构之间的信息通畅）、货运部（Shipping）、财政预算部门（Treasure）、仓储部（Warehouse），还有为公司员工做买卖的业务部门（Private Trade）。这些部门向最高层的董事会进行汇报，形成一个单一的高度集中的组织结构。各部门之间有一定的联系，但是联系并不紧密。在这样的系统中，员工不需要关心其他人的工作，负责自己的本职工作，做好自己的分内的事情就行了。这种分工明确、高度集权的组织结构最大的好处就是执行，员工不用想很多，上面来个命令，照做就行了，组织的执行效率相对比较高。但是这种组织形式有一个棘手的问题：伦敦和印度之间实在是太远了！高层一个命令发出去，绝对不可能像大脑发一个命令到指尖一样，等到底层收到高层的命令，很可能很多情况已经变了。类似地，我们今天要探索火星，火星和地球之间的距离光要走183秒。当地球总部发出的命令抵达火星的时候，三分钟已经过去了。火星的宇航员发现一个紧急事故，马上上报，三分钟后地球总部了解情况，迅速反应，发出一道指令给火星，一来一去就是六分钟，等六分钟过去的时候，火星上的宇航员可能已经完蛋了！所以人类将来如果要执行这种星际探险任务，这个任务一定是分权的，不能是单一制，太空中的宇航员拥有信息，他必须有决策权，不能事事向地球总部请示。四百年前的大航海时代，东印度公司面临的惊险挑战，跟我们今天想要远征火星其实差不多。因此他们想出来的办法是让海外活动高度分权。

东印度公司当时在印度主要的据点,分布在印度次大陆的东西海岸,地理上比较分散。东印度公司开始并没有想征服印度,因为这是帝国的负担,经济上不划算。当时印度并不统一,等东印度公司占据了这些沿海据点以后,英国人发现和印度当地大小林立的统治者的沟通成本很高,与之一一谈判实在是太麻烦了。所以东印度公司不可避免要进行扩张,想要把这些沟通成本内部化,逐渐就把印度给整个吞并了。从1653年起,东印度公司在印度的经营活动由三个分部负责,分别位于班加罗尔、孟买和马德拉斯(今天的金奈)。每个分部独立运营,独立负责当地的军事和商业事宜,直接和伦敦总部汇报。伦敦总部的董事会负责长期战略规划、融资、营销,以及给各个印度分部拨款。但是,印度本地的投资经营活动由当地官员负责,伦敦总部除了提供建议外,只负责投资效果的事后评估。印度各分部独立核算,独立审计。伦敦总部下达的采购指令通常是非常粗略的,印度分部保留很大的自主权。

这样,东印度公司就不是一个单纯高度集权的组织,它的组织结构变成了事业部制(multi-divisional form),或者说M-form。当东印度公司给位于印度本地的职能部门分权的时候,马上遇到分权系统所要面临的一个矛盾:信息和监督。伦敦总部不知道印度发生了什么事情,因此,总部就把决策权交给印度当地的员工,但是伦敦总部怎么才能保证他们乖乖干活、听总部的话?总部必须知道相应的信息。这样,东印度公司极为重视及时获取真实信息。海外分部的账目每年寄回伦敦,由公司进行审计。公司对账目提出了非常严格的要求。会计账目的实质是对公司信息的真实反映,通过账本能看到公司的运营状况,因此这个公司的账本编得好不好,对于总部的审计部门来说非常重要,因为总部不可能专门跑到印度本地去现场调研，而只能依据这些纸面上的账本进行统计，用以了解在印度的经营。通过保留下来的东印度公司的书信往来，我们可以了解东印度公司对印度部门提供的账目的要求有多严格。总部对于含糊不清的账本毫不留情地批评，不厌其烦地指导印度分部汇报详细账目，从而对在印度分布的各类资产有一个非常详细而清楚的了解。

信息的获取不光依赖于分部的例行上报，东印度公司总部还花费大量精力和财力主动获取信息。总部鼓励各级官员直接汇报各种事务。在东印度公司的记录里，可以经常看到不同的官员分别对于同一事件的独立汇报。东印度公司伦敦总部的通信部，就相当于一个密探总部，可以根据这些做出判断，如果收到了内容不一致的汇报，就接着再进行进一步的调查。所以这是类似于中国明朝的东厂、西厂一样的机构，是组织非常严密的一个特务系统。除此之外，伦敦总部还维持着一个非常庞大的私人通信系统，这就是东印度公司员工的秘密上报。这样，靠着例行内部审计、及时的公文汇报和私人通信，东印度公司总部得以对远在印度的经营活动做出判断和相应的战略决策。东印度公司的这些做法和中国传统皇权的做法是很类似的。中国的历代皇权体系充斥着类似这样的系统，多渠道上报，然后加上密报和密奏。这个系统在清朝发展到登峰造极。

但是单纯加强垂直监控，不可能完全解决信息问题。清朝无论如何严厉管控，最终还是垮台了。东印度公司也理解这一点。当时商船远航印度来回顺利的话也要八个月，中间各种艰难险阻。总部和船长之间存在着严重的信息不对称。船长并不是股东，利益和公司并不一致。如何确保船长汇报真实信息？光靠上级从严管控没有用，因为下级总是能够发明出无数种办法用来逃避上级的监管。

类似地，君臣之间的不信任，尤其是握有军权的将领和皇帝之间的不信任，是中国历史上的大问题。明末袁崇焕受命平辽之前给崇祯的上疏中就意识到了这个问题：

> 盖驭边臣与廷臣异，军中可惊可怖者殊多，但当论成败之大局，不必摘一言一行之微瑕。事任既重，为怨实多，诸有利封疆者，皆不利于此身者也。况图敌之急，敌亦从而间之，是以为边臣甚难。陛下知臣爱臣，臣何必过疑惧，但中有所危，不敢不告。

从袁崇焕的上疏中可以看出，为什么君王对边臣不信任？因为"军中可惊可怖者殊多"，各种各样的信息传到皇帝耳里，皇帝无法判定信息背后所反映的真实情况。所以袁崇焕建议，要看"成败之大局"，不要过于纠结"一言一行之微瑕"。但从皇帝的角度看，成败之大局是最后才出现的局面，必须要靠一个信号来告诉他现在的局面是怎样的。正如微观经济学中的企业理论经常涉及类似问题：投资者不能判断企业家在干什么，或者是企业的监督者不知道经理人在干什么，外部人不知道真实的局面，因此只能依据一个信号来做推测和判断。袁崇焕觉得皇帝应该只关心最终的真实局面，因此就不要管这些大大小小的各种信号了。但对于崇祯来说，这做不到，他必须根据信号来推测出现了哪些真实的情况。雪上加霜的是，"敌亦从而间之"，敌人还发一些虚假的信号来加以干扰。这样，对于皇帝这个外部的观察者来说，更难以做出准确的判断，也就更疑惧了。

东印度公司解决信息问题的办法是设计一个合理的激励机制。

一般常见的做法是给船长高薪，如果干不好，就无法续约，领不到薪水，船长会有足够的动力干好。20世纪70年代末80年代初，中国开始搞经济改革的时候，开始尝试绩效工资，干得好了就应该多拿钱，干得不好就少拿钱。这在今天看来是天经地义的，但是在四十年前这不是天经地义，而是石破天惊！中国人经过三十年计划经济的禁锢，一些常识已经变成反常识了。当时深圳搞特区建设，要开发盐田港，发生了这么一个小插曲：司机师傅开着卡车运砂石效率很慢，深圳的改革者就提出来搞绩效工资，司机拉得多，就能拿更多的钱。有了正确的激励，司机师傅一下子就来劲了，开始拼命干。这看上去很正常，简直不值一提，但是当时这是一个大问题，有人就反对，说绩效工资是资产阶级路线，是资产阶级疯狂反扑。当然，这些可笑的反对都被时代大潮冲走了。我们四十年改革开放一路走过来，就是不断纠正一些非常荒唐的观念和做法的过程。当然，历史的前进步伐不总是一帆风顺，经常走两步退一步。

给船长高薪，和中国改革开放的时候首先想到的是希望通过绩效工资来提升国企业绩是一样的，通过把管理者的薪水和企业的业绩联系起来，促使他们努力工作。但是改革开放的历程告诉我们，国企并不能单凭绩效工资就解决低效问题，实际情况远没那么简单。这背后的原因太复杂了，我们不妨关注其中一点：在高风险活动当中，信息高度缺乏，比如，东印度公司很难判断商船的延误是恶劣天气导致的，还是船长失职导致的。基于流程的监督和各种规范条例只能判断船长是否合规，并不能判断船长是否尽职、全心全意，尤其不能判断他在突发事件中的表现。一个相关的问题是：我们在公司治理当中，是应该奖励管理者的能力还是管理者的业绩？按理说，应该奖励管理者的能力和努力，而不是奖励管理者的运气。然而，一个人的能力和他的努力程度，是没有办法观察到的，我们在大部分情况下只能奖励一个人努力的结果，而不是努力的过程。但是这个结果在一定程度上又是运气的作用。

还是拿我们的国企为例，经过90年代末期的一轮抓大放小，国有企业在行业布局上有很大的调整，目前国有企业盈利基本上集中在上游，因此整个国有经济部门的利润周期跟大宗产品的价格周期高度一致。这就带来一个悖论：我们知道，中国是石油和大宗商品的最大进口国，那么对于中国来说，大宗商品是价格低好还是高好？中国进口原材料，出口工业品，我们当然希望成本越低越好，但从国企的角度来看，因为国企控制了上游，当大宗商品价格高的时候，往往是国企盈利比较高的时候，所以国企的利益跟整个国家的经济利益并不完全一致。当大宗商品周期起来的时候，国企盈利就好了，然后就可以宣传国企改革见成效。不光是国有企业，所有的企业都一样，CEO惯于把业绩归功于自己，把困难归咎于客观环境。美国有学者用文本分析看美国公司年报里CEO致投资者的信，分析里面出现的一些关键词的频率。研究发现公司盈利好的时候，"I"这个词出现的特别高，"本公司在我的领导下如何如何……"。但是在公司盈利不怎么样的时候，"I"就消失了，"We"的频率变高："我们经过了什么什么，努力克服了困难……"在这种情况下，股东如何知道CEO是否称职？就不能简单地通过业绩来衡量。

以东印度公司为例，如何才能更好地监督船长？船队经营好坏是由于船长的能力和努力，还是由于他的运气？这是很难通过外部观察批判能够解决的问题。因此外在的监督不如内在的驱动，我们需要正确的激励，这在经济学上就需要一个激励相容的机制。

东印度公司就是通过激励来解决监督问题的：每次航行船长可以带回56吨私人货物，不超过货舱20英尺，带回的货物由公司在伦敦进行拍卖，这样船长相当于变成了股东，知道这个船上有他自己的货物，他拥有的是剩余索取权，利益跟公司股东一致。此外，商船队返航后，留下贸易代表处理当地事务和商业谈判。贸易代表的薪水并不高，但是公司允许他们接私活（private trade）。东印度公司伦敦总部的7个委员会里面有一个就是负责员工私活的committee of private trade，专门处理相关事物，公开允许员工接私活。分部在印度当地的扩张依赖于总部拨款和派遣的船队规模。公司总部在每艘船上给贸易代表一定的舱位，让他们可以经营自己的贸易，并从中获利。所以从这个角度来看，东印度公司不是一个公司，而是一个大公司带领一群小公司。对于经营良好的贸易代表，总部给予他们更多的舱位予以奖励；对于表现不佳的贸易代表，则减少他们的舱位予以惩罚。因此，贸易代表有强烈的动机在印度扩张贸易，而且要扩张更多更好的贸易，去找印度的各种产品，把它们低价买来，然后运到英国去。在这种机制下面，东印度公司在印度高速扩张，因为他的员工不是拿固定薪水，他们拿的报酬相当于现代企业给员工的股票期权，他们的利益和公司利益高度捆绑。

因此，东印度公司的成功从某个角度来说，可以说是组织结构的成功。做对激励，人可以慷慨赴死：东印度公司军队早期由一些探险家和雇佣兵组成，后来逐渐成为一支规模庞大、装备精良的正规军，担负起保卫贸易线路，在亚洲扩张英国霸权的任务。东印度公司最终征服印度全境靠的不是英国政府军，而是东印度公司自己的军队。东印度公司军队鼎盛时期曾有20万士兵，这在现代军队出现之前是非常可观的规模，这背后是印度分部员工多年的经营。由此，东印度公司的组织结构使得公司对外上下齐心，同仇敌忾。这支军队在1840年遇上毫无主人翁意识的清军，结果可想而知。

近代之前，中国人没有中华民族这个概念。所以我们看到很多当时的记载，当帝国主义打过来的时候，当地老百姓还主动卖水卖吃的给他们，甚至给他们带路。当时中国这么大的一个国家，组织结构是松散的，各方的利益不完全一致，所以可以被人各个击破。中国在19世纪面对西方表现出来的大溃败，绝对不仅仅是大刀长矛对船坚炮利的失败，当时中国整个国家的组织结构严重不适应时代发展，组织效率非常低，这是一个古代的组织碰上了一个现代的组织所遭遇的失败。

## 现代企业组织结构

我们再来看现代企业组织结构的变迁，最有名的例子是通用汽车公司。通用汽车公司于1908年由杜兰特创建。杜兰特年轻时就在他的故乡从事马车制造业。1885年他和多特成立杜兰特-多特马车公司，在短时间内建立起了全国性的销售网，创建了一个大型马车装配厂，年产量达到15万辆，并拥有一些制造车身、轮子、车轿、内饰件、弹簧等零部件的工厂。19世纪末，该公司成为全美国最大的马车制造厂。1904年杜兰特开始制造汽车，短短几年内使别克汽车厂成为全美国最大的汽车厂，年产量迅速增加到近1万辆。当时中国还是风雨飘摇的清朝末年，和美国的差距真是非常大！杜兰特认为汽车发展的黄金时代即将到来，汽车的销售量很快会达到50万辆。杜兰特当时的目标是能够占有市场的1/10。但是要靠企业本身的积累来实现这个过程太慢，不能迅速抢占市场。为此,他决定靠兼并收购来建立一个庞大的汽车公司。在此后的两年中,杜兰特通过换股的手段,多次增发股票换其他汽车厂的资产,集中了包括11个汽车制造公司以及20多个汽车零部件制造公司。这些公司生拼硬凑成一个大公司,但是组织结构非常弱。企业高速扩张,表面上规模急速膨胀,实质上管理没有理顺。被吸收的企业仍然保留着以前的法人身份,分散经营着各自的业务。

随着美国1910年发生经济衰退,通用汽车的扩张策略遇上了资金周转不灵的麻烦。杜兰特不得不向银行集团贷款1275万美元以支付原材料和工资费用,自己退出,同意由银行集团来控制通用汽车公司五年。在这五年中,杜兰特又购买了一个小汽车企业——雪佛兰公司,并使之扩张成了一个大企业,还得到了对汽车工业发生兴趣的杜邦集团的支持。此后,杜兰特卷土重来,用雪佛兰的股票换得了大量通用汽车股票。在通用汽车成立七周年之际进行的选举中,杜兰特又重新获得了公司的控制权。1916年6月1日正式恢复总经理职务之后,杜兰特仍然采用其一贯的扩张战略。1916至1920年,他又并购了20家公司!

这种快速并购扩张的方法,在经济上行周期并没有出现什么负面影响,而且看起来不错,组织臃肿的问题在经济繁荣期没有暴露出它的严重性。但是在1920年开始的美国经济衰退中,它的弱点就暴露无遗了。由于当时大量款项被用于扩大生产,当汽车市场突然萎缩时,通用汽车随即陷入了严重的困境。最后导致杜兰特又一次下台,由杜邦财团和摩根财团进一步控制通用汽车,并在管理体制上进行改组。

1920年末,由杜邦财团派出的代表皮埃尔·杜邦接替杜兰特就任总经理,对通用汽车进行全面改造。当时的副总经理斯隆担当起了重新设计和执行组织改造计划的重任。1920年5月，斯隆就他所发现的问题，提出了一份关于通用汽车组织机构的报告，这是一份关于通用汽车经营管理系统化及引用先进管理技术的详细计划，这就是有名的斯隆报告。

斯隆报告是一份关于组织结构的详细分析，斯隆报告指出通用汽车当时存在着严重的信息问题：总部不清楚拨给各事业部的款项有多少；不清楚各事业部手中的款项有多少；不清楚各事业部对总公司的贡献值的正负和相对地位；不清楚各事业部效率高低；不清楚增长点在哪里；不清楚资金投向何处才是有利的。总之就是稀里糊涂。除此之外，还存在着激励问题和协调问题：各部门自己管理现金，有自己的银行户头，因为各部门自己销售产品，自己收款。总公司无法在各事业部之间进行资金调度。总公司的支出（股息、税款、租金、工资等）由会计部门派人到实体部门去要。而各部门总想使自己的现金收支平衡得越牢靠越好。因此各部门总希望拥有比实际需要多得多的现金，而不愿将现金转到总公司。各部门对零部件大量采购，导致库存增加，这背后是盲目乐观的销售增长预期。总之，在松散的组织下，各部门盲目乐观，而且故意盲目乐观，这样可以把手里的钱赶紧花掉，尽量不给总部留。

针对这些问题，斯隆主张在中央控制和监督下，实行分权管理和经营。对于生产活动，实行专业化基础上的分工，加以分权管理；对于战略经营活动，由总公司进行中央协调和控制。斯隆提出两条原则，首先是经营单位分权化：每一经营单位的主要经理人员的职责应该不受限制，由主要经理人员领导的每一组织应具有完备的必要职能，这样才能充分发挥其主动性并得到合理的发展。其次是参谋服务部门集中化：某些中央组织职能部门对公司活动的合理发展进行恰当协调是绝对必要的。通过这两条原则，我们可以发现，斯隆想要推行的组织结构变更，不能简单地概括成集权或者分权，而是在需要集权的地方集权，需要分权的地方分权。

经过四年多的努力，通用汽车形成分权的事业部制的组织结构，把几十个汽车厂和零配件厂进行合理分工，成立了五个轿车事业部，生产五种不同类型的轿车。这种新的组织的基本结构有这些特点：各事业部经理对本单位的制造、销售、财务和工程人员拥有绝对的行政控制权；总公司设立财务委员会和经营委员会，对各事业部的生产经营活动进行指导与控制；总公司设立综合顾问部，在采购、工程、研究与开发、保险、法律、销售和广告等专业问题上为分权化的各个事业部提供帮助，但明确规定参谋人员只有建议权，没有直接权力；总公司设立财务和会计综合部，通过总经理来协调各事业部的财务活动。

我们通过下图来比较一下不同的组织结构形式。在上半部分

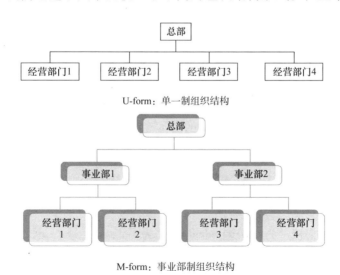

图8　U-form与M-form的区别

的组织结构里，顶层是总部，直接领导着各个分支。这就是在伦敦的东印度公司总部的架构，我们称之为U-form，即单一制。我们如果对这种组织结构施加变革，进行一定程度的分权，把一些任务交给两个事业部，总部不再事必躬亲，这就形成了下半部分中的组织结构，我们称之为M-form，即事业部制。和上半部分比起来，下半部分表面看上去更像一个分权行为，但是它的总部控制反而更牢固了，因为总部和中间的权力节点距离更近，对于中间层的掌控更加严密了，这是分权和集权的统一。今天大量的公司采用事业部制的形式，这种分权和集权的统一，就是顾炎武所说的"寓封建于郡县"！

哪些领域需要分权？在通用汽车公司中，它的事业部的权限范围包括了产品的规格、色彩、基本特征、销售方式，以及一定范围内的产品定价，工人和低级管理员的雇用和工资。为什么这些领域要分权？分权是为了获得正确的信息，并且给员工正确的激励。因此，在越需要本地信息，越需要灵活应对的地方，我们就越需要分权。

哪些领域需要集权？在通用汽车中，集权的具体内容主要是高级管理人员的人事和财务。第一，集中管理资本筹措和融资，统筹现金收支，超过100万美元的资本支出必须得到总部财务委员会的批准。第二，统一采用与变更会计制度。第三个方面涉及高级雇员管理：超过一定工资水平的高级管理人员的雇用及其工资变动，一定级别以上人员的罢免，这方面的权力全部集中在总部。为什么要集权？集权是为了协调，同时也是为了正确的激励。因此，越需要统一协调，越需要控制的地方，我们就越需要集权。

诺贝尔经济学奖获得者威廉姆森很重要的一个贡献就是他对

组织结构的研究，他总结事业部制有四个特点：

首先，它把运营方面的责任权力交给了运营作业单位，或者这些单位相当于一个大企业内部的小企业，因为它们拿到了比较多的权力。

第二，总部的精英高管的职能是提供建议和提供审计，这对经营部门的活动能够形成更强、更严格的控制。

第三，总部所要进行的活动主要是战略决策。比如计划、评估、掌控，以及在各个部门之间调配资源，这一点尤为重要，因为有时候各个部门之间有可能是竞争关系，需要总部协调。

第四，通过把总部和运营部门分开，使得总部的高管可以集中精力关注大局，而不是纠缠于下面的具体运营部门的那些千头万绪的细节，不让这些琐事过多牵制住自己的精力。

这些总结看上去非常符合直觉：上面的人管大事，下面的人管小事。听上去很简单，但执行起来很难，因为上面和下面之间信息不对称，而且利益不一致。这之中有信息问题，由此还导致代理问题，对这些问题需要一个合适的组织结构来加以应对。

我国企业的组织机构变革同样反映了经济活动的需要。以商业银行为例，传统上我国的商业银行是根据政府的行政层级来设立分支机构。1978年以前中国没有商业银行，只有中国人民银行，它既是央行又是商行，后来工农中建四大行才被从人民银行的系统里面拆分出去，变成独立运行的商业银行。在这个过程当中，由于人民银行本来就是个政府机构，从中拆分出一个个企业，这些企业就保留了很多政府机构的特点。例如，某某银行北京分行海淀支行，这几乎完全一一对应银行所在地的政府分支层级。这种组织结构造成了我国国有商业银行的分支机构布局非常不合理，管理层次很多，管理成本很高，分支机构体系很大，没有办法带来规模效应，拖累了效率。传统的这种总行—分行—支行的组织结构，越来越不能适应竞争环境的改变。在这种结构里面，银行的管理行政化了，变成一个科层制机构。在科层制里面，信息的传递往往失真，而且各个部门之间进行同质化的经营，有很多缺陷。随着我国商业银行改革的推进，市场的竞争越来越激烈，中国的股份制银行就率先进行了组织结构的改革。

2007年民生银行率先进行了事业部制改革，2012年4月兴业银行分别设立了企业金融、零售银行、金融市场等部门，拉开了事业部制改革的序幕。2013年8月平安银行也开始推行规划已久的事业部制改革方案。在这些股份制银行里，我们可以看到按照业务和职能划分的部门，而不是传统上按照地域来划分的部门，这就是典型的事业部制。然而，事业部制并不意味着一劳永逸地解决了信息、激励以及监督问题，分权之后的组织容易脱离掌控。民生银行在事业部改革后成立的金融事业部和地产金融事业部高歌猛进，虽然在一段时间内带来大量利润，但是也难免承担了过多风险，最后遭遇到经营困难。民生银行在2021年又实施了新的组织架构改革，金融事业部和地产金融事业部被重组为战略客户部、地产金融部，分部及下设机构被划给各地支行。这样，和上一轮分权改革相反，又重新巩固了科层制。

## 军队组织结构

集权和分权都有各自的适用范围，并不存在一个放之四海而皆准的组织结构，可以适合所有的活动。那么哪一种活动最需要强调执行，需要集中？那必然是军事活动。军队最强调纪律和执行命令，因此科层制最严格的组织是军队，下级对上级一定要服从，而且坚决服从。但是信息对军队来说也很重要。企业管理中漏了一个信息，造成的结果可能并不严重，无非是产品销路不好，或者影响了利润，但是战场上如果信息失真，带来的后果可能是致命的。由于战场情况瞬息万变，军队又是最需要处理突发危机的组织。因此，军队既需要强调坚决执行上级的命令，又需要下级灵活应对，处理各种突发状况。

宋太宗赵匡义接了宋太祖赵匡胤的皇位以后，要通过打仗立军功来树立威信。他喜欢画一个阵图，然后交给手下的将军去严格执行。想象一下，如果你是战场上的将领，拿到总部的一个方案，但是这个方案糟糕透顶，如果要执行的话，会打败仗，你是执行还是不执行？如果执行命令，仗打输了，死伤惨重；如果不执行命令，反而能打胜仗，手下的士兵也不会送命。如何在这两种选择中抉择？关键看皇帝怎么看待你。如果执行皇帝的计划，打输了，皇帝觉得你蠢。但如果不执行皇帝的计划，打赢了，他觉得你坏！蠢和坏哪个罪过更大？在皇帝眼里，蠢人是可以放心的，不听话的是需要铲除的。古人很早就意识到战场中将领灵活行事的重要性，所以提出一句话叫"将在外，君命有所不受"。但是历来只要将领敢不受君命，下场通常很悲惨。

现代军事组织怎么解决这个矛盾？美军的军事条例有一条叫"集中计划的分布式执行"（Decentralized execution of centralized plans），听着非常拗口。军事计划是由上到下、高度集中的，但是它的执行是分布式的，需要分权，要给各个基层作战单位足够的自主权。美军的军事作战条例里强调，为了确保上下一致来执行复杂的作战行动，需要对集中计划实施分布式执行。要达到这一点挺难的，是一个微妙的平衡。现代信息技术和通信系统的发展，使得各级指挥官乃至国家领导人都会及时掌握战场情况。这些技术上的进步，使得上级可以直接在战术层面进行指挥。在过去没有这些通信信息的技术进步之前，上级只能重点考虑战略层面的决策。美国特种部队击毙本·拉登的时候，奥巴马总统可以在白宫看现场直播，因为美军特种部队士兵头上戴着摄像头，作战画面可以直接传到白宫，奥巴马可以身临其境地看着美国士兵如何破屋而入，如何击毙本·拉登。现代信息技术的发展，使得军队的最高领袖可以直接和作战的士兵进行通话，这在古代是不可想象的。因此美军专门针对这一点，强调上级不能过分控制，一定要坚守分布式执行作战命令。

美国陆军的战场手册也有类似内容：美国陆军的任务指挥需要各个部门和每一个层级积极主动且独立地执行命令。为了完成军令，上级要给下级人员最大的执行自由。而指挥官主要关心下级是否达到了任务的目的，而不是纠缠在具体执行的细节上。这样就会减少不必要的对细节的过度掌控，同时增强下级的主观能动性。这不就是袁崇焕上疏中强调的"但当论成败之大局，不必摘一言一行之微瑕"吗？

中国很多企业家喜欢搞军事化管理，华为公司也恰好以向军队学习而闻名。那除了勇敢坚毅的精神，华为还向军队学习什么？任正非在华为2013年度干部工作会议的讲话中提出：

> 金字塔管理是适应过去机械化战争的，那时的火力配置射程较近，以及信息联络落后，所以必须千军万马上战场，贴身厮杀。塔顶的将军一挥手，塔底的坦克手将数千辆坦克

开入战场，数万兵士冲锋去贴身厮杀，才能形成足够的火力。而现代战争，远程火力配置强大，是通过卫星、宽带、大数据，与导弹群组、飞机群、航母集群……来实现。战争是发生在电磁波中，呼唤这些炮火的不一定再是塔顶的将军，而是贴近前线的铁三角。千里之外的炮火支援，胜过千军万马的贴身厮杀。我们公司现在的铁三角，就是通过公司的平台，及时、准确、有效地完成了一系列调节，调动了力量。今天我们的销售、交付、服务、财务，不都是这样远程支援的吗？前线铁三角，从概算、投标、交付、财务……不是孤立一人在作战，而是后方数百人在网络平台上给予支持。

任正非对传统的由上到下的结构进行反思："传统金字塔的最底层，过去级别最低，他们恰恰是我们面对CEO团队、面对复杂项目、面对极端困难突破的着力点。"华为因而提出"少将连长"的概念，公司管控目标逐步从中央集权式转变，让前方组织有责、有权。2019年6月18日任正非接受法国《观点》周刊采访时说："我们的权力结构是分层授权、中央监督的体系。让听得见'炮声'的人，有权力呼唤'炮火'，'炮火'的成本要核算的。"这不就是一支组织充满活力、各司其职、充分放权、能够实事求是、攻坚克难的队伍吗？

## 疾控系统组织结构

我们再来看一下美国疾控系统的组织结构。美国各州卫生部门都由州长任命，联邦疾病预防控制中心（CDC）则由总统任命；

联邦与州的卫生部门彼此独立，没有隶属关系。美国是联邦制，总体来看，其国内政治机构是分权的去中心化系统，而且美国没有疾病直报系统，主要依赖于分布式的信息传递，并不需要下级将疫情上报到上级。中国的系统是由上而下，美国的系统是由下而上。民选官员是对下负责，任命的官员是对上负责。但是美国CDC的官员是总统任命的，不是民选官员，因而也是对上负责。高度集权化的系统固然高度依赖于中心指挥，但是并不代表分权式的系统里面就没有集权化的特征了：毕竟，任何分权系统也得有个中枢，不可能是完全彻底的分权，也不可能完全是一盘散沙。比较不巧的是，美国人正好碰到一个对疫情满不在乎的总统。

　　分权式系统的劣势是不利于贯彻执行，它的优势则是快速反应，因为它没有一个信息传递链，任何人都可以喊一嗓子，不需要层层上报。但是美国的这个体制优势被美国医疗领域的一些过度管制和繁文缛节极大削弱了。我们知道，只有快速检测才可以尽快获得感染信息。在检测权限上，CDC高度集权，很晚才下放权限，浪费了美国的科研实力。美国疫情的最早吹哨人——西雅图华裔女医生Helen Chu及团队，被联邦监管机构拖延了足足六个星期，最终造成疫情在华盛顿州甚至全美持续蔓延。她的团队有西雅图地区的一些流感样本，他们想测一测流感样本里面有没有感染新冠病毒的证据，但是他们没有测试权限。从某种意义上说这些限制是对的，因为患者的生物样本不能被随意用来做各种测试，这侵犯了患者的隐私。因此如果没有患者的授权，不能用作别的用途。但当时面临的情况非常紧急，Helen Chu团队层层上报，在等了六个星期后，他们决定不等了。他们打破了常规，在没有获得批准的情况下冒险进行测试，发现流感样本中有新冠病毒感染的证据，这才对公众预警。但是这已经晚了，疫情在西雅图失控，并蔓延到全美。除此之外，FDA早期要求必须使用CDC的测试盒。美国的生物医疗技术很发达，而且制造测试盒并不需要高科技。结果FDA的第一批测试盒质量还不过关。这真是屋漏偏逢连夜雨，后来还面临产能限制，到很晚FDA才允许美国各地的民间机构和医疗公司生产自己的测试盒，这进一步阻碍了对疫情的及时掌控。

组织结构中的激励和协调也影响着疫情防控。疫情防控不取决于做得最好的，而是取决于做得最差的，因此，中央协调至关重要。但是在美国的分权体制下，这恰恰是短板。在美国疫情最艰难的时候，多个州长表示，缺乏协调的联邦行动给各州和城市造成了混乱，甚至使各地陷入对资源的争抢中。让各州自谋生路的做法使它们陷入了与联邦紧急措施署、其他州甚至外国的竞价大战。这类似于通用汽车的组织结构变更中想要克服的一个重要缺陷：过于分散的组织缺乏必要的集中统一的中央协调功能，美国的防疫体系恰恰缺乏类似的功能。美国政府搞了一个空中桥梁计划，其白宫负责人是特朗普的女婿库什纳，该计划旨在让美国联邦政府在全球范围内寻找个人防护物资，之后移交美国私人企业，各州必须经过竞争，才能从这些私人公司购买防疫物资。防疫物资进入商业系统后，通过医院和分销商之间的业务交易进行供给。这样，美国联邦政府动用国家的外交和航空资源，掏了大笔的空运费和采购费，从全世界买来的物资，最后卖给了美国五家私人企业。美国各个州想要医疗物资，必须从这五家私企手里买，而且采用的是竞拍模式：价高者得！这是典型的将疫情当生意来做。

不仅如此，组织还有内在的扩张冲动。CDC成立于1946年，起初是为了应对美国南部的疟疾，后来逐步扩权，应对所有传病,甚至包括和不良生活习惯有关的疾病,如心脏病、糖尿病、癌症等。1987年CDC的预算是5.9亿美元,2018年它的预算达到80亿美元,负责的项目还包括研究酗酒的影响、抽烟的影响、交通事故、运动损伤,而这些和传染病没有任何关系。CDC扩张最快的领域就是慢性病研究,2018年的这项预算是11亿美元。为什么CDC在慢性病研究这个看上去和CDC的宗旨关系不大的领域上扩张最快?因为对慢性病研究的考核是最软性的,而且是最容易花钱的地方。对传染病预防的考核正好相反,疫情一来容易马上见真章。现在假设我们在全国进行预防癌症的宣传活动,我们决定在青少年当中推广健康生活习惯的宣传教育,这样等他们年老以后癌症发病率也许会下降,考察这个项目的成效需要花多长时间?至少要三五十年!而且这样的项目可以肆意花钱。任何花老百姓钱的地方都有很多类似这样低效的事。总之,组织机构都有一个内在的扩张冲动,而且一定是扩张到不容易被考核,又同时最容易花钱的领域。

那么中国的组织结构在这场疫情当中有什么教训?据说周恩来总理曾经对来访的法国客人说:现在评价法国大革命为时过早。同样地,对百年一遇的全球大流行病,现在评价也是为时过早。将来有一天也许我们可以评判一下,各个国家的组织结构,包括我们中国的组织结构,在这次应对当中,哪些是我们的长处,哪些是我们的短板。

我们经常抱怨中国的系统很官僚,其实美国的系统也很官僚。美国人特别喜欢戴高帽子,20世纪90年代的时候,美国金融机构派人到中国来出差,中国人一看他们的头衔:Vice President,副总裁!后来我们才知道这些所谓的VP不过是一些中层高管。类似地，我们可以看看美国组织结构中，联邦部门的头衔膨胀到什么程度：有美国学者从联邦政府的电话簿里发现了一些绕口的傻头衔：Associate assistant deputy secretary for innovation and improvement at Education，还有 Principal deputy assistant attorney general at Justice。这些头衔实在太长，都没法中文翻译了！赵本山在春节联欢晚会上有个小品，演一个自以为很了不起的村长，他说从村长到国家主席隔了四级："国家主席、省长、县长、我！"如果真是这样，那真是一个很精简的组织结构。美国联邦政府里一个典型的部，从部长到最底层员工隔了很多层级。有学者发现，在肯尼迪总统时代，这中间隔了17层，这还可以理解。但是在今天，有整整70层！这篇研究论文有一个非常有意思的题目：人压人压人（People on People on People）！

第六章

# 民贵君轻：权力的制约（上）

在前面两章，我们讲了国家的组织结构和治理体系，更重要的问题是：我们怎么才能确保我们创造出来的国家建构和组织结构，能够实现为人民服务这个目标？欧洲中世纪逐渐发展出一个理念，叫作"获得同意的统治"（govern by consent）。也就是说，统治者的统治，必须经过被统治者的同意。其实如果我们翻阅先秦的古典文献，可以看到里面也有大量类似的思想。例如，"古之为政，爱人为大"（《礼记·哀公问》），"樊迟问仁，子曰：爱人"（《论语·颜渊》）。这些都是很朴素的以人为本的思想，孟子干脆直截了当地说："民为贵，社稷次之，君为轻。"（《孟子·尽心》）荀子也一样："天之生民，非为君也；天之立君，以为民也。"（《荀子·大略》）

那么君王应该如何统治？孟子对此也有精彩的论述："左右皆曰贤，未可也；诸大夫皆曰贤，未可也；国人皆曰贤，然后察之；见贤焉，然后用之。左右皆曰不可，勿听；诸大夫皆曰不可，勿听；国人皆曰不可，然后察之；见不可焉，然后去之。"（《孟子·梁惠王上》）

君王治国，应该听谁的意见？是听左右亲信的吗？是听大臣的吗？都不是，必须听老百姓的。老百姓说好，才是真正的好；老百姓说不好，那必然就不好。这样就限制甚至剥夺了君王的自由裁量权，把这个权力交给了老百姓。

镰刀要听韭菜的，这真是中国古代最伟大的政治哲学！西方类似思想的完整描述由中世纪的阿奎那和近代的洛克发展出来，孟子比他们早一两千年。因此，19世纪中期，虽然中国人接触到西方的船坚炮利的时候非常震撼，但是当我们的知识分子了解到西方的政治制度后，反而觉得非常亲切。当时中国的很多知识分子，觉得在西方的现实当中，看到了儒家宣扬的三代之治，看到了儒家的政治理想在西方得以实现。"国人皆曰贤，然后察之；见贤焉，然后用之"，"国人皆曰不可，然后察之；见不可焉，然后去之"。孟子描绘的这种政治理想，出现在现代的宪政民主之中，中国人看了能不觉得亲切吗？

然而，一个现实的问题是：如果你是镰刀，什么情况下你愿意听韭菜的？接下来的两章，我们要探讨这个重要的机制设计问题。

需要指出的是，我们的先贤不光在思考国内政治时使用"获得同意的统治"的标准，对国际关系也是持同样的看法：

> 齐人伐燕，胜之。宣王问曰："或谓寡人勿取，或谓寡人取之。以万乘之国伐万乘之国，五旬而举之，人力不至于此。不取，必有天殃。取之，何如？"孟子对曰："取之而燕民悦，则取之。古之人有行之者，武王是也。取之而燕民不悦，则勿取。古之人有行之者，文王是也。以万乘之国伐万乘之国，箪食壶浆以迎王师，岂有他哉？避水火也。如水益深，

第六章　民贵君轻：权力的制约（上）

如火益热，亦运而已矣。"(《孟子·梁惠王》)

齐宣王打燕国，胜利了。然后他就假惺惺地问孟子，他说齐国和燕国是势均力敌的大国，我一下就把它给打败了。这肯定是老天在帮我。这是天意，老天让我这么做，我不把燕国占了，好像不太好吧？孟子就说，你为什么不问问燕国的老百姓的意见呢？你把它打下来占领了，燕国的老百姓如果高兴，你就这么干。武王伐纣就是这样，是替天行道。周文王和周武王父子早就在谋划伐商了，但是周文王觉得条件不成熟，并没有这么做，最后是让武王来完成。孟子给他拔高，说是周文王考虑到商朝老百姓还不是很欢迎他，所以才有所不为。孟子接着解释，为什么燕国老百姓欢迎齐国的军队？因为原来燕国的国君干得太差了，老百姓生活在水深火热之中。所以你攻打燕国，燕国老百姓很开心，但是如果你占领了燕国后，老百姓没有摆脱水深火热的处境，反而更糟糕了，他们会怎么办？那就"亦运而已矣"。这句话不太好理解，朱熹在《四书集注》里对此的解释是："'运'，转也。言齐若更为暴虐，则民将转而望救于他人矣。"你如果比燕国国君做得更差，燕国老百姓就去找别人帮忙！美国打伊拉克，问过伊拉克的老百姓吗？没有。但打下来以后，很多伊拉克人反而很配合美军，为什么？因为萨达姆干得太差了。但是美国在伊拉克施行的是仁政吗？好像也算不上。有些伊拉克人发现他们"如水益深，如火益热"，因此干脆"亦运而已矣"。ISIS就趁机起来了。两千多年前中国古人的思想其实比今天的国际社会上很多满口仁义道德的伪君子高明很多。

"获得同意的统治"这个理念是如何在西方发展出来的？罗马

法中有一个概念,大意是"涉及众人的事务,必须经众人讨论和同意"(*quod omnes tangit, ab omnibus tractari et approbari debet*),这最初见于东罗马帝国的查士丁尼法典。这个法条最开始的含义跟政治没有关系,主要涉及财产的分配,如果某些人共同拥有某项财产,那么这种共同财产权未经大家同意,不得更改、终止,或者使用,这是一个共有产权的处置方法。从12世纪开始,中世纪的欧洲开始将这一概念拓展到公共生活和政治领域,很多政治家在召集会议时直接引用这个概念。比如,教皇英诺森三世的教会会议,神圣罗马帝国的腓特烈二世召集意大利北部的代表来德国开会,都用到了这个概念。同一时期,在13世纪晚期佛罗伦萨的城市宪法里面,我们也能看到这个法条。英国的爱德华一世也用这个理念来召集模范议会。之所以被称为模范议会是因为这次议会是第一次具有广泛的代表性的议会,为以后的议会提供了样板。这次议会除了主教、修道院院长、伯爵和男爵之外,还包括各郡选出的两名骑士和各城市或各自治市选出的两名自由民。爱德华一世要筹措军费和法国打仗,就得征求各阶层的意见,获得他们的同意。爱德华一世援引 *quod omnes tangit* 的概念来召集模范议会,信中强调 *quod omnes tangit* 这个法条是最公正的法律,现在大家都遭遇到了共同的危险,因此要团结起来共同商量。

那么统治者如何知道被统治的人同意了?中世纪的欧洲很分散,充斥着各种政治、商业以及宗教团体,这些团体都有或多或少的自治权。教皇和国王都面临如何和这些团体打交道的问题,解决的办法就是让他们派代表来参会。这些代表在当时叫 procurator,这在古罗马时代本来是指罗马派到各行省的官员,但是在中世纪,这个词的意义完全变了,变成地方的强力人士代表地方去中央开会。正如在我国古代，刺史本来是中央派到地方的，却最终在地方坐大。因此这种行政演变在东方和西方都是非常类似的。

Representation一词是从拉丁语中的*repraesentare*一词演化而来，本意是指让不在场的事物表达出来，或者用艺术手段再现某个东西。后来才开始用来指代某人代表其他人进行各种活动。我们从现在的英语represent的词根里面也可以看出它的演变：present，是在现场；re，是再次、重新；那么represent就是再现，后来就演变成代表的意思。从14世纪开始，"代表"这个概念在欧洲扩散开来，用来证明欧洲各种议会的合法性和正当性。为什么代表们做出的决议是合法的？因为他们代表着他们背后的社会团体和阶层，因此他们的同意相当于老百姓的同意。如果统治者获得了议会的同意，就意味着获得了老百姓的同意，那么统治者的统治就有了正当性。

## 鸿蒙初始

和西方一样，我国古人也认为君王的权力来自众人：

> 天下非一人之天下也，天下之天下也。阴阳之和，不长一类；甘露时雨，不私一物；万民之主，不阿一人。(《吕氏春秋·贵公》)

> 天下非一人之天下，乃天下之天下也。同天下之利者，则得天下，擅天下之利者，则失天下。天有时，地有财，能与人共之者，仁也。仁之所在，天下归之。免人之死，解人之难，救人之患，济人之急者，德也；德之所在，天下归之。与人同忧，同乐，同好，同恶，义也。义之所在，天下赴之。

凡人恶死而乐生，好德而归利，能生利者，道也。道之所在，天下归之。(《六韬·武韬·顺启第十六》)

因此，"道之所在，天下归之"，统治者只有给老百姓带来利益，才具备统治的正当性。这就是《荀子》里强调的"从道不从君"。我国古人对政权的合法性的分析带有宗教色彩：统治者必须首先获得上天的同意，上帝的同意就是人民的同意。没有老百姓的同意，就没有办法获得上天的同意，这种思想就是所谓的天民合一。

因此，中国人从来不承认万代不易的王室。正所谓"王侯将相，宁有种乎"，中国出现这种思想的时期早于春秋时代。在中国最古老的文献里面，反复论述政权的合法性来源于人民："侯服于周，天命靡常"(《大雅·文王》)，商的子孙臣服周朝，可见天命会改变。即使政权的创立是合法的，如果这个政权"失德"，那么它就会失去天命，丧失合法性。"德"是周人提出来的一个很重要的政治概念，用来论证周取代殷商的合法性。

"皇天无亲，唯德是辅。民心无常，惟惠之怀"(《尚书》)：上天无亲无疏，只辅助有德行的人；百姓心中没有常主，只怀念那些有仁爱之心的人。也就是说被统治者和统治者之间的关系是双向的，只有君王对人民好，人民才承认他的统治，拥护他的统治。

统治的正当性来源于上天的认可。那么上天如何才能认可一个统治者，统治者如何才能获得天命？"民之所欲，天必从之"；"天视自我民视，天听自我民听"(《尚书·泰誓》)。《尚书》里的大部分语言，我们根本看不懂，但是这几句话，虽然是三千多年前写的，然而今天受过初等教育的中国人，理解这两句话没有任何困难，完全不用注释。这说明天民合一的思想在三千年里被各种典籍反复提起，我们已经耳熟能详。这就是一个正义的理念穿越时空的力量！

为什么要强调上天？因为在古代社会，上天的力量被普遍认为是至高无上的。因此当我们把上天和老百姓联系在一起，就让老百姓拥有了至高无上的力量。中国很早就有了天民合一的古老思想，春秋时期的诸子百家里，除了法家以外，几乎所有的思想家都有这种天民合一的民本思想。这有着更为古老的历史根源，可以追溯到周人灭商。周原本是商的属国，武王伐纣形式上是臣子攻打君王，那么如何才能获得正当性？

商朝的正当性来源于神鬼，商文化充斥着大量的祭祀，所谓"先鬼而后礼"，最突出的体现是当时特别盛行人祭与人殉。殷墟的考古显示，商人用大量的人牲祭奠鬼神。我们如果去殷墟参观，可以发现遗址大殿的四角下各埋了一个武士。中世纪的欧洲有类似的风俗，有些房子墙角下会埋一只猫或者一只狗，这是早期人类野蛮风俗的一个遗留。从出土的甲骨文卜辞的记录中看，从盘庚迁殷到帝辛亡国前后近三百年的时间里，平均下来每年要有五十人被活活祭杀。事实上，被祭杀人数远远不止这个数字，可能在数倍到数十倍以上。人殉与人祭具有质的区别。人牲（人祭）是供神灵食用的，所用的是俘虏、仇敌。而人殉则是供主人役使的，因此所用之人则多是亲近故旧，这些人活着的时候被主人奴役，主人死后，杀死这些人，让他们在另一个世界继续被奴役，殉者与被殉者的关系是二者生前关系的继续。殉者的身份较复杂，其中有办事的臣僚，有侍卫，有妻妾，有供杂役的奴仆，他们大都不出近亲、近臣、近侍的范围。这样，商不但压迫周边弱小部族，也压迫自己的臣民。南美的阿兹特克人也有类似的风俗，杀人祭天。从阿兹特克的金字塔来看，文明程度已经很高了，但是这样的文明是野蛮的，商朝也一样。

公元前1046年2月的某一天，武王伐纣到了关键的节点，这就是决定中华民族命运的一战：牧野之战。这一天凌晨，周的军队和商的军队在牧野展开激战，根据《史记》记载，虽然商纣的军队人数很多，但是他们纷纷倒戈，周人最终获胜，攻入朝歌，纣王自焚而死。《诗经》的第一篇《大雅·大明》描绘的就是牧野之战。孔子编《诗经》，为什么把这首诗列为第一篇？这好比我们今天的《人民日报》头版头条，或者学者发论文，出版在期刊某期的第一篇叫 lead article。《大雅·大明》就相当于中华民族的头版头条：

> 殷商之旅，其会如林。矢于牧野，维予侯兴。上帝临女，无贰尔心。牧野洋洋，檀车煌煌，驷骠彭彭。维师尚父，时维鹰扬。凉彼武王，肆伐大商，会朝清明。

这首诗描绘当时的战况：商的军队的戈密密麻麻地竖立着，像树林一样。但是周人坚信上天站在他们一边。宽阔的战场上战车浩浩荡荡，战马奔腾。姜太公吕尚当时70岁了，这个70岁的老人在战场上"时维鹰扬"，像雄鹰一样，陪伴着武王攻打商的军队。这是多么让人激动的景象！当我们了解了相关的历史背景后，读这首诗就能感受到当时改朝换代的那种气魄。

最后一句"会朝清明"，天一亮，战斗就结束了。战斗进行得非常迅速，就跟司马迁的记录一样。周代商为什么这么迅速？即使在周人看来，他们的胜利也是不可思议的。殷商王朝强调自己"天命神授"，但代表神意的殷王朝却被周人迅速推翻，这个事实给周人以深刻教训，他们意识到天命是可以转移的，于是对传统的宗教神学做了深刻修正。其重要标志是提出了"德",有德的君王才会得到上苍的庇佑,而有德的标志就是爱民。从"天命神授"到"天民合一",体现了中国神权政治观的发展和演变,统治者总结历史教训,意识到统治的合法性来自人民的认可。

1945年,黄炎培在延安拜访毛泽东。他问毛泽东,中共是否能跳出"其兴也勃焉,其亡也忽焉"的历史周期律。毛泽东回答他:"我们已经找到新路,我们能跳出这周期律。这条新路,就是民主。只有让人民来监督政府,政府才不敢松懈。只有人人起来负责,才不会人亡政息。"毛泽东体会到的,就是周人面对商"其亡也忽焉"的思考。

周公旦把周人的反省写进《周礼》,奠定了中国三千年政治文明的基石。《周礼》代表了文明和野蛮的分野。正因为正当性归根结底来自人民的支持,而不在于对鬼神或者上苍的祭拜,所以从西周开始,人牲的现象大大减少。更重要的是,以礼乐文化为核心的政治典章制度和社会行为规范被建立起来。这种文明的大幅跃升,井然有序的社会秩序,和之前的愚昧、混乱、迷信形成鲜明的对比,给后世的孔子留下了极其深刻的印象。孔子不禁赞美道:"郁郁乎文哉!吾从周。"

由此,在中华民族的婴幼儿时期,我们的祖先完成了从蒙昧到文明的伟大转变,更了不起的是,《周礼》将这一转变制度化,这是中华文明的大宪章。

## 理论落地

虽然东西方都各自发展出了类似的民本思想,但是在现实当中怎么才能让"民之所欲"转化成统治者的政策？微观经济学中对经济主体的行为进行建模分析可以有两个视角：首先，在时间序列上，理性的主体能够将未来纳入当下的行动考量，达到均衡；其次，在横截面上，理性的主体能够预期到其他主体对自己行为的反应，达到均衡。这两种制衡如何才能有效？就必须有经济学里所说的"可置信的威胁"。哪种制衡更容易奏效，更符合人性？比如，如何才能禁止吸烟？在烟盒上印刷"吸烟有害健康"，使人知道吸烟对健康的长期损害，这可以看作是时间序列上的制衡。但是人性的弱点决定了烟民不会如此长远思考，因此在公共场合禁烟，不是靠着人对未来的考量，还是得靠横截面的制衡：贴个告示，上面写着"禁止吸烟，违者罚款"。再比如，如何设计一套机制，使得学生努力学习？这是老师面临的大问题。时间序列上的制衡来自学生意识到努力学习有助于毕业找工作、保研，或者出国留学。这是把未来纳入现在行动的考量当中，指导现在的行为。但是如果学生都这么自觉，就不会有"少壮不努力，老大徒伤悲"这样的古训了。所以还必须要有横截面的制衡，比如上课点名、布置作业、课堂测试等。从人性上来看，哪套制衡更有效？这要看这些制衡是否带来可置信的威胁。

中国和欧洲为了同一个目标，即如何约束统治者，都发展出了一些非常类似的制度。但是由于国家组织结构不同，我们对解决方案的选择也不尽相同。来自时间序列的威胁，首先自然是人民的反抗和革命。在中文里面"革命"这个词来自《周易》："汤武革命，顺乎天而应乎人。"成汤推翻夏桀的暴政，周武王推翻商纣的暴政，这是顺乎天而应乎人，因此天命改变了，所以叫革命。《孟子》里面有一段很有名的话，让后世的皇帝都非常讨厌：

齐宣王问曰:"汤放桀,武王伐纣,有诸?"孟子对曰:"于传有之。"曰:"臣弑其君,可乎?"曰:"贼仁者谓之贼,贼义者谓之残,残贼之人谓之一夫。闻诛一夫纣矣,未闻弑君也。"(《孟子·梁惠王下》)

齐宣王问孟子,到底有没有汤武革命这样的事情,孟子回答说当然有啊。齐宣王说,哎呀,这不是臣子弑君吗,怎么可以这样呢?孟子把桀和纣大骂一通,然后接着说,宰了这样的君王不算弑君!孟子真是先秦最酷、最毒舌的思想家!

孟子认为暴君当诛,这和中世纪著名神学家阿奎那的观点非常类似。阿奎那认为,如果法律不公正,那么法律以及依法而行的统治就只不过是暴力意志的体现。在这种情况下,推翻暴君不是叛乱,反而是暴君在叛乱。恶法非法,在这种情况下是政府在作乱,人民起来推翻政府,是正义的。

阿奎那在《神学大全》中分析道:"暴君的统治是不公道的,因为它不是为大众的利益,而是为统治者自己私人的利益……为此,推翻一个这样的政府,不是叛乱,除非把暴君的统治弄得这样混乱,以致人民因以后的混乱所受的损害,比因暴君的统治而所受的更为严重。至于那在自己属下人民之间煽动分裂和叛乱,以使自己能够更稳定地统治的暴君,毋宁是叛乱的暴君。因为这是暴政,它只求统治者私人的利益,而使群众蒙受损害。"暴君为了私利,荼毒人民,因此暴君叛国,理当诛杀。这种思想和孟子是相通的。

约翰·洛克是古典自由主义思想的集大成者,他的政治哲学思想体现在他的名著《政府论》中,对于后世的现实政治产生了深远影响。洛克认为应该对政府权力实行监督与制衡,并且认为当政府背叛了人民时，革命不但是一种权利，也是一种义务。人民不但可以这么做，而且必须这么做："当立法者图谋夺取和破坏人民的财产或贬低他们的地位使其处于专断权力下的奴役状态时，立法者就使自己与人民处于战争状态，人民因此就无须再予服从，而只有寻求上帝给予人们抵抗强暴的共同庇护。所以，立法机关一旦侵犯了社会的这个基本准则，并因野心、恐惧、愚蠢或腐败，力图使自己握有或给予其他任何人以一种绝对的权力，来支配人民的生命、权利和产业时，他们就由于这种背弃委托的行为而丧失了人民为了极不相同的目的曾给予他们的权力。这一权力便归属人民，人民享有恢复他们原来的自由的权利，并通过建立他们认为合适的新立法机关以谋求他们的安全和保障，而这些正是他们之所以加入社会的目的。"洛克在这里提出一个很重要的概念：Original Liberty，也就是人本来就该拥有的自由。人生而自由，暴君剥夺我们的自由，因此人民有权起来推翻暴君，拿到我们本应有的自由。

洛克发展出一套很严密的逻辑来论证他这段话，他的逻辑比孟子要更加复杂，而且环环相扣。洛克认为，人类最初是处于一种纯粹的自然状态。自然状态是一种完全的自由、平等的状态。人人拥有与生俱来的、不可剥夺的自然权利：生命、自由和财产。人们为什么要从自然状态加入政治社会，受政治权力的约束？这是因为自然状态有三种缺陷：没有普遍适用的法律体系——在自然状态中，缺少一种制定的、稳定的、人所共知的法律，作为人们共同的是非标准和裁判他们之间一切纠纷的共同尺度；缺少公正的裁判者——在自然状态中，缺少一个有权依照既定法律来裁判一切纠纷的知名的和公正的裁判者；缺少判决的执行者——在自然状态中，往往缺少必要权力来支持正确的判决，并使它得到应有的执行。

所以人们甘愿放弃各自独立行使的裁判权，交由他们中间被指定的人来专门行使。这个人是谁？就是国王，或者其他统治者。但是这种裁判权力的行使不能是随意的，而必须按照政治社会一致同意的规则，或按照他们授权的代表一致同意的规则来行使。这就是立法和行政权力的起源。为什么统治者有统治权？因为人民和统治者之间有契约，把权力让渡给他。如果政府违背人民意愿，剥夺人民的自由，这就是毁约，因此就必须被推翻。这是非常深刻的法律思想，从法律的角度解释统治权的起源和政府的正当性。

中国的古人则不是从法律的角度看政权的合法性。周秦之变后，中国确立了中央集权的君主专政体制。但是，能够绵延两千年的体制，意味着这一套政治架构能够在一定程度上对统治者形成制衡，君王的权力不可以无限大。我国古人从上天的角度解释政府的正当性，要拿上天来压制统治者，并形成对统治者的制衡。谁比君王更伟大更权威？谁能承担制衡统治者的任务？那就是上天。

西汉时，董仲舒对汉武帝提出了著名的"天人三策"，他给汉武帝提了三个策略，第一条以天和人的关系开端，因此他的论述就叫天人三策。我们中学里学历史，对董仲舒有一种非常简化的论述，似乎他只不过劝汉武帝罢黜百家，独尊儒术，这是一个很肤浅的认识。董仲舒在中国思想史上第一个系统地提出一套完整的制约皇权的理论体系。

我们来看一下，当时汉儒是怎么和统治者之间达成默契的。董仲舒的天人三策首先就强调上天的权威，他先吓唬汉武帝："臣谨案《春秋》之中，视前世已行之事，以观天人相与之际，甚可畏也。国家将有失道之败，而天乃先出灾害以谴告之，不知自省，又出怪异以警惧之，尚不知变，而伤败乃至。以此见天心之仁爱人君而欲止其乱也。"君王没干好,就会有各种各样的自然灾害,这是老天爷的预警,太可怕了。君王要是没有意识到,就会完蛋。

然后他接着诱导汉武帝:"故为人君者,正心以正朝廷,正朝廷以正百官,正百官以正万民,正万民以正四方。四方正,远近莫敢不壹于正,而亡有邪气奸其间者。是以阴阳调而风雨时,群生和而万民殖,五谷孰而草木茂,天地之间被润泽而大丰美,四海之内闻盛德而皆徕臣,诸福之物,可致之祥,莫不毕至,而王道终矣。"一个好的君王,首先要摆正自己,要约束自己,这样才能够统治好国家。在这样的情况下,国家就会搞得特别好,达到一个理想的状态。

董仲舒在他另一个重要著作《春秋繁露》里面写道:"《春秋》之法,以人随君,以君随天。……故屈民而伸君,屈君而伸天,《春秋》之大义也。"君王是来统治老百姓的,但是君王上面还有上天,因此君王得听上天的,这是人间正道。这是汉朝的儒者给统治的合法性做的一个解释,要求君王听从上天的旨意,对老百姓好。这样他们才可以避免董仲舒在天人三策里说的那些可怕的事情出现。董仲舒继续写道:"天之生民,非为王也,而天立王,以为民也。故其德足以安乐民者,天予之;其恶足以贼害民者,天夺之。"君王只不过是替老天爷打工的,这就是替天行道的理论依据!

在皇帝之上,还有更伟大的上天,但是人们如何获知天意?从天人三策里面可以看出,汉朝的儒者把当时的人不能解释的一些自然现象都看成上天对皇帝的示警,这就是天人感应。发生天文异象、自然灾害时,人们认为这些是上天的意志,如果君王失德,上天就会降下灾异示警,这时皇帝就必须下罪己诏,所谓"万方有罪,罪在朕躬"。两汉24位皇帝,共有18个下过罪己诏,将近80

次。余英时认为,中国自秦汉以来,没有真正意义上的暴君,坏皇帝一般是昏君,部分原因就是这种精神上的无形约束。古罗马是有暴君的,比如说尼禄,像疯子一样。但中国传统上的坏皇帝更多的是昏君,而不是像尼禄这样的暴君。

  天人感应为什么会对皇帝产生强大的压迫力?在古人眼中,这些所谓的异象完全不能理解,无法找到一个"科学"的东西来解释,这些自然现象对古人来说像是随机的,不可捉摸,非常神秘。即使在今天,我们很多人仍然很迷信,古人就更不用说了。因此,一个皇帝施加统治的时候,如果时不时来一个自然灾害或者天文异象,他就会很警惕,甚至害怕。毕竟,人总是害怕自己无法理解、无法控制的事情。

  我们来看一下有哪些异象会让皇帝很害怕:地震当然是很重要的一个自然异象,在古人看来,山川震动这样巨大的能量远远超出人类的认知,一定代表了某种天意。此外还有各种天文现象。古代最凶的天象叫荧惑守心:荧惑是火星,火星在中国乃至很多文明里,都是战争和灾祸的代表;心是心宿二,这两个星星在夜空中都是红色的,因此它们一旦靠近,就会引起地上观察者的注意。古人观察到这么一个天文现象:火星有时候在心宿二附近出现逆行或者徘徊不前的状况,这就是所谓荧惑守心。为什么在地球人看来火星会出现逆行?因为地球和火星是根据不同的公转角速度围绕太阳旋转,并且在内侧的地球公转速度更快。当内侧的地球追上火星的时候,地球上的人的视角发生变化,就会感觉火星怎么突然退后了,这其实是一个相对运动的结果。但是当时古人没有合理的天文模型,所以对此不理解,感觉火星在逆行。而当火星逆行的时候,如果又碰上了心宿二这颗同样也是红色的星星,这就是最可怕的天象：荧惑守心。今天很多人一遇到倒霉事情，就嚷嚷着水逆。什么叫水逆？就是水星逆行。水逆的原理和火星逆行是一样的。即使我们今天大多数人都受到了起码的科学教育，很多人在心理上依然会觉得这些天文现象能够解释地球上的事物，更何况古人。

另外一个天象就是日全食，太阳忽然被某种神秘的力量吞噬，这在古人看起来也非常可怕。中国到了明朝，天文学家大致已经能够掌握一些规律，能够计算出一些日全食的时间，知道这是能够计算的，但是普通老百姓的心中还是觉得日全食很可怕，意味着统治者失德，上天在震怒。有学者研究清代的日全食和清代的民变和暴动的分布，他们发现：在整个清代，日全食的分布和人民反抗起义的分布有着一定程度的重合。这当然不是因为日全食使得人民的生活变糟了，而是因为日全食被视为代表了某种天意，否定了统治者的合法性，这就鼓励了人民起来反抗。如果我们按照时间统计，清朝出现的日全食和暴动发生的频率，如图9所示，图上方是能观察到日全食的县的频率，图下方是发生暴动的县的频率。我们可以看到，暴动出现的频率线和日全食出现的频率线有相当的重叠，这说明暴动发生的时间跟日全食出现的时间以及地点非常接近。一旦出现日全食，受压迫的老百姓就相信造反的时候到了。中国的古人是信这些的，而且很重要的一点是：这种信仰下的预言是自我实现的。这种信仰本身并没有科学依据，但是一旦人民对此坚信，就会起来造反，看上去就导致天文异象和人间的动荡确实产生了关联。这会让更多的人相信这一点。当全社会都有着这种信仰，信仰就会变成行动，预言中的事情就会发生。

日全食这样的天文现象，人人都可以看见，但是荧惑守心需要天文官的观测。根据学者统计，历代文献对于荧惑守心共计有

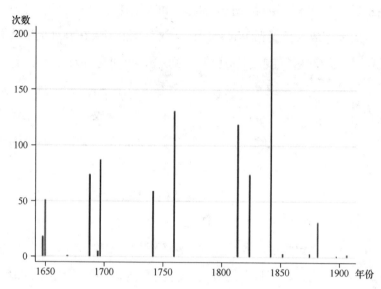
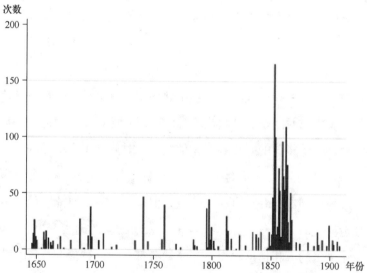

图9 清代日全食和暴动频率

23次记录，其中有17次不曾发生。这17次无中生有的记录，其出现的原因不能均归咎于观测失误，相当一部分是蓄意伪造。天文官除伪造天象外，有时亦会蓄意隐略天象不奏，如西汉以来有32次的荧惑守心未见记载。汉成帝绥和二年（公元前7年），宰相翟方进因为荧惑守心而被迫自杀，然而依据天文推算，此一天象乃是伪造，有可能出自其政敌的阴谋，由于皇帝极信星占，翟方进不得不自杀以替皇帝挡灾。

中国古代另外一个具有星占意义的天象是"五星连珠"，指的是金、木、水、火、土五个行星出现在天空的同一方向，预示着天下有明主出现。根据《汉书》记载，五星连珠出现在"沛公至霸上"，刚好跟秦王子婴素衣白马进献传国玉玺投降刘邦的事实相迎合。但是根据天文推算，汉高祖二年（公元前205年）的五月到七月，当时金、木、水、火、土五大行星都在黎明同时出现在东方，因此古人将这一天象的记载提前，故意附会汉高祖称帝。相反的，吕后和唐朝韦后乱政时皆出现五星连珠，但却不见史书记载，因为这显然不符合古人的政治价值观。

除此之外，汉朝非常流行谶纬之书。汉儒吸收了战国晚期的阴阳家言，创制了一整套谶纬之学，这套谶纬之学以五德终始阴阳运行为依据，以星象灾异历法的具体运作来构造理论。古人依据一些很抽象的原则来对现实问题建模，这和现代经济学家发明各种数学模型来解释经济运行非常类似，而且经济学家的预测力其实也未必比这些汉儒的谶纬之学强多少。汉儒根据谶纬，结合服制礼法典章创制了一套理论来阐释宇宙天象和政治人事。他们还创制符谶纬书，试图说明过去并且预测未来，这有点类似金融中的技术分析：技术分析就是想通过过去来指导未来，画各种各样的图，这里一个十字交叉，那是买入点，那是卖出点。装神弄鬼，就是利用人想发财的心理，以为买一本书，就能了解发财的秘密。我们在机场候机区的书店里可以发现，凡是跟金融有关系的投资学著作，基本上都是技术分析，因为这最能捕捉到人的弱点：不想通过复杂的学习来了解公司的基本面，不想投入大量精力来研究股市，最好出现一个信号告诉我股票价格会怎么走，这是投资者的心理弱点。谶纬之学也是有意无意地抓住了人们试图快速方便地预测政治形势的心理需要。天降异象、昨晚天上有一朵彩云、今早喜鹊在枝头叫……那么我今天买股票要发财！或者我马上要升官！这是人普遍拥有的心理。

中国古代最有名的一个图谶是"亡秦者胡也"。这个图谶是真实发生的，不是事后诸葛亮，不像经济学家的很多所谓预言其实是马后炮。美联储前主席格林斯潘曾经嘲笑经济学家，说他们成功预测了过去发生的13次经济危机中的20次，因为只要你经常预言经济危机，当经济危机真的来了你就可以跳出来说你预测对了。但是中国历史上有些图谶与之不同，非常精确，比如"亡秦者胡也"。秦始皇派一个方士卢生出海寻找蓬莱山，希望拿到不死之药。卢生回来后，向秦始皇表示未能找到不死之药，却拿到一个图谶，说白了就是鬼画符。图谶解读出来的字是"亡秦者胡也"。秦始皇看到后，认为谶语中的"胡"是指匈奴，于是命令大将蒙恬率三十万大军，北伐匈奴，又修筑万里长城，以防匈奴南侵。秦始皇死后，李斯等人擅改遗诏，拥立秦始皇少子胡亥为帝，是为秦二世。秦二世荒虐无道，导致了秦朝的灭亡。到了汉朝，当时的人恍然大悟：原来这个"胡"不是指胡人，而是胡亥！这个图谶太厉害了，给当时的汉朝人留下了非常深刻的印象。

类似的事情在西汉末年再次发生。到了西汉和东汉交替的新莽年间，出现了中国历史上第二个不可思议的图谶，叫赤伏符。赤伏符里面出现这样一段字："刘秀当为天子"。我们现在很容易认为这是刘秀当上皇帝以后故意编造的东西，拿出来证明自己是真命天子。但还真不是这样，赤伏符在王莽当政的时候就出现了。有一个汉室宗亲叫刘歆，他信了这个赤伏符，他为了上应天命当皇帝，故意把自己的名字改成刘秀。刘歆最后被王莽杀了，他临死的时候醒悟到改名没用，必须是生下来就叫刘秀的人才能够承接天命。后来果然刘秀当了天子！当然，这也有可能是自我实现的预言：因为出现了这个预言，当时所有人都信，正好有人叫刘秀，大家就依附于他，这种预言在精神上的力量非常大，对当时的人产生了很大影响。

这些神秘的预言是如此灵验，那么刘秀会怎么利用这个谶纬？他自己当然对此深信不疑，但是他也会想到：会不会有人利用这一套来造反？事实上，在刘秀之前就有人利用这套来造反，例如陈胜、吴广。他们学狐狸叫："大楚兴，陈胜王。"然后大家都信了，都跟着陈胜、吴广起义。这种事情后来在历史上还发生过很多次。元朝末年红巾军起义，就先放出风声："石人一只眼，挑动黄河天下反。"这神神道道的话谁也不知道什么意思，直到有一天忽然从地里挖出一个独眼石头人！于是大家群情激奋，听从老天爷的指示发动起义。当然，这石头人是预先埋进去的。既然大家都信天命，野心家就会放出一个传达天命的信号，让大家都信。在现代革命理论和意识形态出现之前，这套手法在鼓动群众方面可太有用了。君王一定要垄断对天命的解释权，绝对不能容忍这些预言。后来到了东汉，儒家学者把这套手法发展得神乎其神，各种谶纬到处传播。

谶纬本身多半是瞎诌出来的，但是只要有人信，它就变成了真实的，会有巨大的影响力。比如说我们大家出门，都希望听个吉祥话，类似一路顺风之类的。你要上飞机，别人说很危险，你心里肯定很不开心。人确实是会受到这些心理暗示的摆布。各个民族都不约而同地利用这种心理劝人向善，比如人如果做了坏事，会害怕被雷劈，会害怕下地狱。虽然被雷劈死这个事情是绝对的小概率事件，也从来没有人见过地狱，但是这些对人精神上的影响是很大的，闻之不由自主地会有精神上的恐惧。这些谶纬或者预言，对老百姓的集体心理产生了巨大影响。这样统治者就慢慢认识到这里面的危险，因此魏晋以后就不允许这些谶纬之书出来了，到了隋朝这些书都被销毁了。今天流传下来一本谶纬之书叫《推背图》，但是《推背图》其实是清朝末年出来的。《推背图》里面的预言太模糊了，而最早的那些谶纬比如"刘秀当为天子"，都是非常清晰的。《推背图》里的话遮遮掩掩，就更像马后炮一般的技术分析，不管发生什么事都能和里面的话联系起来。如果《推背图》有非常明确清晰的预言，就会有很大的煽动力量，但是现在只能作为谈资了。

除了这种源自上天的精神力量能约束君王，宗教也有同样的功能。佛教传入中国以后，产生了弥勒信仰。佛教中的弥勒佛是未来佛，将于未来下世成佛，所以被称为未来佛。根据学者考证，"弥勒"一词是从吐火罗文音译过来的简称，始自梵文 Maitreya，Maitreya 又源自梵文 Maitrī，意为慈爱。唐朝玄奘到印度求学时，见到梵文原本，所以译为"梅呾利耶"。但在玄奘之前，东汉及三国时期的早期译经家，见到的佛经是由西域辗转得到的，吐火罗文的 Metrak，故译为弥勒。弥勒 Maitreya 和基督-犹太信仰中的弥赛亚 Messiah 可能拥有共同的来源，反映了上古时期人们对摆脱自身苦难的希冀。

基督教里面的弥赛亚信仰与此类似,弥赛亚信仰源自犹太教,历史更为古老。大约四五千年前,当时的中亚和中东地区的古老民族备受压迫,因此就发展出一套信仰,相信弥赛亚会在未来降临,拯救人间的苦难众生。这个传说可能被佛教吸纳以后就形成了弥勒信仰。人类很多宗教都有类似的救世主信仰,救世主降临后,会拯救受苦受难的人民。中国古代历史上利用"弥勒"为号召的农民起义层出不穷,都是利用了"弥勒"救世的形象。这同样遭到了历代统治者的严厉镇压。

弥赛亚在希伯来文中的拼写是Mashiach,原意是"受膏者",为圣人或者王者涂抹油膏,来表示对他的敬意,是一种类似于封圣的行为。鲁本斯的名画《基督在法利赛人西门处》,描绘了伯大尼

图10 基督在法利赛人西门处

第六章 民贵君轻:权力的制约(上)

的马利亚以珍藏的"真哪哒香膏"为耶稣抹脚，尊他为"弥赛亚"。不仅如此，她还用她的头发给耶稣抹脚，这是非常谦卑的一种做法。耶稣说："你这么尊敬我，因为知道我将被处死。"这是《圣经》中著名的故事。

中国的弥勒佛现在是个大肚子的形象，但这是宋朝以后的改变。在宋朝之前早期的造像弥勒佛是下图这样。弥勒的手里拿了一个瓶子，据说是净水瓶。敦煌出土的弥勒绢画上，弥勒手里也拿着一个瓶子。但是如果我们想到佛教的弥勒信仰和基督教犹太教的弥赛亚信仰可能是同源的，那么弥勒手里拿的很可能不是水瓶，而是油瓶。

图11　早期弥勒造像

宗教的力量是很大的。什么是科学？英国哲学家波普尔认为科学是可以证伪的。在波普尔看来，对某个理论来说，必然存在一种状况，如果这种状况出现，那么这个理论就是错的，这样的理论就属于科学的范畴。如果某个理论放之四海而皆准，无论如何都无法证明其错，那这个理论就不属于科学的范畴。不可证伪的不属于科学。波普尔举了个例子：中世纪的时候神学家争论一件事情，一个针尖上能站几个天使？这在我们今天看来真是一个无聊的问题，但是这个无聊的问题不管有什么理论，都无法证伪。我说针尖上能站两个天使，你说能站三个，这都没有办法通过实验来证明，因此这不是科学，这是宗教。但恰恰因为科学是可以被证伪的，所以很少人崇拜科学，而宗教不可证伪，反而可以盲信。宗教能对人产生巨大的精神上的影响。

基督教里面有个概念非常有感召力：我将再起（I shall rise again）。《路加福音》里写道："你们去把所看见所听见的事告诉约翰。就是瞎子看见，瘸子行走，长大麻疯的洁净，聋子听见，死人复活，穷人有福音传给他们。"英文版读起来更加有力："...the blind see, the lame walk, lepers are cleansed, the deaf hear, the dead rise again, the poor are preached unto." 这是非常有感召力的文字。

类似地，《弥勒下生经》描绘了弥勒成佛后发生的事，也非常有感召力："四大海水以渐减少三千由旬。是时阎浮提地。长十千由旬广八千由旬。平坦如镜名华软草遍覆其地。种种树木华果茂盛。其树悉皆高三十里。城邑次比鸡飞相及。人寿八万四千岁。智慧威德色力具足安隐快乐……时世安乐无有怨贼劫窃之患。城邑聚落无闭门者。亦无衰恼水火刀兵及诸饥馑毒害之难。人常慈心恭敬和顺。调伏诸根语言谦逊。"这栩栩如生的天堂的描写，对信徒来说能产生巨大的感召力，这就是弥勒信仰的巨大力量。

不难看出，宗教的力量往往超过王权，宗教的精神感召力超过了王权的世俗权力。统治者即使东施效颦学习宗教，迫使臣民早请示晚汇报，却始终无法在精神的异域称王。因为统治者是世俗的，他是要死的，他是不可能万岁的，满足不了人对精神的巨大需求。肖斯塔科维奇的回忆录里面记录了苏联钢琴家尤金娜的一个故事。尤金娜是一个犹太人，也是一个宗教狂热分子。肖斯塔科维奇虽然喜欢尤金娜的演奏，觉得她弹琴不错，但是很讨厌她的宗教狂热劲儿，因为她连平时穿的衣服都是黑色的，像修女一样古板。肖斯塔科维奇的回忆录记载了这么一件事：有一次，斯大林要听拉赫玛尼诺夫的钢琴奏鸣曲，让人把尤金娜弹奏的唱片拿来。斯大林听了以后很喜欢，然后就派人给尤金娜一个信封，里面装了一大笔钱，算是对她的恩典。尤金娜提笔给斯大林回信："亲爱的斯大林：谢谢你，我每天为你祈祷，祈祷上帝宽恕你的罪行。"斯大林看了以后沉默不语，所有人都觉得尤金娜完蛋了。但是最后斯大林什么也没有做，放过了尤金娜。

在历史上，宗教的力量在欧洲远远超过了中国，因此，中世纪的西欧形成了很独特的教权和王权的二元权力体系，由教权对王权形成制约。教皇格里高利七世指出，教皇的权力直接来自上帝，上帝把管理人间一切事务的权力都交给了教会，教会主动把治理国家的权力交给世俗统治者，而将管理精神事务的权力留给自己掌管。因此，世俗统治者必须对教会恭顺虔敬，教皇有权废黜不服从教会的君主。格里高利七世把教权与王权的关系比作太阳与月亮的关系。教权是太阳，王权是月亮。月亮的光来自太阳，国王的权力来自教皇。这就是中世纪有名的"日月论",这和明朝王夫之关于治统和道统的关系的理论极为相似:皇帝的权力是治统,儒者的权力是道统。真理是永恒的,不因政府更迭而改变,因此治统可灭,道统不可灭。当然,王夫之的理论还是在政治哲学范畴内的,威力不能和宗教领域内的日月论相比。

日月论的威力有多大?格里高利七世曾经迫使德皇亨利四世跪在雪地里三天三夜。教皇英诺森三世发动了很多次十字军东征,他被称为是"万王之王"。英格兰国王约翰(即无地王)在多件事情上明目张胆地违抗教皇,特别是在坎特伯雷大主教的任命权上与教皇冲突激烈。于是,教皇英诺森三世在1207年将无地王开除了教籍,还将英格兰排除出基督教区长达六年之久。无地王终于被迫屈服,接受了教皇的大主教人选,并向教皇称臣纳贡。

马克思有个著名的论断:宗教是人民的鸦片。但是这句论断前面还有这么一句话:宗教是苦难人的叹息:"Religion is the sigh of the oppressed creature, the heart of a heartless world, and the soul of soulless conditions. It is the opium of the people."宗教是受苦受难人发出的反抗,而苦难人是如此众多,一旦通过宗教团结起来,就能爆发出巨大的力量。

## 合法性的两难

王权的合法性由上天加持,这带来一个悖论:如果合法性来自替天行道、推翻暴君,那自己的臣民有无权利反抗自己的统治?所有的君王都要面临这么一个问题。《史记·儒林列传》记载了这么一件事:

清河王太傅辕固生者，齐人也。以治诗，孝景时为博士。与黄生争论景帝前。黄生曰："汤武非受命，乃弑也。"辕固生曰："不然。夫桀纣虐乱，天下之心皆归汤武，汤武与天下之心而诛桀纣，桀纣之民不为之使而归汤武，汤武不得已而立，非受命为何？"黄生曰："冠虽敝，必加于首；履虽新，必关于足。何者，上下之分也。今桀纣虽失道，然君上也；汤武虽圣，臣下也。夫主有失行，臣下不能正言匡过以尊天子，反因过而诛之，代立践南面，非弑而何也？"辕固生曰："必若所云，是高帝代秦即天子之位，非邪？"于是景帝曰："食肉不食马肝，不为不知味；言学者无言汤武受命，不为愚。"遂罢。是后学者莫敢明受命放杀者。

汉景帝的时候有两拨书呆子在辩论，其中有个人就说汤武革命是下克上，另外一个说不对，他用儒家传统思想来分析，说汤武是顺应天意，推翻暴君，拿到了天命。第一个人说帽子虽然破，但还得戴在头上，鞋子虽然新，但总是踩在脚下，因为有上下之分。人不会把破帽子穿在脚上，不会把新鞋子戴在头上，汤武再贤明，不能搞下克上，因为这把上下之分给搞乱了，因此这还算是弑君之罪。然后另一个书呆子就急了，他说要像你这么说，汉高祖代替秦登天子位算啥？汉景帝听了吓坏了，让他们闭嘴，他说食肉不吃马肝不为不知味：当时的人认为吃了马肝会毒死，你没必要亲自去试一下。学者不谈汤武受命这个事，没人当你是傻子。这就好比我们现在口语里经常说的，"你不开口没人当你是哑巴"。

汉景帝很尴尬：如果说革命是不应该的，汉朝怎么是合法的？如果说革命是应该的，那如果现在老百姓要革我的命怎么办？

汉景帝只好选择不争论，不许学者讨论这个话题。

汉朝推翻暴秦，获得了合法性。但是合法性的两难就体现在从打江山到坐江山的转变，其中一个典型就反映在苏联国歌的变化。苏联在1922年成立，成立后拿国际歌作为国歌。为什么苏联的国歌是国际歌？因为共产主义的立场是救苦救难，是普世的，苏联的建立代表了一种超越国家和民族的崇高理想，国际歌作为苏联国歌再合适不过。但是后来卫国战争爆发，斯大林觉得有必要搞一些民族主义和爱国主义的东西来鼓舞苏联人民。于是斯大林就要求一个新的国歌，这就是后来我们熟悉的《牢不可破的同盟》。毕竟打江山和坐江山需要不同的歌词。

## 长期和短期

统治者如果对老百姓不好，就会失去上天的庇护，这是时间序列上的一个约束。统治者除了要将遥远的未来纳入当下的考量，还有短期考虑。例如，黑社会为什么收保护费，而不是明抢？从金融的角度来看，如果对长期利益的贴现要比短期利益要大，理性人就应该选择追求长期利益。因此如果统治者有长期思维，他有可能会对老百姓好一点，他们割韭菜的时候会手下留情，因为如果割得太狠，伤了韭菜根，以后保不齐就没有韭菜可以割。这是一种长期思维。这样，时间序列上的制衡不仅来源于上天，也可以来源于统治者对自己的统治长期回报的计算。

统治者其实就是坐寇，干一票就走是强盗，占山为王是军阀，要是能站稳脚跟三百年，就是个正统朝代。成王败寇，如果只神气了一年，那不过就是历史当中的一个浪花。袁世凯死后，中国陷入军阀割据的状态，各路诸侯轮番登场。美国经济学家奥尔森在读中国近代史的时候读到，军阀时期的河南有个土匪叫白朗，在河南烧杀抢掠，搞得民不聊生，河南老百姓恨死了他。后来来了一个更大的土匪，叫冯玉祥。冯玉祥是个坐寇，他把白朗赶跑了，河南老百姓于是很喜欢冯玉祥。奥尔森不理解：冯玉祥不过是个军阀，那么河南老百姓为什么喜欢他？他后来想明白了，冯玉祥是个坐寇，是要收税的，老百姓的痛苦会少一点。但是白朗是个流寇，既要钱又要命。老百姓只能两害相权取其轻。然后奥尔森就接着想，如果这个坐寇继续发展下去，不是干两年，而是四年、五年、六年、十年、二十年……他会变成什么？他就变成一个合法的政府，他的行为就可能发生很大的改变。这正是：三皇五帝神圣事，骗了无涯过客！

一个有意思的现象是：各个省都有某派系的军阀，但是河南不一样，河南的军阀很难归为一个特定的派系。这是因为没有一个军阀可以占据河南两年以上，总是走马灯似的换。1949年以前河南人民命运尤其悲惨，因为其他地方的军阀统治时间长了就变成坐寇，对老百姓多少会好一点，但是河南的军阀都是流寇，如果军阀只在某地待一年两年，他们是选择收保护费还是选择明抢？当然是明抢。因此军阀统治下的老百姓日子不好过，而河南老百姓的日子尤其艰难。河南的军阀为什么这么糟糕？因为河南的地形一马平川，不容易防守，与其好好经营，不如涸泽而渔。

跟河南形成鲜明对比的是山西。山西的地形和河南非常不同，表里山河，雄关矗立。山西的地形有利于防守，在比较容易守住地盘的地方，军阀就更容易当一个坐寇，发展出长期思维。山西从1911年到1949年，一直是阎锡山一个军阀在统治。他在山西经营得还不错,山西人对他的印象也不坏。这是因为阎锡山特别有良知吗?未必。其实更重要的原因是,如果能长期占据,理性的统治者就会长远考虑,选择做一个仁君。这就是时间序列上对统治者的制衡。

我们来小结一下:长期来看,被统治者不会永远忍受压迫。因此如果统治者有长期思维,会预期到这种反抗,他就会将此纳入当下政策的考量中去,他就会对被统治者施行仁政,来换取长期的支持。这是时间序列上对统治者各种制衡的一个根源。但是,英国经济学家凯恩斯有句名言:长期来看,我们都死了!因此这种约束其实比较弱。总的来看,靠长期愿景来约束统治者,就好像老师吓唬学生,如果不好好学习,将来找不到好工作一样,这种吓唬的威力是很弱的。统治者往往对此不屑一顾:"我死之后,哪管洪水滔天!"

第七章

# 民贵君轻：权力的制约（下）

古今中外的国家治理都要面临一个非常重要的问题：人民如何约束统治者？我们不妨从两个维度来考虑：时间维度和横截面维度。上一章讲了从时间序列的维度来看如何约束统治者。在这一章中，我们换一个维度，也就是从横截面的维度来看，中国和西方的古人用什么样的制度来约束统治者。

不管在中国还是西方，全人类一致认为帝王并不是世界上最高的权威。谁比帝王的权威还高？那就是天，就是上帝。除了自然现象，谁能代表上天？毫无疑问，必然是民意。这一思想可以上溯到《尚书》："天视自我民视，天听自我民听。"但是民意不太好度量，什么叫民意？谁的民意？怎么统计民意？袁世凯要称帝，也需要民意的支持。所以他儿子编了个假的《顺天时报》来糊弄他，上面都是捏造的希望他登基的民意，而袁世凯也假模假样地认为这就是民意。在现代社会我们怎么知道民意？比如说我们可以靠民意调查。但是民意调查的结果在多大程度上是准确的？这个就不好讲。民意调查中提问题的方式不同，同一个人可能就会做出不同的回答。行为经济学里面有个现象叫取景效应，指对于同样的事物，如果相机的取景框角度不同，我们看到的就不一样。类似地，我们中国的成语"盲人摸象"：摸到大象腿，就以为大象是柱子，摸到大象的尾巴，就以为大象是条蛇。在21世纪，我们进入网络时代，民意通过网络社交平台表达出来，但是同时民意很大程度上又很容易被网络媒体操纵。美国政治中有个现象叫狗哨现象：训练小狗可以利用它的应激反应，通过吹哨来指挥它行动。民意的操弄者知道某个特定人群对某个词语或者某个现象会特别敏感，所以他就可以反复提及，以此来把人群动员起来。在互联网时代，狗哨的传播被放大了。由于人的理性是很有限的，民意往往可以被操纵。并且即使人是完全理性的，我们通常也缺乏准确度量民意的手段。

所有的统治者不管多残暴，都会声称自己代表了民意。但是民意很难度量，因此统治者就换个说法说我获得了天命，也就是君权神授。君权神授就更加难度量了，简直没有办法证明！谁能解释天命？在中国古代，这个责任就落在了儒家学者身上。正因为最高真理不是掌握在帝王手中，而是掌握在学者手中，汉武帝才谦虚地请教董仲舒："朕欲闻大道之要，至论之极。"什么是大道？什么是至论？什么是终极真理？这是帝王需要向学者请教的。所以在中国传统中，儒家学者担任解释天道的工作，形成对王权的限制，这有着很古老的历史。王夫之在《读通鉴论》中说："天下所极重而不可窃者二：天子之位也，是谓治统；圣人之教也，是谓道统。"

王夫之认为，有两个并行的最高权威，一个是政治的最高权威，另一个是真理的最高权威，而且真理的最高权威要高于政治的最高权威，也就是道统要高于治统，真理要高于权力：

儒者之统与帝王之统并行于天下，而互为兴替。其合也，天下以道而治，道以天子而明。及其衰，而帝王之统绝，儒者犹保其道以孤行而无所待，以人存道而道不可亡。

最后一句尤其厉害！这种不因帝王而改变的终极真理观可以上溯到先秦：

公曰："敢问君子何贵乎天道也？"孔子对曰："贵其'不已'。如日月东西相从而不已也，是天道也；不闭其久，是天道也；无为而物成，是天道也；已成而明，是天道也。"（《礼记·哀公问》）

伟大的天道永不止息，就好像日月的东升西落。天道开通无阻，保持永久，无所作为而万物皆成，万物皆成而又明明白白。这显然远远超越了君王的权势。我们如何对待天道？正如孟子所说："天下有道，以道殉身；天下无道，以身殉道。"王夫之认为，帝王的统治是有生命周期的，有时候可以衰亡，但是至高无上的真理永远存在天地之间，永不消亡。所以儒者的使命就是：如果碰到个好君王，就辅佐他，通过他来推行最高真理；如果王朝衰败了，失去了天命，儒者就要"保其道以孤行而无所待"。在西方中世纪有类似的理论，也就是我们上一章中讲的格里高利七世的日月论，同样想用永恒的真理来约束王权。

## 教育的作用

具体实施的过程当中，道统怎么来制衡治统？由于学者缺乏实权，对君主的制衡是软的。在我国传统中，这种制衡主要体现在对帝王的教育上。那么这种教育的力量，或者说缺乏政治实权的制衡，是否有效？从某种程度上来说，它的效果是微弱的，因为它没有各种各样的政治工具，完全是精神层面的。但是从另一方面上来说，教育有非常大的作用，尤其是一个人年轻时所受的教育，往往会影响人的一生。

宋代讲性命道理之风日盛，凡事必明辨其理。宋人的理性主义让他们认识到世间有不因权势而变的真理。宋太祖曾经问赵普："天下何物最大？"赵普回家思考了一整天，然后回答："道理最大。"宋人评论："天下唯道理最大，故有以万乘之尊而屈于匹夫之一言，以四海之富而不得以私于其亲与故者。"正因为"道理最大"，士大夫通过学习研究加以掌握，可以发扬道学或者理学，约束君王，并且将真理教授给君王，从而"得君行道"。这比汉儒希冀通过上天来约束君王的神秘主义哲学更进了一步。

中国古时候有个制度叫作经筵，是指汉唐以来帝王为讲经论史而特设的御前讲席。经筵在宋代正式制度化。宋太宗首开经筵之讲，宋真宗首设经筵之官，至宋仁宗之时，经筵讲习进入鼎盛时期。根据《宋史》，经筵一年分两阶段讲学，上半年是二月至五月初五，下半年是八月至十一月冬至，逢单日讲学。讲读官多是重臣或大儒。经筵的目的不是一般的文化教育和学术探讨，而是革君心，正君心，通过对儒家经典的解读，拿儒家的政治理想教育帝王，在精神和思想上约束帝王。中国古代没有发展出一套完整的法制，对王权的硬约束比较少，因此就特别重视软约束，希望通过对帝王的人力资本的培养来达到对权力的约束。

经济学里面有个大问题，制度和人力资本哪个对长期经济增长的影响更大？哪个对长期经济增长更具有决定性力量？要回答这个问题，首先要知道长期经济增长由什么决定。现在的财经媒体，包括许多所谓专家，一提经济增长就说出口、投资、消费这三个组成部分。但是这些是经济增长的结果，不是经济增长的原因。GDP的核算分成出口、投资、消费这三个组成部分，但这些是总需求的构成部分，只会影响短期GDP核算，不是长期经济增长的决定因素。我们老讲什么三驾马车，好像这个不行拉那个，那个不行拉这个，然后经济就起来了。在经济增长理论中，经济增长归根结底要靠物质资本的增加、劳动人口和人力资本的增长，以及人力和物力的利用效率，也就是全要素生产率和技术进步。那么长期来看是制度重要还是人力资本更重要？当然，我们对此有一个万金油的回答是二者都重要，确实二者都重要。

我们现在非常强调制度，中国人从近代以来就孜孜以求一个好的制度。我们对人力资本讲得比较少，因为人力资本不太像制度那样容易具体化，容易在短期发生巨大变化。但是人力资本对于个人乃至对于国家来说，有着巨大的影响，而且很有可能是被我们忽略掉的第一推动力。就个人而言，一个人在15—25岁读的书和受的教育对他以后的一生有着非常关键和长远的影响。对于国家来说，人力资本对长期经济增长的作用可能压倒了其他影响因素：有经济学家用88个国家（地区）的数据来研究从1960年到1996年人均GDP的平均增长率是由哪些因素决定的，他们总共考察了67个因素，包括初始条件、地理位置、所属区域、殖民地历史、人口结构、制度政策、国际关系、教育和宗教等各个方面的指标，涵盖了几乎所有可能影响一个国家经济增长的因素。最后他们发现：决定一个国家（地区）经济增长率最重要的因素取决于其是否位于东亚。事实上，只要在东亚的国家，最终全都经济腾飞了，中国大陆经济崛起的时间比较晚，我们到1978年才加入这个过程。

东亚这个特殊现象和东亚特殊的人力资本和文化有很大的关系。东亚的儒家传统，使得东亚人民注重教育、注重储蓄，这恰好有助于资本的形成和积累，也有助于生产效率的提升和技术进步。一旦东亚国家进入世界经济循环，它们的巨大人力资本马上就发挥出优势了。为什么1978年以后我们国家取得了巨大进步？这当然是因为我们转向了以经济建设为中心，转向市场经济，但是还有一个非常大的隐藏因素，也就是我们民族的人力资本。中国人非常注重教育，非常注重人力资本的培养。这样的民族，这样的文化传统，终究会选择一个正确的制度。

同样的，在中国古代，古人尤为注重对君王的人力资本培养。通过经筵，学者们将抽象的政治理想和政治现实结合起来，总结如何施行仁政，从而做一个好君王，由此逐渐发展出了帝王之学。北宋的范祖禹是宋哲宗的经筵讲官，同时又身兼史官之职，他将所掌握的本朝及前代帝王的学习史料进行归纳与总结，并汇编成书，名为《帝学》。这是一部最早系统论述帝王学习的书，总结一位帝王所应具备的理想人格与所应掌握的知识体系。帝王之学的范围，是尧、舜直至周公、孔子以来的"正道"，而非先秦法家所讲的那一套权谋术。那些玩意儿在儒家学者看来是糟粕，当然也确实是糟粕！

南宋大儒真德秀以《大学》八条目"格物、致知、诚意、正心、修身、齐家、治国、平天下"中的前六个条目作为理论框架，著《大学衍义》一书，完整建构了帝王之学的知识体系（格物致知）、信仰体系（诚意正心），以及伦理体系（修身齐家），详细论述了让帝王达到"治国平天下"的人力资本培养方式。有意思的是,《大学衍义》没有讲帝王应该怎么治国平天下,也就是帝王应该采取哪些具体的政策。帝王之学完全集中在对帝王的人力资本的培养上,希望能够端正帝王的信仰以及他对人民的态度。中国古人把这些看得非常重要。

理论上,良好的教育能够对王权产生制约,但是人的天性是不喜欢受到制约的。因此皇帝历来希望掌握对天命的解释权,从而从根本上消除道统对治统的制约。如何掌握对天命的解释权?这就需要掌握对儒家经典的解释权,做到君师合一:既是君又是师,既掌握治统又掌握道统。君师合一,是君主对天民合一这一思想的抵制。当天民合一的时候,被统治者代表了天,而当君师合一的时候,统治者代表了天。

宋朝的经筵,由士大夫中的饱学之士给皇帝讲解儒家经典,身份是皇帝的老师,体现的是道统高于治统,是对皇权的制约。在我们中国的传统中,老师和学生的关系是有等级差别的,并且这个关系是很固定的,所谓一日为师,终身为父。现在的政治家们不管职位多高,碰到当年读书时的老师还是很尊重的,或者起码得表现出很尊重。这是刻在我们基因里的一种文化传统。我们前面讲过,为什么独裁者都喜欢别人把他当成慈父?因为父子关系是固定的,没有办法改变,永远是有高和低的区别。类似地,师生关系也是一样。蒋介石为什么喜欢别人叫他校长?因为总裁可以背叛,但是老师不能背叛,否则就有悖于中国传统伦理。

宋朝大儒程颐指出:"天下治乱系宰相,君德成就责经筵。"这将政治理想的解读和政治理想的实施都交给了士大夫,相当于一种君主立宪。在宋儒的理想中,士大夫既要替皇帝施政,也要约束皇帝,教育皇帝。这种为帝王师的角色,在精神上对皇权形成了制约，所以康熙看到程颐这句话简直把皇帝像小孩子一样训，特别痛恨程颐。

遗憾的是，由于宋朝的灭亡，宋儒的努力失败了。明朝从中得出的教训是不能像宋朝一样搞皇帝和士大夫共治天下，而是必须加强中央集权，以对抗外敌。这是中国早期的"救亡压倒启蒙"。类似地，俄罗斯为什么那么集权那么专制？因为它长期站在抵抗草原民族侵略的最前线，集权具有优势。到了明朝，《明史》记载景泰帝"每临讲幄，辄命中官，掷金钱于地，任讲官遍拾之，号为恩典"。他听讲的时候让太监把钱往地上乱扔，让经筵上的大儒去地上捡。这是学生对老师的态度吗？这甚至不是皇帝对大臣应该有的态度，完全是对自己的奴仆的态度，经筵就变味了。

到了清朝，经筵制度仪式化，不再是士大夫对皇帝教育，居然变成了由皇帝训导士大夫，反而成为了皇权专制统治的工具。这样看来，君王的脸皮不是一般地厚！他们不仅要统治人民的肉体，还要统治人民的思想：因为只有统治人民的思想，才能长久有效地统治人民的肉体。在君王眼里，最理想的臣民不需要思想，最好是一具行尸走肉，当一个纯粹的人肉电池，由君王来控制。

有一个笑话，说成功有三要素，哪三要素？坚持、不要脸、坚持不要脸。帝王如果能把这三点都做到了，那他差不多就是成功的帝王。大部分普通人，从小所受的教育就是规规矩矩做人，这经常让我们会对自己的一些小错不太好意思。现实生活中这种心态和习惯其实是好的，因为在文明社会中，只要大家都守规矩，都约束自己，大家就都会过得很舒服。就好像开车一样，如果每个人都遵守交规，那道路就会通畅。但是如果大家都想占小便宜，都想通过闯红灯来领先一步，最后就会乱成一锅粥。然而，在政治上，我们往往会发现,底线高的输给底线低的,有底线的输给没底线的!如果一个政客能够无耻一辈子,他死了以后自然会有后来的愚民膜拜。鲁迅在一篇杂文中说,我们记不住是谁发明了天花疫苗,但是我们都能记住希特勒的名字。人类就是这么愚蠢,记不住拯救了几千万人的人的名字,却会记住那些杀了几千万人的名字。不光记住,我们还崇拜他们。我们还拍个电视剧歌颂他们,还肉麻地在歌里替他们唱:"我还想再活五百年。"幸好皇帝活不了五百年!死亡真是世界上最公平的事情。

## 君与臣

由于大臣分担了相当一部分政治权力,因此也自然而然形成了对王权的一种约束。古人如何分析君臣之道?一个人应该什么时候出来从政,为君王服务?孔子在《论语》里面就说:"天下有道则见,无道则隐。邦有道,贫且贱焉,耻也;邦无道,富且贵焉,耻也。"臣子服务君王不是无条件的,而是要看君王是否有道。那么从政以后,应该如何对待君王?孔子又说:"君使臣以礼,臣事君以忠。"同样的,臣子对君王的忠诚也不是无条件的。孟子对这种双向的关系做了更加清晰的说明:"君之视臣如手足,则臣视君如腹心;君之视臣如犬马,则臣视君如国人;君之视臣如土芥,则臣视君如寇雠。"一方面,孟子大胆直言;从另一方面来说,战国时期的君王也比较有度量,可以容忍孟子。

这样,从孔孟的角度来看,臣子对君王的忠诚不是无条件的。第一,君王要行王道,不能行暴政,这是最大的先决条件。第二,君王必须尊重臣子。这一条类似中世纪欧洲领主和封臣的关系,也类似一种契约，同时约束双方。《韩非子》里对这种双向关系的表述更加赤裸裸，"主卖官爵，臣卖智力"，完全是买卖关系。但是周秦之变以后，这种关系发生了变化，君王不断强调这是单向的，类似于父子关系，永远有高低等级之分。

君和臣之间的关系因而逐渐演变。群臣之中权力最大、最有能力制约皇帝的是宰相，因此宰相历来最容易受到皇帝的猜忌，皇帝要千方百计地限制相权。这带来一个矛盾，既要当皇帝，又要当宰相，全年无休，实在是太累了。所以皇帝把原来的宰相限制住以后，又要发展出一批自己的亲信来替他执行政务。这批亲信后来又变成了事实上的宰相，后来的皇帝又不放心，又要限制他们，接下来怎么办？又得再发展出一套新的人马来执行宰相的职责。这是中国历史上一个不断的循环。

西汉初期的丞相位高权重。为了削弱丞相的权力，汉武帝在年轻官员中，选出一些有才能的儒士，任命为侍中或者给事中，他们是皇帝的秘书机构，陪伴皇帝左右，给皇帝提建议，负责上传下达，同时也参与机要，被统称为内廷或者中朝，从名字上看算不上国家正式的行政机关。

汉光武帝时期，为了进一步削弱丞相的权力，设立尚书台。尚书台就是由汉武帝时期的中朝转化而来的，原本属于少府，只是处理皇帝衣食住行的小机构。光武帝吸取西汉末期权臣贵族专权的教训，信任近侍，大小事情皆与尚书商议。

尚书台的权力日益增加，慢慢就取代丞相，成为最高权力机构，从内廷走向外朝，也成为皇帝忌惮的对象，皇帝只得再找秘书。曹魏时期，所谓的秘书监就出现了，秘书监的作用是代替尚书奏事，后来秘书改名为中书，置一令一监，功能是秉承皇帝意旨，对外发布诏令。

中书的权力越来越大，被称为中书省。中书省取代尚书台成为外朝权力最大的机构，隋时成为外朝的中枢机构，中书省、门下省、尚书省三分宰相权力，成为事实上的宰相，即三省六部制。中书省因为和皇帝最为接近，就成为决策机构，尚书省及下面的六部成为执行机构。

明太祖朱元璋特别专制，他在胡惟庸案后，干脆不再设丞相，权力全部归于皇帝一人。后面的永乐觉得处理政务太辛苦了，下面的人事无巨细都向他汇报。下级事无巨细都要向上汇报，这是独裁统治的一个特点，因为下面的人不敢擅自处理，他们要想保全自己最方便的办法是早请示晚汇报，不管芝麻绿豆大的事都向上汇报。也许皇帝会觉得他们蠢，但是让自己显得蠢，是很安全的办法，甚至可能是专制政体里的最优解。永乐事无巨细都要过问，最后也吃不消了，就找了一些侍读、编修等近臣到文渊阁值班，当皇帝的秘书，这就是所谓内阁。明朝中后期，内阁的权力越来越大，完全掌握六部，内阁大学士中排第一的称为内阁首辅，成为了事实上的宰相，内阁也由内转向外。

清朝康熙年间，为了削弱内阁和议政王大臣的权力，皇帝设立南书房并让一些近臣来值班。这些人原本级别不高，陪皇帝论经史，谈诗文，给皇帝提建议，慢慢地，他们还有了替皇帝传旨，参与讨论国家大事的权力。到了雍正十年，朝廷出兵西北，因为内阁在太和门外，皇帝担心泄露军事机密，因此在隆宗门内设军机处，皇帝任命大臣值班，这些人被称为军机处行走，参与军国机密大事，代皇帝传递圣旨。内阁变成只是办理例行事务的机构，一切大政均归于军机处掌控。军机处成为执政的最高国家机关，但是军机处在形式上是临时的,并不是常设机构。军机大臣都是以原官兼职,其任命并无制度上的规定,完全出于皇帝的个人意志。皇帝可以随时令其离开军机处,回本衙门。军机大臣的职务范围也没有制度上的规定,一切都是皇帝交办的,军机大臣只是承旨办事而已。

三千年前,周公旦作《周礼》,把中国古典的政治文明制度化,这是中国最早将政治生活和权力安排制度化的尝试。从《周礼》的制度化,退化到清朝的非制度化,士大夫对君王的约束彻底失败了。类似地,"文革"时的"文革小组"大权独揽,也是用各种秘书小组来代替正常的政府职能。为了方便摆脱常设机构的制度化的制约,统治者用他们的近臣和秘书来代替行使正常的政府职能,这是对政治文明的颠覆。

为什么对权力的制衡越来越弱?更要命的是:为什么中国作为人类历史上首个创立非人格化的官僚制度的国家,在历经两千多年的制度发展演变后,最后却出现了非制度化?钱穆在《中国历代政治得失》一书中从公和私的角度来加以分析:

> 我们讲政治制度,有一些确实是制度,有一些则只能叫作事件或法术。制度指政治而言,法术只是些事情或手段;不好说是政治。大抵制度是出之于公的,在公的用心下形成的一些度量分寸是制度。而法术则出之于私,因此没有一定恰好的节限。所谓方法与权术,二者之间,当然又不能仔细分。而且一个制度之成立,也当然有许多复杂关系,总不免夹带有当时一些私意的。要说建立一制度,而绝对地大公无私,不仅古代历史未之有,就是将来的历史,要说一个国家建立某项制度,而绝无人事关系,绝无私心夹杂,恐怕这希

望也还远。不过，公私之间该有分量的轻重。现在再说中国历代政治制度究竟是出于公的多呢，还是出于私的多？究竟法术的意义重呢，还是制度的意义重？

到清朝，统治者的"私"压倒了国家治理的"公"。我们现在看电视剧里那些清宫戏，完全看不到制度，我们看到的除了格格、贝勒谈恋爱以外，就是各种宫斗，全部是法术。现代中国人已经几乎忘了我们的制度是怎么形成的，真是悲哀啊！

钱穆认为，清朝为了维系少数人的统治，将统治集团的私心凌驾于天下公义之上，是一种部族政治，所以"只有法术，更不见制度"。绝大部分的制度虽然是由统治者设计和施行的，但是只要制度成文就形成了硬性的条条框框，无形之中就产生了对统治的约束。因此统治者抓权的极致就是要破坏一切制度，哪怕这个制度最初是自己设立的，也要破坏，一定要随心所欲，这就是所谓的"和尚打伞，无法无天"。

## 言官与史官

除了官僚制度对君王的约束以外，中国古代另一个重要的对皇权的约束机制是台谏制度。这是从御史演变而来的。顾名思义，御史是皇帝身边的史官。春秋战国时期列国皆有御史，是国君身边非常亲近的一个职位，掌管文书及记事。秦代御史兼掌监察，开监察机关之端。汉袭秦制，御史就是言官。御史中丞的官衙，就设在皇宫里边，方便监督皇帝。后来，御史台的侍御史、殿中侍御史与监察御史通称为台官，掌管纠察弹劾职务；谏议大夫、拾遗、补阙、正言通称谏官，掌管劝谏职务。杜甫的官职就是拾遗，所以我们看到杜甫很多诗是在替皇帝操心。谏官对上规劝皇帝，台官对下纠察百官，形成完整的监察体系，故合称台谏。台谏制度，一方面规范了皇帝的言行，限制了皇权；另一方面，纠察弹劾百官，限制了官员的滥用权力。皇权、行政权、监察权互相牵制，形成一定的制约。

历朝言官的级别不高，但是地位很高，可以规劝皇帝。但是由于他们没有实权，其作用取决于皇帝的气度。宋朝的时候言官的地位非常高，据说宋太祖定下了一条遗训："不得杀士大夫及上书言事人。子孙有渝此誓者，天必殛之。"在明朝，某次万历皇帝在宫里听戏享乐，被巡城御史听见了，立即大声呵斥，吓得万历赶紧停了歌舞，还自嘲道："我畏御史。"皇帝也非常重视自己的名誉，一个怕御史的皇帝在史书上会被称道为好皇帝，所以他们有时候会摆个姿态，显得御史比皇帝还高。在《治安疏》里，海瑞痛骂嘉靖，直言不讳地写道："嘉靖者，言家家皆净而无财用也"，"天下人不直陛下久矣"。嘉靖很生气，但是拿他没办法，只好说："此人可方比干，第朕非纣耳。"嘉靖也知道，如果杀了海瑞，成就了他烈士的名义，但就坐实了自己是昏君，因此嘉靖不上当，强压怒火。

但是到了清朝，君臣之间的关系就没有那么美妙了。清代文字狱盛行，防民之口甚于防川，不许妄议朝廷，正如商鞅一样，不光要杀了那些反对变法的人，连那些说变法好的人也要杀掉，为什么？法家是我们中国传统当中非常黑暗的一面，为什么在法家统治下，连拍君王马屁都会掉脑袋？因为拍马屁说明有想法，有判断力，你今天可以说我好，未来也许会说我不好，因此你只要敢对我说三道四,不管说好还是说不好,怎么样都得宰了。

在清朝末年有个争论,是保中华还是保大清?这个争论本身就直指一个非常深刻的矛盾:为什么看上去对国家对民族很不利的事情,却常常被统治者坚决地执行?因为这是保被统治者和保统治者之间的一个重大区别。当独裁统治发展到极端,统治者的目标函数和整个国家、整个民族的目标函数发生了严重的背离。清朝的独裁统治发展到极端,独裁统治的需求压倒了信息通畅的需求,保中华让位于保大清,言官的功能被压制了,也失去了对王权的制约。

我国的传统中,还有一个能对王权制约的独特角色是史官。从殷商时期开始,"巫史"集占卜、祭祀、礼仪、记事等职能为一身,这是中国非常独特的史官文化的渊源。历史记录这件事情在中国尤其富有某种神圣意义,史官是沟通天与人的中介,产生了对王权的一种制约:谁都不能逃脱历史的审判。东汉史学家班固说:"古之王者世有史官,君举必书,所以慎言行,昭法式也。"因此,中国的史官肩负追寻天命的终极理想,因为最早巫和史是不分家的,后来巫的职能逐渐消失,被史官继承下来。因此司马迁说自己的工作是"究天人之际,通古今之变"。史官不只是记录历史,还要有价值观的判断,用来臧否人物。所谓春秋笔法,"孔子著春秋而乱臣贼子惧"。

不仅乱臣贼子怕,皇帝也怕。按规定,帝王的一言一行史官都要记录在案,而记录这些言行的《起居注》,帝王自己与他的后人是不能看的。但历代不断有帝王看、删《起居注》的事件发生,雄才大略如汉武帝、唐太宗也不能免。这样看过并删过的《起居注》,保留下来的自然是圣明的形象。奥威尔在《1984》中写道:"谁掌握了过去,谁就掌握了未来;谁掌握了现在,谁就掌握了过去。"可见，统治者要垄断统治权，就必须垄断对过去的记录。销毁材料，删定史实，统一口径，这些都是官方修史常见的做法。时过境迁，改朝换代之后，新的统治者又会根据他们的需要和另一些史料改写历史。

## 干得久与干得好

人民和统治者的关系，本质上是人民把统治权交给了统治者，正如在现代公司当中股东把公司的管理权交给了管理层，两者都面临类似的代理问题。现代公司治理制度已经发展得非常完善，我们可以通过很多制度来约束首席执行官（CEO）。首先，我们有经理人薪酬激励制度，让CEO的薪酬和业绩挂钩，因此理论上CEO的激励能和股东保持一致。第二，公司有董事会，可以监督CEO，任免CEO。第三，证券市场中有机构投资者，比如各种投资基金，它们唯一的目标就是公司业绩和股价，同时它们持股又比较多，因此它们有很大的动力来约束CEO。第四，散户虽然持股不多，但是一些特别积极的小股东，可以通过舆论或者监管机构来影响公司管理层，保护自己利益。第五，现代社会有独立和发达的媒体，经常报道公司新闻，发掘公司内幕，批评、监督公司，因此CEO也受到媒体的约束。第六，我们有上市公司监管机构，这一点是公司治理和国家治理非常不一样的地方：国家治理中的天意或者上帝是虚无缥缈的，但是公司治理中有个现实存在的、超然的"上帝"，这就是我们的监管机构。中国有证监会，美国有美国证券交易委员会（SEC），这些都是可以武装到牙齿，有各种法律和行政工具，可以以泰山压顶之势对上市公司进行监督的。最后，如果监管机构失效怎么办？或者打个比方，如果老天瞎眼怎么办？很多情况下老天确实瞎眼，而且长时间地瞎眼。中国人说善有善报，恶有恶报，但这顶多算是善良的愿望，而不是历史的规律。因此我们还有一句俗话：修桥补路瞎眼，杀人放火儿多。那么，如果老天瞎了眼，上述的各种治理机制和制衡都失效，怎么办？公司经营不善，股价下跌，就会有人来试图并购这家公司，把控制权拿到手，把原来的CEO和管理层赶走，改善公司治理和管理，使得股价上升，从而获利。这是并购市场的作用，这是一个非常强的约束，CEO会意识到，如果自己干得不好，会有人把自己的团队一锅端，这是非常具有威力的约束机制。因此，现代上市公司的公司治理机制层层叠叠、由内到外，形成了一套非常丰富完整的对管理层和CEO的约束制度。

但是即使有了层层保护，有时候也难免会出现公司治理失灵。一个有名的例子是惠普电脑公司。1999年，卡莉·菲奥莉娜出任惠普CEO，成为首位惠普女性CEO。当时公司董事会有14名成员，里面包括了3名公司创始人的亲属；还有3名惠普现任和退休的高管。尽管先前的董事会挑选了她，他们却不是卡莉·菲奥莉娜亲自选定的：董事会可以挑她当CEO，也可以把她赶走。而且很多董事会成员跟公司的股价有着重大的利害关系，最关心公司业绩和股价。所以，卡莉·菲奥莉娜最优先着手的就是采取措施精简董事会，使之对自己有更强的依附性。2000年，董事会缩小到11人，2001年缩小到10人。很显然，人越少越容易控制。

2002年，菲奥莉娜不顾反对，完成了对康柏电脑的并购，董事会成员变成11位，惠普的董事会得到了实质性改组，只有6名原董事会成员留下来。另外5人来自原康柏公司，他们是菲奥莉娜带进来的，因此都听命于她。菲奥莉娜的控制力大大增强，她对支持者的回报也是非常慷慨的，在她掌权的6年时间里，惠普的股价表现很差，股息长期不变，而董事们的报酬却翻倍了。这是一个典型的例子：统治者的利益和被统治者的利益出现了严重的背离。背离到什么程度？自从菲奥莉娜上任，惠普的股价一路下跌，等到她最终下台，市场欢呼雀跃，股价才触底反弹。

我们再来看一个极端的情况：如果一个上市公司的CEO突然死亡，对公司股价会有什么影响？假如你是股民，早上一开盘，发现公司CEO昨天晚上突发心脏病死了，你多半紧张得要命，觉得股价肯定大跌。我们来看一下美国CEO意外死亡引起的股价波动有多大：从1950年到2009年，平均而言，CEO突然死亡会引起0.31%的股价异常下跌。看上去好像对股价影响不大，但是这个平均掩盖了很多细节。如果把CEO突然死亡这个事件分成两类，一类是市场正面反应，另一类是市场负面反应。我们就会发现大概有140次事件，CEO意外死亡给公司造成很大的负面影响，三天之内股价跌幅4.74%。但是还有100次事件，市场对CEO意外死亡做出了正面反应！市场对此欢呼雀跃，CEO突然死亡以后，公司股价在三天之内上涨了5.89%！可见，对于一些公司而言，CEO还不如死了好！

公司的领导人影响着公司的命运，国家的领导人也影响着国家的命运。和CEO之死对公司的影响一样，国家领导人死了，领袖走了，是不是意味着天要塌了？老百姓是不是要完蛋了？恰恰相反，对于很多国家来说，伟大领袖走了以后，老百姓生活反而更好了。以莫桑比克为例：萨莫拉·马谢尔是莫桑比克1975年独立后的第一任总统，实施独裁统治，推行国有经济。他的反对者于

1976年组建了莫桑比克全国抵抗运动，以推翻马谢尔一党专政为目标，国家陷入常年内战。1986年10月19日，马谢尔因飞机失事死亡。他的继任者推行民族和解，施行市场经济。在马谢尔执政期间，莫桑比克年均经济增长-7.7%，生活水平大幅下降。他死后，莫桑比克经济增长年均2.4%。几内亚也是如此：几内亚1958年独立后首任总统塞古·杜尔推行极端空想的经济政策，不但国有化了所有工业和土地，甚至取消了小商贩，关闭了农村集市贸易，商品的分配不再通过市场，而是由地方政权进行分配。几内亚陷入赤贫，直到1983年塞古·杜尔因心脏病去世后才有所恢复。

一个相关的问题是：带领人民创立新政权，取得独立，是不是意味着永久获得了合法性？按照我们中国古人的思想，合法性来自天意，而天意来自老百姓。因此统治者干了一件好事，并不意味着以后永远就获得了合法性，还必须继续让老百姓满意。我们的先贤根本不承认统治者可以千秋万代，可以永远赖在台上。要让老百姓承认你当统治者，接受你的统治，你必须得对老百姓好，才能获得正当性。统治者不能动不动就上溯到列祖列宗，不能援引当初建立政权时的正当性来论证当下执政的正当性。过去的合法性不代表现在的合法性，现在的合法性归根结底来源于现在的人是否满意。

刚才提到的那两个国家，如果领导人早死几年，老百姓可能会早几年获得解放。但是统治者干到死对于统治者来说却是最优的。那么统治者的目标到底是什么？是干得好，还是干得久？这是一个大问题。如果干得好可以帮助他们干得久，这种情况下统治者的目标和被统治者的目标就是一致的。但是历史告诉我们，有时候统治者为了干得久，就必须干得糟，有时候把事情搞砸，反而有助于统治者坐稳江山。马基雅维里于1512年写就了《君主论》，他认为君王应该让臣民恐惧，而不用追求受到臣民热爱：老百姓如果爱我，那当然不错，但老百姓如果怕我，那就更好了！为什么这么说？和韩非子一样，马基雅维里对人性有深刻的、黑暗的洞察：人民的热爱是有条件的，很容易就消失了。为什么要热爱一个人？因为他对你好，所以你才热爱他。这就形成了对君王的一种约束：必须时刻对人民好。对人好很难，但是压迫人就很容易了：搞建设不容易，但是搞破坏还不简单吗？！通过搞破坏来恐吓人民简直太容易，因此人民对统治者的恐惧很难消失。这样看来，如果让人恐惧可以保证统治者在台上，统治者的目标就应该是让老百姓恐惧。怎样才能让老百姓恐惧？那肯定不是干得好，而是必须干得糟！

## 帝王之术

回到我们这两章的主题：民贵君轻，也就是约束统治者。为什么需要约束统治者？更为根本的原因是他的目标很有可能和你我的不同。由于统治者有自己的利益，我国历史上试图对统治者进行教育来约束他的行为，并不非常成功。统治者有极强的动机，来让他的行为背离宋儒理想中的帝王之学。而如果统治者的目标不是干得好，而是干得久，那就涉及帝王之术。帝王之术和帝王之学截然相反，不是讨论如何让老百姓爱你，而是关于如何让老百姓怕你。简言之，帝王之术就是分析如何保卫统治权。那么怎样才能保卫统治权？纽约大学德梅斯奎塔（Bruce Bueno de Mesquita）教授做了精彩的，也是很黑暗的分析。他首先将人群分类：

名义选民：在名义上有选举权和被选举权的全体公民。然而他们中的很多人，可能对谁当领导人根本没有任何影响力。

实际选民：那些真正对谁当领导人有影响力的人。对美国来说，这相当于选举这天出来投票的选民，对沙特这样的君主国来说，这相当于王室成员。

胜利联盟：必须依赖他们，领导人才是能维持自己权力的人。对美国总统来说，这相当于在关键选区投出关键一票让你当选的人，对独裁者来说这是在军队和权贵内部的核心支持者。

基于这种分类，德梅斯奎塔有一个很深刻的观察：民主和非民主国家的界限很模糊。如果胜利联盟的人数很多，那么这个国家就是我们通常所说的民主国家。反过来如果胜利联盟的人数非常少，那么不管这个国家有没有选举，它都是事实上的非民主国家。仁政和暴政之间存在这样的过渡，取决于统治者要收买多少人。如果统治者需要收买全体人民，那么他施行的政策必然符合多数人的利益，这就是仁政。如果统治者只需要收买少数人，那么他一定会为了少数人牺牲多数人的利益，这就是苛政。如果他只需满足他自己的利益，那必然是暴政！

如何通过收买少数人，实现控制多数人？这一套就是帝王之术。帝王之术和帝王之学互相矛盾。帝王之学是想让统治者收买所有人，对所有的老百姓好，但是要收买所有人难不难？举个例子：对于卡莉·菲奥莉娜来说，要让惠普的股价上升当然是对所有的股民好，但是这太难了。我们要把上市公司搞得很好，让股价不断上涨，这非常困难，很多管理者兢兢业业费心费力都干不好，更何况有些人还不想兢兢业业地干。因此对于卡莉·菲奥莉娜来说，收买惠普公司的全体股东非常难，收买少数人就容易多了：直接收买董事会不就行了吗？因此，卡莉·菲奥莉娜在惠普期间推行的就不是仁政，相当于她在上市公司推行暴政，把惠普的股价搞得一塌糊涂，极大损害了股东利益。

我们再来看一个例子：19世纪末的比利时国王利奥波德二世大力推动民主自由，甚至比美国提前半个世纪立法允许工人罢工。他对妇女儿童的保护领先于整个欧洲。比利时1881年就普及了基础教育，确保每个女孩都能上到初中（相比之下，我们国家实现这一点晚了整整一个世纪），并且在1889年通过法律禁止12岁以下儿童工作。在利奥波德二世统治下，国家的经济也获得了大发展，他比罗斯福更早采取建设公路和铁路等基础设施的手段来减少失业和刺激经济。

然而在非洲刚果这个比利时殖民地，他完全是另外一个形象。刚果人，包括妇女和儿童，在利奥波德二世的统治下没有任何人权，完全是奴隶。他们在警察部队的强制下劳动，动辄被施以断手之类的酷刑，有超过一千万人被迫害致死，而这一切都是为了保证利奥波德二世在橡胶贸易中获得巨额利润。

为什么同样一个人可以在一个国家推行仁政，却在另一个国家施行最残暴的独裁？因为在刚果，利奥波德二世只需要让少数人高兴就足以维持自己的统治；而在比利时，他必须让很多人满意才行。客观条件变了，他一会儿施行仁政，一会儿施行暴政，完全取决于需要收买多少人。比利时在刚果的统治是非常残暴的，殖民当局不光砍掉那些不能够完成橡胶采集任务的工人的手，甚至还砍掉他们小孩的手，这比希特勒还残暴！利奥波德二世在刚果只用收买极少数殖民者就可以了，这就是欧洲殖民者对非洲人民的原罪。

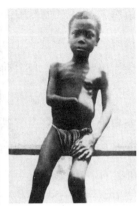

图12　比利时在刚果的残酷统治

德梅斯奎塔提出了保卫统治权的五条原则：

一、要让联盟越小越好。因为联盟人数越少，收买他们要花的钱就越少，越能方便统治者。

二、要让名义选民越多越好。名义选民多，一旦联盟中有人对你不满，你就可以轻易替换掉他。

三、控制收入。领导人必须掌控财源，而且必须掌控钱财的分配。萨达姆上台七年前就已经掌控了伊拉克的石油。

四、好好回报联盟对你的支持。一定要给够，但是也不要过多。

五、绝对不要从联盟口袋里往外拿钱给人民，也就是说统治者绝对不能为了满足大部分人的利益来牺牲少数核心团体的利益。这意味着任何改革如果伤害到联盟的利益就很难进行。恺撒大帝曾经想这么做，他为了解决罗马社会的矛盾，通过分地的立法动议为自己赢得了广泛的平民的支持，结果召来了元老院的保守派的反感。恺撒虽然赢得了内战的胜利，但最终遇刺身亡。历史上的变法者为什么常常以失败告终？因为他们的政策受惠的是所有人，但是受损害者是集中起来的一拨人。表面上看全体人民的力量更大，但是这里有一个搭便车问题：虽然受益的人很多，但是没有人会起来支持你。但是如果少数一些人利益集中受损，他们就有动力联合起来反对你。因此，历史上的变法经常因为得罪了少数人而失败。

胜利联盟是领导人的真正支持者，但由于其掌握推翻领导人的手段，他们也是领导人的最大敌人。领导人对付胜利联盟，除了必须收买之外，还有一个用外人替换的手段：我要收买你，但是如果我收买不成，或者你要价太高的话，那我干脆就把你换了。法国路易十四继位初期，胜利联盟里的贵族都不是自己人，他的做法就是扩大名义选民，给外人进入政治和军事核心圈子的机会，用新贵族替代旧贵族，甚至把旧贵族关起来，使这帮人的富贵只能依靠他。对领导人来说，胜利联盟成员的能力不重要，能力强甚至反而有害，忠诚才是最重要的。朱元璋为什么要屠戮功臣？就是要削弱联盟的能力，同时证明联盟成员是可替换的。我国历代王朝初期都是出现一帮精兵强将，所以才能改朝换代。改朝换代以后，开国皇帝做的第一件事情就是要把这帮人搞掉，因为这些人对皇帝形成了有效的制约，而且这些人特别有能力。唐朝以后的中国皇帝的统治之所以稳定，其中一个原因就是通过科举制度扩大了名义选民，让功臣和贵族始终保持一定的不安全感。

这样的帝王之术的代价是什么？那就是把国家或者组织搞砸。我们来看一下波音公司的例子。近年来，波音公司遭遇严重危机。这与其公司治理结构不无关系。波音董事会有13人，在标准普尔500公司里人数算较多的。这其中有三位董事同时担任卡特彼勒公司的董事，波音公司的董事召集人戴维·卡尔霍恩同时也是卡特彼勒公司的首席董事，另外两位是波音公司的首席执行官兼总裁丹尼斯·米伦伯格，还有马里兰大学的公共政策学院教授，也是布什政府第二任期的美国贸易谈判代表苏珊·施瓦布。波音有两位董事也是万豪国际的董事会成员，分别是大陆航空公司的前首席执行官兼总裁劳伦斯·凯尔纳和苏珊·施瓦布（她也在联邦快递的董事会任职）。有四位董事之前担任过政府官员：2007年退休前，埃德蒙·吉安巴斯蒂亚尼二世曾经担任美国参谋长联席会议副主席，2009年他加入了波音董事会。苏珊·施瓦布于2010年加入董事会，2006年至2009年她曾经担任小布什政府的主要贸易顾问和谈判代表。卡罗琳·肯尼迪于2017年加入董事会，她曾经担任奥巴马政府的驻日本大使。最新选出的董事是南卡罗来纳州的前州长，曾经担任特朗普政府驻联合国大使的尼基·海利。波音的首席执行官兼总裁米伦伯格是内部人士，其余的董事既不能代表股东，也不具备航空业的专业知识。但是在《财富》美国100强中，波音董事会成员薪酬中位数为34.6万美元，排第23位。这样的董事会里面全是CEO的胜利联盟，而且全部要依赖于CEO才能获得高薪。因此他们在董事会里面会尽职吗？

这种高管追逐私利，巩固自身权利的自肥行为非常普遍。在标普500公司中，平均每年有2%的CEO被解职。CEO即使干得很糟糕，也能通过各种方法和董事会勾结起来赖着不走。据学者估算，如果这种行为彻底消失，那么CEO的更换率会上升到每年13%，同时给公司带来3%的价值提升。

## 坏皇帝问题

理论上，一个全知全能的统治者，如果没有各种制衡的累赘，可以做出丰功伟绩。诺贝尔经济学奖获得者加里贝克在他的博客中分析道：有远见卓识的领导人，在专制的政体下，会比在民主的政体下做出更大的成就。因为没有民主体制下对统治者的制衡，他们可以随心所欲地做出非常伟大的成就。但是，英国19世纪的思想家艾克顿勋爵有一句名言：权力导致腐败，绝对的权力导致绝对的腐败（Power corrupts, absolute power corrupts absolutely）。我们一般把corrupt翻译成腐败，但是这个corrupt其实不仅仅是通常字面意义上理解的那种腐败或者贪污受贿，还意味着在缺乏监督的情况下，统治的衰败速度是惊人的。缺少制衡的情况下，即便控制力很强，治理能力也很弱。中国历史上英明神武的皇帝开始的时候很厉害，到了晚年几乎毫无例外地变得非常昏聩，全国老百姓都盼着他死，因为他的统治能力在缺乏制衡的情况下衰败了。

政治学者福山认为，中国的政府两千年来始终没能解决一个问题：坏皇帝问题。理论上，如果没有制约，同时又有个好皇帝，那么中国的统治者可以创造很多奇迹。问题是怎么能够保证好皇帝会源源不断地冒出来，怎么能保证在一个好皇帝之后还是一个好皇帝？纵观中国历史，好皇帝寥寥无几。用金融学的角度看，买中一个涨停板，凭什么说第二天还能买中第二个涨停板？其实都是运气，跟风抢涨停板的投资者最后都会亏钱！

谁来约束统治者？谁来约束CEO？国家治理和公司治理，存在着许多共同点。虽然经过很多努力，但是我国古人最终无可奈何地把这个权力交给了上天，或者说，交给了历史。正义对权势无可奈何，权势对时间无可奈何，唯有时间是最公平的。

从经济学的角度看，时间序列上的威胁不可信，因此难以形成有效制衡。在各种机缘巧合下，欧洲率先发展出了横截面上对统治者的制衡，并产生了深远影响。我们将在下一章对此加以分析。

第八章

# 国家能力：权力的使用（上）

在前两章中，我们讨论了国家构建和国家治理结构当中一个非常重要的问题，即如何约束和制衡统治者。光有对统治者的约束和制衡还不够，我们不但希望我们有一个有限政府，我们还希望我们有一个有为政府。那么有有为政府，或者有为帝王是个好事吗？在今天我们多半觉得是好事，但是如果我们翻看中国的史书，会发现一个很有意思的现象，大臣会常常规劝皇帝，希望他不要有为，守成就可以了，不要打扰老百姓。由于古代没有现代意义上的经济增长，皇帝有为大概率就等于乱作为、瞎折腾。甚至可以说皇帝一有为，老百姓就倒霉。今天看来汉武帝仿佛雄才大略，但是史书上对他评价很低。《资治通鉴》里总结汉武帝，唯一比秦始皇强的地方就是"晚能悔过，顾托得人"，司马光这么夸汉武帝，和指着鼻子骂没什么两样。《三国演义》里的刘备，形象是懦弱的，人畜无害，今天的读者可能不以为然，但是这其实就是几千年来老百姓心中的明君。在这种价值观下，对好政府的判定标准就是老子所说的"不知有之"，一个好政府应该让人民忘却了它的存在："太上，不知有之；其次，亲而誉之；其次，畏之；其次，侮之。"

## 有为政府与国家能力

今天我们的经济和社会发生了很大的变化,市场经济的建立和良好运转,需要一个有为政府加以呵护。过去三千年中,古代中国推崇的是一个无为政府,但事与愿违,秦制下的王权却越来越严厉,形成了一个特殊的现象:帝王在剥削老百姓上有为,在维护老百姓利益上无为。这对市场经济的发展非常不利。

无独有偶,英国大思想家、大经济学家亚当·斯密的看法暗合我国古人的观点。亚当·斯密曾经就如何发展经济给出三条秘诀:"只需三个条件就能把一个国家从最野蛮落后提升到最富裕发达:和平、低税、一个马马虎虎的政府,剩下的会自然而然地发生。"

和平与低税的重要性毋庸置疑,但是第三条秘诀看上去石破天惊。这恰恰反映了亚当·斯密作为大思想家的深邃认知和超人洞察:一个马马虎虎的政府,多半不会过度自信、随意干涉人民生活。而一个顾盼自雄的统治者,例如隋炀帝,多半醉心于各种劳民伤财的空中楼阁,变着花样折腾人民。

政府可以说是一种必要的恶。现代社会科学从如下角度来分析有为政府:首先我们必须考虑,为什么要有国家这么一个组织?是因为国家有其独特的、不可或缺的、不可替代的功能。这个角度和经济学对企业的看法非常类似:企业之所以存在,是因为能够做市场不能做的事情。经济学家科斯年轻的时候在汽车公司实习,他有了一个深刻的观察:既然市场是配置资源的最有效的手段,为什么还要有企业?企业内部不是市场化的,而是指令性的。员工每天的工作不是市场决定的,而是听命于上司。于是科斯从简单而且非常直观的观察出发,从逻辑上推演为什么需要企业这么一个组织,他的答案是交易成本,因为交易成本的存在,使得需要企业这样的组织把这些成本内部化。

类似地,为什么我们需要国家?在远古的三皇五帝时代,我们的古人就有这样的疑问。中国古老的诗歌《击壤歌》中写道:"日出而作,日落而息,凿井而饮,耕田而食,帝力于我何有哉!"对于几千年前的一个农户而言,他完全可以自给自足,因此国家好像跟他没什么关系,"帝力于我何有哉!"。既然和老百姓没关系,为什么要有国家?这和经济学中科斯对于企业存在的提问是一样的。企业之所以存在,是因为它能做市场不能做的事情。国家之所以存在,则是因为它能够做人民不能做的事情。什么事情人民不能做?其中很重要的一件是,人民如果没有组织,就不能自发地提供公共品,这就是博弈论中著名的公地悲剧。这类搭便车的问题,或者说协调的问题,使得人民在一个分散的状态下,没有能力完成某些特定的工作,因此就需要国家。这种经济学角度的分析和洛克对于为什么要有政府的分析是一致的。洛克认为,人最初处于自然状态,但是自然状态有缺陷,不能提供公共品,因此需要一个政府来弥补这些缺陷。

政府或者国家从事人民不能够自发完成的工作的能力,我们就称为国家能力。国家能力是提供公共品的能力,具体而言,现代政治经济学对国家能力的分析,着重强调两个能力。第一个是司法能力,也就是维护公民之间契约的执行,这是国家作为裁判者的能力。这一点可以一直上溯到洛克的思想。第二个是财税能力,指的是国家汲取资源,以从事军事、基础设施建设、再分配等事务,这是国家作为建设者的能力。国家作为建设者要做很多事情,不光是修桥筑路和打仗,最近我们还深刻体会到一个有为政府还必须及时预防疫情或者控制疫情，而在洛克的时代，人们并没有意识到国家需要这种能力。国家从事的这些事务都有一个共同点：需要钱，没钱就不能干这些事情。所以在现代政治经济学里，我们把这些能力归结于国家的财税能力。

纵观人类历史，我们会发现，市场经济在近代的出现，伴随着有为政府的出现，这恐怕不是巧合。市场并不是自发形成的，需要有政府来维护和保护。试想：如果大家随便找个地方摆摊，能形成一个有效的市场吗？如果是一个丛林社会，也许会有地痞流氓来找小贩的碴儿，会有人来欺行霸市，一个公平合理的市场就很难形成。因此我们需要一个政府机构来执法，行使这方面的国家能力。在过去一千年，国家能力得到了充分发展，发达国家的国家能力高于欠发达国家。这种变化和差别在过去一两百年被放大了。

让我们先来看一些统计数字。有学者选取了阿根廷、澳大利亚、巴西、加拿大、智利、哥伦比亚、丹麦、芬兰、爱尔兰、日本、墨西哥、新西兰、荷兰、瑞典、瑞士、英国、美国这些国家，分别看它们的财税收入占国民收入的比例，所得税占财税收入的比例，以及采取所得税直接扣除的国家的比例。研究发现：从1900年到2000年，在20世纪的这一百年内，这些国家的财政收入占国民收入的比例在提高，并且财政收入更多来源于所得税，而不是流转税。那么这些国家是如何大幅度提高对所得税的征收的？从20世纪60年代以后，这些国家都采取了一个非常简单有效的方式：所得税直接扣除，也就是不需要纳税人主动缴税，而是通过雇主直接在工资里面把个人所得税部分给扣除了。我们可以看到：进入20世纪以来，政府的收入在提高，所得税占财政收入的比例在提高，而且各国政府不约而同地加强了对所得税的直接征收，也就是采取所得税直接扣除这种做法。

如果一个政府收税很高,对经济有什么影响?如果我们采取非常直接、线性的外推,我们马上会想到政府不是做蛋糕的,而是分蛋糕的,因此似乎政府收得越多,留给做蛋糕的那个人就越少。如果这样线性外推,很容易得到一个结论:政府收税多,国民收入应该下降。一个顺带的推论是:如果我们要刺激经济增长,就应该不断减税。80年代美国总统里根推行供给经济学,其理论依据之一是所谓的拉菲尔曲线,简言之就是政府降低税率,老百姓欢天喜地,干活更有劲儿了,能把蛋糕做大,这样最后留给政府分的比原来反倒更多了。但是现在我们发现这样的现象可能并不存在,简单的经济学原理放到复杂的现实当中进行简单的外推,不一定能够得到我们希望看到的结果。通过把世界各国根据人均GDP进行分组,我们可以比较高收入国家和低收入国家的财政收入占GDP的比例和人均GDP的关系。在图13中,横轴是人均GDP,竖轴代表税收占GDP的比例,我们可以发现两者的关系是正的,也就是说纵观全世界,人均GDP和政府财政收入占GDP的比例正相关,越富的国家政府税收反而越高。从单一一个国家静态地来看,也许通过减税可以提振经济增长,但是如果我们进行跨国比较,会发现并不是那些政府收入低、征税能力比较弱的国家,就会变得更富裕,恰恰相反,我们看到这样一个现象:政府财税收入在GDP当中的比例越高,国家的人均GDP反而更高!

这种关系当然不能简单地理解为政府拿的越多反而能促进经济增长,我们必须追寻背后的一些制度原因:政府的财税收入占GDP比例高的国家,整体的产权保护水平通常也很高。一个越有

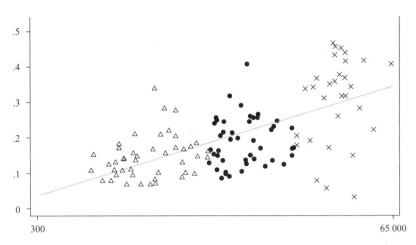

图13 人均GDP和财税收入占GDP的比例高度相关

钱的政府,反而越能够约束自己。或者反过来说,什么样的政府能够方便向国民征税?是一个能够约束自己、保护国民的政府。这个观察和微观经济学分析企业融资是非常像的:什么样的人或者什么样的企业容易借到钱?是无法无天的人更容易借到钱,还是对自己有约束的人更容易借到钱?有人带枪上门问你借钱,借还是不借?可能被迫得借。但是人民不傻,如果能预计到某人想带枪来借钱,最佳策略是早早就躲开。这就是所谓的用脚投票。那么什么样的人容易借到钱?一定有自我约束的人,或者说信用很好的人。类似地,上图的正确解读是:越是能够克制住自己的掠夺之手的政府,反而能够向人民要得越多,经济也越发达。

让我们再把时间拉长,来看随着时间推移,在20世纪的这一百年里,人均GDP和财政收入占GDP的比例的变化:在图14里,三角形代表1900—1939年,黑色的圆点代表1940—1949年,白色的圆点代表1950—1969年,交叉符号代表1970—1999年。横轴代表人均GDP的自然对数的5年移动平均,竖轴代表财税收入

第八章 国家能力:权力的使用(上) 197

占GDP的比例的5年移动平均。我们可以看到：在整个20世纪，不光是人均GDP在不断增长，财税收入占GDP的比例也在不断增长，这是一个百年的大趋势：过去一百年，各国老百姓不光变得更富，各国政府也变得更富，老百姓变富并不是政府少拿钱带来的，而是因为我们出现了有为政府。

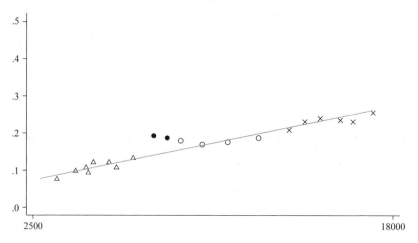

图14　随着时间推移，人均GDP和财税收入占GDP的比例同步提升

我们可以把政府的财税收入分成两部分，一部分是所得税，另一部分是流转税。增值税就是一种典型的流转税，在商品生产、流通、劳务服务中的每一个环节都要交税。我们作为消费者在购买商品的时候，不知不觉承担了流转税，也就是说，对于最终的消费者而言，流转税的税率并不因每个人的财富不同而不同。马云买一个iPad，和普通人买一个iPad，承担的流转税部分是一样的，这似乎不太公平。与之不同的是个人所得税，个人所得税的特点是累进的：赚得多，交得多，这才是公平。流转税相比较就不那么公平了，但是更糟糕的是，有些情况下流转税可能是累退的。首先，从

马云的收入来看，他买iPad时交的税占他收入总数的比例要远远小于普通人买iPad时交的税占他收入总数的比例，所以马云的税率比普通人还低。马云和普通人一样，可能并不需要很多iPad，这还算公平。但是有时候并不如此，举一个最基本的商品为例，比如说盐。盐和其他商品一样，它的零售价格里面也必然包含了一部分流转税。马云需要纳入的盐分远远少于一个体力劳动者需要纳入的盐分：从事体力劳动的人，大量出汗，所以他要补充更多盐分；体力劳动者不光因为生理上的需求让他需要纳入的盐更多，他还更穷，所以他吃不起山珍海味，很可能吃更多的咸菜。这样，穷人因为生理上的需求要纳入更多的盐，而且由于他的消费能力有限，也只能吃那些含盐量高的食品。这样我们会发现富人在盐上纳的税反而比穷人还要少。因此食盐里含的流转税是累退的，这是极大的不公平。目前我们国家的税种大部分其实是流转税，而个人所得税的比例很低。

总体来看，国家越富裕，所得税占财政收入的比例越高：富国的税收结构比穷国更公平。但是谁更需要公平？当然是越穷的人越需要公平，因为他们能够分的蛋糕很少，因此怎么分蛋糕非常重要。但是在现实中，越需要公平的地方，税收结构反而越不公平。值得庆幸的是，这种不公平的趋势，在过去一百年里面逐渐放缓。随着时间的推移，各个国家越来越多地依赖于直接征税，也就是所得税。我们的税制在过去的一百年里面变得越来越公平。

## 战争与国家能力建设

我们不仅要限制统治者的权力，还要让他们有足够的财力提供公共服务。一个有关问题是：什么样的情况下统治者有动力提供公共服务，会积极发展国家能力？具体而言，如果你是统治者，你为什么要救灾，为什么要提供义务教育，为什么要保护公民私有财产？这一系列的问题都可以指向一个共同的答案：当统治者不得不这么做的时候。统治者面对的最大的刺激因素就是应对战争的需要。战争为国家进行改革提供了契机。国家必须聚集资源支持战争，这促使统治者将税收用于国家能力建设。战争可以帮助统治者实现财政的中央集权，优化税务管理，推行新的税种。财政创新往往也伴随着国家机构的完善和预算编制水平的提升。长期来看，统治者要征收更多税收，势必要向被统治者让步，这促进了对权力的制衡，发展出宪政体制。战争结束后，财政创新和宪政体制可以继续发挥作用，推动长期经济增长。

请注意一点：这里我们强调的是长期均衡。短期和长期不同，短期来看统治者要征收更多的税，有更简单的办法。我们不要忘了，统治者垄断了暴力，他完全可以带枪明抢。我们已经问了这个问题：短期来看，有人带枪上门向你要钱，给还是不给？很无奈，我们只有把钱交出去。但是经济学里面还有个更好的理念和分析框架叫作长期均衡：长期来看，如果统治者不向人民让步，不保护人民的权益，人民会想尽一切办法逃税，不交钱给统治者。这样一来，最后幸存下来的统治者一定能够维持对自身权力的制衡。因为虽然他可以抢一天，抢一个月，抢一年甚至抢十年，但是他没有办法做到连续几十年抢劫老百姓。统治者如果这么干，就是个暴君，最后一定是天怒人怨，被人消灭。因此在这种类似进化的压力下，统治者如果想要有效维持其统治的话，必须对被统治者让步，形成对权力的制衡和制约。也就是说，长期来看，如果统治者想向人民征税，他会发现，先把自己关进笼子里，再来向人民要钱，反而更容易拿到钱。那么怎样才能把统治者关进笼子里？这就要靠近代以来发展出的宪政体制。

很遗憾，这个推导过程过于简化了，而所谓的长期，其实是一个有误导性的概念。经济学家凯恩斯有句名言：长期来看，我们都死了！统治者往往考虑的只是短期。尤其是古代人均寿命可能就三四十年，事实上中国很多皇帝三四十岁就死了，根本想不到那么远，所以他宁可追求短期。伍子胥去鞭楚王的尸，别人劝他不要这么干，他说自己"吾日暮途远，吾故倒行而逆施之"，时间不多了，没法考虑长远，得赶紧干。或者像法国皇帝路易十五说的：我死之后，哪管洪水滔天！从另一个方面来说，即使统治者能想那么远，未来对现在的影响可能也并不大。在现代金融学课程里面，第一部分内容就是货币的时间价值：今天的一块钱和明天的一块钱不等价，未来的现金流必须经过贴现才能和今天的现金流对比，未来越遥远，贴现率就越大，折算到今天的价值就越小。经过贴现后，在统治者心里的计算中，未来的占比可能非常小。

因此，约束统治者的机制之所以能够扎根，生效，并不能完全依赖统治者的长远眼光，更何况统治者通常都短视。正如黑格尔所言：人类从历史当中吸取到的唯一的教训是人类从来不会从历史当中吸取教训！那么近代以来，为什么能发展出限制统治者的宪政机制？这套机制为什么会有效？这不是靠统治者自己的长远眼光和自我约束，而是靠进化：在欧洲经过军事革命以后，有连续几百年的战乱，凡是不具备长期眼光的统治者，他们都完蛋了！著名物理学家普朗克曾经说过，一个新理论被人接受，不是因为反对它的人改变了立场，而是因为反对它的人都已经老死了。类似地，宪政体制在过去几百年为什么能够大行于世？我们没法指望那些老顽固转变信仰，但是他们无一例外都被历史淘汰了。清华大学一个很著名的口号是为祖国健康工作五十年。健康工作五十年为什么那么重要？当你发现有些人不能够转变观念的时候，你别想着转变他们的想法，因为一个人的世界观人生观在他二十多岁的时候就已经形成了。你唯一能做的是健康工作五十年，把他们都熬死。

经济学理论告诉我们，对融资者的制约，最终有利于他进行融资：代理问题会导致代理成本，而理性的投资人会预期到这些成本，因此会将这些因素包含在定价中。例如，债务投资人担心资金被滥用，企业逃废债，因此将债券价格压低，或者干脆不借钱。这样，由于投资者可以用脚投票，代理成本最终由融资者承担。正因为这些成本由融资者承担，融资者就有动力减少这些成本，会采取一系列措施限制自己的行为。例如，保持资产的良好状态，及时提供审计后的财务信息，及时披露重大事项，承诺不应支付超过某个具体数额的红利，限制发行新债的数量，等等。也就是说融资者通过一系列承诺和合约，主动把自己的权力限制住，把自己关进笼子里。在这样的情况下，债务投资人才愿意以一个比较好的价格购买他们的债券。

类似地，在国家发展中，对权力的制约，有利于对权力的信任，最终有利于权力的有效实施。当然，在资本市场中均衡的形成非常快速，在国家发展中均衡的形成非常缓慢，而且经常伴随腥风血雨。谁都赞同把权力关进笼子里，但是在现实中，统治者嘴里说把权力关进笼子里，心里想的可能是把别人的权力关进笼子里，然后钥匙自己拿着！

从历史上看，政治均衡的形成是很缓慢的，在欧洲花了好几百年的时间。促进这一均衡形成的最大的直接外部因素是战争。在第二章中,我们讲过,战争是促使欧洲现代民族国家形成的最重要的推动力。1500—1700年,欧洲的强权95%的时间都在打仗,欧洲的战争的频率只有到了19、20世纪以后才下降。如下表所示。

|  | 战争数量 | 战争持续时间(年) | 战争时间占比(%) |
| --- | --- | --- | --- |
| 16世纪 | 34 | 1.6 | 95 |
| 17世纪 | 29 | 1.7 | 94 |
| 18世纪 | 17 | 1 | 78 |
| 19世纪 | 20 | 0.4 | 40 |
| 20世纪 | 15 | 0.4 | 43 |

**表1　五百年来欧洲战争频率**

连年征战,使得欧洲各国的军队规模不断膨胀。1550—1780年,英国军队规模膨胀了3倍,法国军队规模膨胀了5倍,奥地利军队规模膨胀了25倍!按照我们中国的标准来看,他们是典型的穷兵黩武。这两百年的征战,就是欧洲的春秋战国。其中有些国家在争霸中落伍了,例如奥斯曼土耳其在1550年的时候有9万陆军,5万海军,到了1700年,土耳其的陆军扩大到了13万人,但是海军的规模反而缩小了。这和基督教国家的军队规模不断膨胀形成了鲜明对比。

为了维持这么大的军队,各国需要支付巨额军费,财政收入必须要随之激增。以英格兰、法国和奥地利为代表,从1500年到18世纪末期,这些国家的财政收入大幅增长。但是有些国家力不从心,例如波兰、奥斯曼帝国,以及威尼斯、西班牙。西班牙在早期由于美洲金银输入,有着很高的财政收入,但是进入17世纪以后,西班牙的财政收入反倒经历了一百多年的下降。财政收入的变化也反映了这几百年当中,欧洲的地中海世界和大西洋沿岸国家风水轮流转,群雄的国运此起彼伏。

这些国家财税能力的提高,不仅来自经济增长,很大程度上也来自税率的提高。总体看来,凡是有能力大规模提高财政收入的国家,它们的税率都在上升。这跟我们中国古代传统的儒家思想是恰恰相反的。中国古人一直主张低税率,《论语》里记载着这么一个故事:

哀公问于有若曰:"年饥,用不足,如之何?"有若对曰:"盍彻乎?"曰:"二,吾犹不足,如之何其彻也?"对曰:"百姓足,君孰与不足?百姓不足,君孰与足?"

国王担心财税收入不够花怎么办?一位贤者说你应该把这个税率减半。国王一听急了,说我现在收的税都不够花了,凭啥要我减半,我岂不是更不够用了?这个贤者教育他:老百姓富了,国王的征税怎么可能不够呢?但如果老百姓都入不敷出了,国王从哪里才能收到足够多的税?所以最重要的是老百姓富足,而不是君主。这真是非常伟大的思想!但是世界进入近代以后,和孔孟的时代有了很大的不同。税率越高,财政收入增长得越快,国家反而越富强。当然,这并不意味着简单地提高税率能够富国强兵,而是反映了这些国家通过制度变革,能够上下同欲,既充实了国库,又提高了经济水平。

回顾欧洲五百年来的血腥征伐,我们可以看到:如果不能有效提高财税收入,昔日的强权最终会衰退,甚至亡国。例如西班牙、威尼斯、奥斯曼土耳其、波兰。在这一时期,80%以上的财政收入被用作军费开支。在战时,军费开支经常超过财政收入。16世纪一位西班牙军官这样写道:谁有最后一个铜板,谁就能在战争当中获胜!

军事革命的出现,使得战争变得昂贵,财政收入对战争越来越重要。历史学家发现,在1650年之前,更富裕的国家在战争当中并没有优势,中国也一样,更富裕、更文明、更先进的中原王朝,经常被更落后、更贫穷、更野蛮的草原民族打败。但是在1650年以后,更富裕的国家的胜率是它们对手的三倍。在1650年前,更多的财政收入并不能提高战争的胜率。平均而言,更富的一方只有20%多的胜率,大部分情况是求和甚至落败。这种情况在1650年以后发生了改变,财政收入更高的一方的胜率平均是60%左右。而当双方的财政收入的差距很大的时候,富裕的一方几乎可以百战百胜。为什么会这样?因为出现了军事革命以后,打仗不再靠冷兵器,不再靠人多,不再靠谁更野蛮,而是靠谁更文明。军事革命后所有的军事发明都是大脑创造的,而不是双手创造的。但是对这些军事发明的使用需要大量的钱。1650年以后,也就是明清易代以后,文明对野蛮在军事上有了一个显著的优势。中国的大悲剧是没有赶上这个变化,倒在了黎明前。

财税能力增强军事实力,军事实力反过来又带来财政收入:割地、瓜分殖民地、战争赔款等。1500—1780年欧洲各国有42次主要和约,一共重新划分了2060万平方公里的土地,占地球陆地面积的14%! 1756—1763年,英国、普鲁士同盟与法国、奥地利、俄国同盟为争夺殖民地和欧洲霸权开战,又被称为七年战争。有人认为七年战争是第一次世界意义上的大战,因为这场战争不光是在欧洲打,还在小亚细亚乃至孟加拉打,全球各地都爆发了战争。最后英国和普鲁士同盟获胜了，普鲁士的腓特烈大帝重新占领了萨克森、梅克伦堡、波美拉尼亚等地，获取了5500万—8200万银圆，足以支付1/3—1/2的战争费用。所以越有钱，就越有利于打仗；越有利于打仗，就会变得越有钱，形成了一个良性循环。而财政收入少的那一方，由于军费有限，因此在战争中处于劣势，打输后不得不赔款，进一步加速它们的衰退，甚至灭亡。军事革命的出现，导致了对财政的依赖，加速了各个国家在制度层面的竞争和进化。

那么国家怎样才能够有很强的征税能力？1800年之前，大部分欧洲国家的财政系统并不集中。例如，当时法国国王需要和各地的精英就税收问题讨价还价，因此各地的税率并不统一。这就像我国20世纪80年代的财政包干制，中央向地方征税需要跟各个省讨价还价，到了90年代初实行了分税制改革后，才巩固了中央财权。这其实是经济学当中的公共品问题：各方都想搭便车，不愿多交税。今天我们看互联网上有些言论，抱怨广东或者上海交的税养了全国好多省，这些言论背后的心态跟法国大革命前法国各个行省的心态是一样的，谁都不想多交钱。因此，欧洲各国国王能够征收的税收非常有限。

与之相反的是：当政府可以从各地以统一的税率征税时，财税集中制就出现了。欧洲国家在1800年以后，纷纷转向集中的税收体制。英格兰在诺曼征服后就保持着集中的财税制度，而法国则要到法国大革命后才形成统一的全国税收。

这种财政集中制如何在欧洲形成？英格兰在1066年诺曼征服以后，英国各地的财政权就被英国国王收回去了，足足比其他欧洲国家领先了近八百年。这一变革在其他国家出现得更晚：法国一直要等到大革命之后，荷兰要在1806年行政改革以后，普鲁士、西班牙、奥匈帝国都要等到19世纪。

地方的精英为什么那么自私？为什么谁都不想多交钱，谁都想搭便车？理论上，各地精英也能受益于集中的财税制度：在这种情况下，中央政府可以有足够资源提供公共品。最重要的公共品就是战争，这是所有人都受益的。但是如何保证中央政府不滥用资源？中央收了地方的钱，用来提供公共服务来保护地方，地方当然乐意；但如果中央收了地方的钱去乱花，地方就不乐意了。因此如果地方心甘情愿让中央收税，甚至收重税，就需要建立对中央的有效制约。在这种情况下，有限政府就应运而生了。这就是所谓的无代表，不纳税。因此，我们不难理解，王权统治下的法国和西班牙的税率，反而低于议会民主制下的英格兰。表面上看：既然国王的权力那么强，为什么国王无法征更高的税？反而是实行了议会民主制以后，国王的权力得到了制约，我们惊奇地发现国王反而能够收更多的税了！正如当只有债务人向债权人提供各种各样的保障，把自己锁进制度的笼子里时，他才能够顺利借到钱。这背后的逻辑和机制是一样的。

为什么国王愿意接受这样的安排？国王或者统治者的目标是什么？如果就是为了好吃好喝个人享受，统治者完全可以不用接受对自己权力的制约。如果统治者只是为了个人享受，就算民不聊生，他也能够收到足够支持自己奢华生活的税收。当然，统治者通常能收到更多，但是这并不一定能让他享受更多，因为他一天也只吃三顿饭，晚上睡觉也不过一席地。那么当时欧洲的国王为什么不选择继续维系其专制统治？毕竟，就算专制统治下臣民不愿多交税，搜刮上来的税收也足以满足国王的消费需求。一个可能的原因是：中世纪后，欧洲的战争发生了很大的变化，政治生态也发生了很大的变化,打败仗的欧洲国王常常会被迫退位。而在这之前的封建贵族制度下,国王就算在战争中打输了,还能继续当国王,继续享受奢华生活。十字军东征的时候,英格兰的狮心王理查在班师回国途中被扣留了,过了好多年才回到英格兰,然而他还能继续当英格兰国王,只有在封建贵族制度之下,这种情况才能出现。当脱离了贵族制以后,这种情况就消失了。明英宗在土木堡被抓,明朝的大臣迅速立了一个新的皇帝,因为中国到明朝的时候,离封建制已经有差不多两千年的距离,政治逻辑完全变了。在欧洲,军事革命伴随着封建制的消亡,欧洲的国王发现他们的命运发生了改变:跟中世纪不一样,如果打仗输了,中世纪的国王还是国王,但是中世纪之后国王打输了就得退位,就无法财务自由了。这样,国王有强烈的动机扩充财源用以打仗,宁可接受议会的制衡,也要保证有充足的财源。他迫切需要打胜,或者说他迫切地希望自己不打输。

在战争这个外因的刺激下,宪政民主在欧洲各国陆续建立。荷兰共和政体在1572年就成立了,因此荷兰很早就对政府权力有着很强的制约,虽然后来也有一些反复,荷兰通过1848年的新宪法最终把对政府权力的限制落实下来。英格兰不光是最早实行财政集中体制的欧洲国家,还是最早通过宪政体制对王权实现有效制约的欧洲国家。1688年英格兰光荣革命,人类历史上第一次形成对政府权力的有效制约。其他欧洲国家大概到了19世纪,才逐渐把对政府权力的制约给固定下来。

为什么在近代,欧洲兴起,中国没有跟上?经济史有一种说法,中国离工业革命只有一根头发丝的距离,但是我们错过了,这是为什么?这背后有无数的偶然因素,无数的必然因素,但是我们从国家能力的角度看，英格兰是最先实现对政府权力实行有效制约的国家，它也是最先实行有效的中央集中财税体制的国家，正好也是欧洲国家中最有效地使用暴力的国家。当你有钱有枪的时候，你自然就发达起来了。从这个角度看，清朝缺乏对王权的有效制约，无法实施有效的中央税收体系，因此军事力量薄弱，一再被帝国主义欺凌。

我们来仔细看一下对政府权力的限制如何有利于财政体制的改革和财政收入的增加。首先看英国，英国在1680年以前是集中的财税体制，但是对政府的权力没有有效制约。光荣革命后，英国实现了对王权的有效制约，在之后漫长的一百多年里，英国的人均财税负担稳步上升。人均财税负担上升，并不意味着英国人变穷，增加的财税用于日不落帝国全球扩张，为英国资本主义开拓了广阔的海外市场，反过来又提高了国民收入。

再看奥匈帝国。奥匈帝国在1850年之前是分散的财税体制，同时又有一个无限的威权政府。1850年以后，奥匈帝国的财税体制变成了集中体制，但是它的政治体制仍然缺乏对政府权力的制约。1866年以后，奥匈帝国也引入了宪政体制，变成了有限政府。随着这两次变革，奥匈帝国的人均财政收入也出现了大幅度的提升。

接下来看普鲁士。普鲁士在19世纪之前大部分时间既有分裂的财政体制，同时又是中央集权。缺乏制约的政府，加上一个分裂的财政体制，这是典型的强政府，弱治理，就像有人评价今天的俄罗斯：强人政治伴随着孱弱的国民。在1800年以后，普鲁士的财税体系得到集中和强化，因此国家的税收有所增加。1850年以后，普鲁士也实现了宪政体制下对政府的有效制约，普鲁士的人均财政负担也随之大幅上升。

总之，战争的迫切需要，使得政府要加强财政汲取；为了加强财政汲取，就要发展国家能力；为了发展国家能力，政府要向人民让步，从而形成有限政府。在欧洲的历史上有为政府和有限政府的出现紧密相连，政府不有限，就没法有为。

一个相关的问题是：19世纪以来，新兴的亚非拉国家纷纷出现，它们也打了一系列的战争，但是为什么战争没有促使这些新兴国家的国家能力建设？其中一个可能的原因是：这些国家很多是资源型国家，依赖于自然矿产，统治者直接抢就行，不用费劲发展国家能力。例如，秘鲁在19世纪有大量的鸟粪，在化肥没有大规模运用前，这是提高农作物产量的最有效的肥料。秘鲁政府靠出口鸟粪就可以轻松获得大量资源，没有动力发展国家能力。统治者并不一定高明，有的甚至见识浅陋。一个英国探险家观察了秘鲁政府的行为，惊叹道：任何一个明智的政府都会意识到资源是有限的，但是秘鲁政府看上去好像认为这些鸟粪是无限的！秘鲁政府不断地无节制地增加政府的各项开支，而且还废除了其他税收！智利也是如此，在1900年，硝酸盐和碘肥收入占智利财政收入的一半。智利政府无须现代财政体制就可以满足自身扩张的需要，自然也不需要倾听人民的呼声。

类似的事情不断上演。2000年，索尼公司推出了新一代游戏主机：PlayStation2，制造它的关键材料是钽，钽矿的价格因此直线飙升，从每公斤90美元一路飙升到了每公斤590美元。但是，PlayStation2在圣诞节销售中遇冷，钽矿石价格随之暴跌。同时，全球经济衰退，投资者为规避风险，大量购入黄金，令国际金价大幅上涨。这两次事件使得刚果东部的采矿业急速成长，钽矿和金矿被纷纷开采。

在矿石利益的吸引下，刚果当地的武装分子变身为坐寇，开始征税。钽矿和金矿有着非常不同的特点，导致了武装分子的不同统治策略。钽矿石的特点是体积庞大，不容易隐藏，因此不容易躲过武装分子的抢劫；金矿石的特点是体积很小，容易隐藏，因此很容易躲过武装分子的抢劫。对统治者而言，两种资源，一种容易掠夺，一种不容易掠夺，统治者的行为因此有所不同：在金矿区，武装分子不在采矿区收税，因为工人很容易偷偷把金子带走，收不到税。武装分子选择在工人生活的村庄收取消费税（菜市场摊位费）、人头税，向矿工收取采矿许可费，从而间接地对淘金者的收益征税。在金矿区，武装分子发展出一套复杂的税收系统，以及相应的行政和司法系统，国家能力得到了发展。而在钽矿区，武装分子做的事情就简单多了，他们直接对矿石产出征税，因为钽矿就像煤矿、铁矿一样，体积庞大，无法隐藏，能够清楚地看到产量。不仅如此，他们还摧毁了原有的行政和司法系统，因为这些不利于他们强抢钽矿石。

从刚果的这个例子里面，我们可以发现：什么时候统治者愿意和被统治者同呼吸，共命运？答案是当后者的资源不容易被掠夺的时候。为什么刚果金矿区的统治者看上去对老百姓好一点，钽矿区的统治者更加恶劣？分析刚果这两种不同矿区的武装分子的不同策略，我们会看到，当老百姓拥有的资源不太容易被剥夺的时候，统治者愿意约束自己，会更容易为被统治者着想。因为只有这样才能够征收到更多的税，对统治者是有益的。但是当老百姓的资源很容易被掠夺的时候，统治者会更倾向于当一个单纯的掠夺者。

类似地，中国老百姓作为被统治者，我们最主要的资源是什么？或者说，中国最大的资源是什么？我们从中学地理课上就知道，中国有960万平方公里，地大物博，但是除以14亿人口，人均资源很匮乏。按人均而言，我们没有什么矿，我们还是世界上最大的石油进口国和铁矿石进口国。我们最大的资源是人力资本，是14亿勤劳勇敢的人民，而人力资本是不可剥夺的。所以从这个角度来看，中国先天的资源禀赋决定了我们的统治者必须和被统治者一条心，国家才能发展好，而这同时也是对统治者有利的。因此，自古以来，我们的理想政府就必须施行仁政。当然，有时候有些统治者不够聪明，不能意识到这一点。

除了自然资源，统治者还有一个很容易利用的资源：通过滥发货币来收铸币税。在19世纪20年代，阿根廷与巴西展开战争。为了支付军费，阿根廷政府疯狂印钞。在布宜诺斯艾利斯，1盎司黄金价格从1826年的17比索涨到了1830年的112比索。巴西政府也同样如此，这一时期巴西的雷亚尔贬值一半。1864年至1870年，巴拉圭与三国同盟（巴西、阿根廷和乌拉圭）之间爆发战争。这是南美洲历史上最致命、最血腥的国家间战争。为了支付军费，南美各国纷纷滥发货币。1864年巴西有2900万流通的雷亚尔，到了1870年，这一数字涨到1.51亿。滥发货币导致的通货膨胀是一种累退税，对穷人最不公平，极大损害了这些国家的国家能力。

除了资源税和铸币税以外，统治者还有另外一种方法，可以让他们无须依赖于发展自身的国家能力，也能轻松获得财政资源，用来支付战争费用，那就是利用国际金融市场。19世纪出现了一大批亚非拉现代国家，这一时期恰逢第一次金融全球化。工业革命后的经济和金融发展带来了蓬勃发展的国际资本流动，跨境贷款迅速增加，以占GDP的比重来衡量，跨境贷款在19世纪80年代的规模是100年前的3倍。不仅如此，这些贷款成本十分低廉。15—17世纪，英国的平均利率为7.78%。19世纪的金融发展使得利率不断下滑，这一时期拉美国家的国际贷款利率从未超过6%。因此许多国家以国际贷款支撑战争。更加便捷的外部融资手段削弱了新兴国家扩大税收和发展国内信贷体系的动力，打破了战争与国家能力建设之间的关系。

这些新兴国家的信誉并不好，但是为什么借款利率还这么低？其中一个原因是，当这些新兴国家政府面临违约时，它们往往用土地、国家垄断经营权以及其他国家资产来补偿债权人。这种掠夺性的债务加强了统治者对资源的依赖，而不是发展长期能力。这听上去就好比校园贷一样：借钱给大学生，供他们高消费，当大学生还不起钱的时候，抓住一些把柄，逼迫他们问父母要钱。陷入校园贷陷阱的大学生，钱来得太容易，是不会好好学习发展自己的人力资本的。

当时英国是国际金融中心，其对外投资占世界50%以上，最高时甚至接近80%，被称为"世界银行家"。但是，英国的金融波动乃至金融危机也会不可避免地波及全世界。19世纪英国经历了几次股灾和金融市场危机，每一次金融市场危机都伴随着英国对外资本输出的减少。

我们可以把19世纪分成两个时期：非国际金融危机时期和国际金融危机时期。在非国际金融危机时期，亚非拉国家的政府和军阀可以很方便地从伦敦金融市场借钱打仗。在这一阶段，我们可以看到战争持续时间越长，税收占GDP的比例反而越低，也就是说战争并没有促使这些国家的国家能力发展。但是在国际金融危机时期，拉美国家被迫依赖本国税收来打仗。因此在19世纪国际金融危机时期，我们会发现拉美国家持续的战争时间越长，税收占据GDP的比例越高，也就是说战争促使他们发展国家能力。因为在这一时期，他们没有地方可以借到外债。

不仅如此，为了能够顺利收到税，拉美新兴国家同样也必须发展出国家能力，而国家能力又有着长远的影响，即使在战争结束后也是如此。这种影响甚至延伸到20世纪。有学者发现，在19世纪，如果拉美国家在国际金融市场蓬勃发展的时候打仗，它们在20世纪的税收中非流转税的比例就比较低，说明它们的征税能力比较弱，不得不更多依赖于间接税。相反，如果拉美国家在国际信贷中断的时候打仗，那么它们在20世纪中，非流转税在税收收入中的比例就比较高，这说明它们的征税能力比较强，可以直接征收所得税。

为了征税，必须要发展国家能力，其中一个先决条件是要形成权力制衡，否则被统治者就不愿意缴税。由此形成的国家制度有着绵延不断的影响。如果我们对国家的权力制衡体制做一下分析，就会发现一些有趣的现象。拉美国家如果在19世纪中的国际金融资本流动充沛的阶段打仗，到了20世纪初，这些国家对政府的制衡是比较弱的。但是如果它们在没有国际金融市场的情况下打仗，打完仗以后发展出来的对政府制衡的制度相对较强。为什么会这样？因为长远来看，只有形成对统治者的强制衡，才能够顺利征到税。因此，为了在没有国际金融支持的情况下打仗，这些国家的统治者被迫将自己关进笼子里，以便更好地向人民要钱。

不仅如此，这些19世纪末、20世纪初形成的政治结构，有着更长期的影响，即使我们把时间拉长到一个世纪后，仍然如此。在今天，这些拉美国家中，有的国家政府的权力制衡相对完善，有的政府的权力制衡很少，从某个角度上来看，这种区别可以追溯到这些国家在一个多世纪前诞生的时候，是用的老百姓自己的钱打仗，还是用的国外寡头的钱？研究者发现：凡是当初依赖国外寡头的金融资本打仗的国家，都没有兴趣制约统治者权力，发展国家能力，这种特点绵延到了21世纪。

第九章
# 国家能力：权力的使用（下）

有为政府必须有强国家能力，这需要丰厚的财税。这让人想到一个问题：中国古代为什么总体来看税收很低？有如下几个可能的原因。

首先，我们有非常根深蒂固的文化传统，认为政府应该采用低税的政策。历朝历代，凡是希望提高税收的政策，大部分情况下都会遭到激烈反对，凡是轻徭薄赋的政策，都会受到一致赞扬。我国古人对于帮政府敛财这件事情高度警惕，非常反感。能帮助君王提高财税的，几乎就等同于奸贼：

> 今之事君者皆曰："我能为君辟土地，充府库。"今之所谓良臣，古之所谓民贼也。君不乡（向）道，不志于仁，而求富之，是富桀也。"我能为君约与国，战必克。"今之所谓良臣，古之所谓民贼也。君不乡（向）道，不志于仁，而求为之强战，是辅桀也。由今之道，无变今之俗，虽与之天下，不能一朝居也。（《孟子·告子》）

这种思想有着深刻的时代背景。古时候没有我们现代意义上的经济增长，政府收税只是一个单纯的分蛋糕的过程，对做大这个蛋糕没有帮助。我国古人认为天下的财富是恒定的，政府多拿一点，老百姓就少拿一点。以当时的经验来看，这其实是对的，在过去几千年里面，人类没有现代意义上的经济增长。我们读古诗就知道，其实唐朝、宋朝的农民在太平盛世的时候过得也还不错："故人具鸡黍，邀我至田家"；"莫笑农家腊酒浑，丰年留客足鸡豚"。农村里也是有酒有肉，招待客人花样还挺多。也许谈不上多好，但是后世能超过这个生活水平的时代并不多。

只有伴随着现代意义上的经济增长，政府才有了促进经济增长的功能。而在市场经济出现之前，政府收税，等同于从老百姓的口袋里面抢东西。因此我们的古人认为政府应该少收税，因为政府收少了，老百姓就多了，只有政府收得少，老百姓才能够活得更好。正是出于这样的观点，北宋司马光对王安石变法提出激烈批评："天地所生财货百物，止有此数，不在民，则在官，譬如雨泽，夏涝则秋旱。"这是典型的在静态的农业社会得出的经验教训。

古代中国低税另一个可能的原因是，大一统的和平使得统治的固定成本（也就是战争的需要）可以被摊薄，因此无须高税。中国在古时候能够保持一个相对来说大一统的和平环境，战争的次数和伤亡人数跟西方比起来要少很多，战争的威胁总体来说比较小，自然也用不着加强财政汲取。大一统还类似保险机制：一旦某地出现军事威胁，可以从其他地方调取所需的资源，这样也不需要提高税收。此外，在热兵器和军事革命出现之前，财政实力并不一定能够转化成军事实力。过去三千年里对中原王朝造成重大军事威胁的草原民族，并不是很富裕的民族，它们的财政实力是很弱的。同样地，在这样的情况下，统治者要应对战争的威胁，也并不一定需要他们加强税收能力。

最后一点就是制度上的原因。即使统治者要多收税，也很难收到。当人民缺乏对自己利益的保护的时候，他们便不愿意向投资者多交税，由此形成的均衡就有可能是我们看到的中国古代保持低税率的状态。一个耳熟能详的说法叫无代表，不纳税，统治者收别人的钱就要给别人一定的权利作为交换。但是，我国长期以来对于王权的制约比较弱，在这种情况下，王权要去收税，反而会变得比较难。

综合以上原因，黄仁宇说的"数目字管理"就无法建立起来。什么是数目字管理？某种意义上就是建立一个现代财政体制，增强国家能力建设。政府在什么样的情况下需要数目字管理？汉初的官方政治理念是黄老的无为而治，一个无为而治的政府，显然不需要进行数目字管理。它的功能是很有限的，君王只要垂拱而治就行了。随着时间的推移，政府的功能越来越复杂，只有这个时候，一个有为政府才显得特别的重要，才需要黄仁宇所说的数目字管理。

我们回顾一下之前的内容：为了应对战争，各国就必须发展国家能力，或者反过来说，没有能够发展出高效国家能力的国家在战争中消亡了。这有点像是生物学中的进化论：物竞天择，没有能够适应时代发展的，最终就被淘汰了。这是欧洲在过去五百年间发生的事情。中国历史也是类似：战国时期，各国纷纷转向编户齐民，加强汲取能力。同样的目的，同样的社会、经济以及政治环境，让战国七雄自然而然地做出了非常类似的选择。这其中秦国做得最出色，秦国最终统一中国。

两宋时期财税实力大增，出现了各种制度创新，可以看成是中原王朝在北方草原民族战争威胁下，被迫进行结构改革以应变。宋朝是世界上第一个以非农业部门为主要税收来源的国家，从这个意义上说，宋朝是最早告别古代的国家（但是我们起个大早赶个晚集！）。宋朝的工商税占财税总收入的比例一直到晚清才被超过。

明朝初年的洪武体制是复古的，回到了实物征收，这是一个落后的、去货币化的体制。朱元璋死后，明朝的大臣开始对此进行改革。万历年间推行一条鞭法，走货币化路线，这和明朝为了应对倭乱有关。可见，和西方一样，中国的这种国家能力的建设，以及财政体制的重大改变，都是在面临重大外部威胁的情况下做出的。中国为什么搞改革开放？邓小平说，改革也是一场革命。正如西欧、春秋战国、明朝一样，因为面临着重大的战争威胁，所以才要被迫起来进行重大改革。今天中国已经是坐二望一的大国，但是整个八十年代，我们在谈论的一个重要话题是中国会不会被开除球籍。什么叫开除球籍？就是地球上没你这个国家了。因此中国搞改革开放，真是在生死存亡之秋才会进行这种重大改变。

我们回头来看，清朝的国家能力是非常羸弱的，清朝是中央集权统治登峰造极的朝代，但是它同时恰好又是国家能力非常弱的一个政权，这背后有着很深刻的制度原因。整个清朝将近三百年，始终缺乏政权的合法性，清朝的统治者始终有着这种焦虑，更加不愿意建立起对皇权的制约，因此也就没有办法建立起合理的财政体系，尤其是无法理顺中央和地方的财政关系。

## 中国古代的国家能力建设

纵观历史，国家能力建设可谓谋事在人，成事在天：应对失措，国家必然失败，但是应对得当，也未必能够成功。这一节中，让我们来看一下中国古代的国家能力建设。

中国的政治经济等诸多领域在唐宋之际发生了根本性的变化，这被称为唐宋变革。我们关注其中的军事和财政方面的变革。在安史之乱爆发之前，唐代军事制度以大规模兵役和实物经济为核心。府兵制下，府兵不是常备职业军人，只有在战争需要时才编入军伍。和这种军事体制相适应的财政体制就是唐初的租庸调制度，租庸调制以实物租税和老百姓服力役为主要特点，以适应这样的需要。在这种体制下，老百姓的自由很少，完全依附于国家。杜甫的名作《石壕吏》就描写了国家征召老百姓服役，甚至连老太太都不放过的情形。

安史之乱后，唐代军事动员体制经历了革命性的变化。激烈的战斗使得各方竭力招募大量军人，推动了军队的职业化。唐末和五代的二百年内乱，使得藩镇和各种割据势力高度依赖职业雇佣兵，财政压力越来越大。如果我们仔细看安史之乱后的各种战乱，就会发现这些战乱和唐初的战争很不一样：唐初的战争是大规模的骑兵战争，老百姓自己养马，需要打仗的时候自己骑着马去打仗。但是到了中唐以后，中国发生了大量的城市攻防战，安史之乱中著名的睢阳保卫战，以及入选中学课本的《李愬雪夜入蔡州》，都是攻城战。这样的战斗需要大量的军队，耗资巨大，这样就推动了军队的职业化。中晚唐可以说是中国历史上第一次出现职业军人的时代。当时有一支很有名的职业雇佣军——魏博牙兵。魏博牙兵不忠于任何人，包括他们自己的将领，他们只有拿到钱，才替人打仗。不光是中央政府对这些职业军人没有控制力，连藩镇对他们的控制力也很弱。

晚唐的内乱，使得朝廷和各种割据势力高度依赖职业雇佣兵，财政压力越来越大，财政的需要迫使国家汲取能力做出相应的调整，于是租庸调制被废除，两税法开始实施。以人丁为基础的租庸调制的前提是均田制。均田制下，老百姓的田亩是一样的，因此按照人头收税。安史之乱爆发后，由于百姓流亡和土地兼并现象愈演愈烈，均田制瓦解，两税法就诞生了。两税法以人户资产为基础，以征收铜钱为特色。所谓两税法，即将租庸调中的各种赋税加以合并放在田赋之中，以财产为基础，在春夏两季以货币形式分两次进行统一征收。税赋的统一征收和定时征收，大大简化了行政成本。

两税法中有个很重要的变化，即开始鼓励以货币的形式交税。所谓市场经济，顾名思义，商品必须自由交易，大规模自由交易就需要经济的货币化。在晚唐之前，大量的经济活动是非货币化的。例如，官员以实物的形式领俸禄，主要是粮食布帛。白居易《卖炭翁》中，宫中太监买炭，"半匹红纱一丈绫，系向牛头充炭直"，说明很多交易是以物易物。在这样的情况下，没有大规模的以货币计值的交易，市场经济就失去了交易的基础，很难发展起来。两税法以货币收税，刺激了经济的货币化。

两税法还确立了所谓"两税三分"的原则：唐德宗建中元年（780年），唐朝中央政府派遣黜陟使，与藩镇和地方州县合作，选取该州大历年间课税钱谷量最多一年的额数，作为该州的两税定额，再将这个定额划分成上缴国库（上供），节度使留用（送使），州财政留用（留州）三个份额。这和我国改革开放后实施的财政包干和财政分权非常类似，具有相当的财政合理性。

两税法下，农民从劳役中逐渐解放出来。农民的束缚减少了，劳动力可以配置到更高效的领域，农村经济出现了多样化。由于农村商品生产和交换的发展，出现了大量的作为商品集散地的草市、墟市和茶市，很多交易场所发展为州县治所，城市化开始了。这和我们的改革开放从农村开始也非常类似。

这种趋势延续到了北宋。北宋继承了安史之乱后军事动员的市场化趋势，建立了规模空前的以雇佣兵为主体的禁军体制，职业化和正规化成为军事动员的主要模式。军、民分离，军队的招募、编成和训练都独立于社会。此外，由于北宋丢失了马匹产地和燕云十六州，骑兵不再发挥主要作用，步兵成为主力，因而在直接战斗人员和相关军事人员数量上增长很快。11世纪中期，北宋军队人数达到120万，军费占财政支出的80%。

北宋职业化的军事动员体制的经费需要，促成了以市场经济为基础的发达的财政体系，在这个体系下，财政进一步货币化。北宋对茶、酒、盐征收消费税，税源越来越多地来自工商业。这些消费税在中国的大规模采纳也可以上溯到安史之乱。安史之乱中，唐朝为了应付叛军，设立了盐榷制度，实行食盐专卖。后来逐渐扩展到茶叶和酒等必需品。在这种制度下，商人通过对政府支付榷税而获得对商品的销售权。宋朝继承了这种制度，并发展出遍布全国的庞大复杂精密的征税系统。

宋朝是我国唯一一个（也是世界上第一个）依赖于非农税收的王朝，宋朝被称颂的一个特点是统治者施行仁政，对老百姓比较宽松。宋朝施行仁政和宋朝的财税体制是否有什么联系？田亩税的税基是土地，它永远存在，而且技术水平决定了古代亩产有上限，农夫无论如何努力，亩产不可能无限增加。相应的，农夫即使懈怠，也不会坐视田地绝收。因此，在大部分情况下，政府不需要做什么就可以征收到相对稳定的税。相比较而言，榷卖征收成本低，但是消费税的税基是消费，不能涸泽而渔。因此，除了设置合适的税率，政府还必须呵护市场，培育市场，积极发展国家能力。类似地，我们在上一章讲到，为什么在刚果的钽矿区武装分子横征暴敛，不会提供公共品？为什么在刚果的金矿区武装分子会维护秩序，提供公共品？因为钽矿区的出产无所隐匿，统治者可以明抢。而在金矿区，如果统治者不提供公共品，就收不到税，因此他们会变得越来越像坐寇，开始学着提供公共服务。为了收到更多的税收，黑社会被迫越来越仁义，看上去就像是在施行仁政，这也许就是仁政的根源！

同样地，在今天的中国，我们为什么会觉得某些地方政府的服务精神好，某些地方政府的服务精神差？也许部分原因在于地方政府是依赖于本地税收还是中央转移支付。今天有很多地域歧视，说某地民风不好，将地方的困境归咎于当地的老百姓。然而这跟地方文化没关系，背后有更加深刻的制度的原因：只有把老百姓的利益和地方政府的利益捆绑起来，政府才会全心全意为老百姓服务。

除了财政上的创新，宋朝还搞了很多其他方面的制度创新。例如，宋朝还发展出了"交引"，这是官府发行的茶盐提货单兼专卖凭证。最初，由于对辽金作战的需要，为了鼓励商人向边境输送粮草和军需品，政府给他们从事茶叶、盐等专卖品买卖的权力。当商人向边境地区输送军需品后，就可以获取交引。商人回到内地，凭交引提取相应的货物进行买卖，以此从中获利。交引相当于一个提货单，可以转让，因此有中间商利用价差获利。这逐渐演化为有价证券，实际上成了一种国债。如同一切国债一样，交引的背后是国家信用：任何人凭着交引，都可以去北宋政府那里领取茶叶或者食盐。既然是类似国债的有价证券，从茶引和盐引很自然地发展出钱引。钱引可以向政府赎回，可以交易——由此，纸币诞生了！

在这之前，民间发明了交子。当时在四川很多交易用的是铁钱，用铁钱交易非常不方便，经常得拿一大堆铁钱，而中国缺少贵重金属，金银的储量无法满足当时发达的商品经济所需。为了解决交易中的钱币问题，四川地区的一些大商人就发明了一种叫"交子"的票据。这种票据一开始的性质类似于借条，就是在双方交易商品时，用这种票据暂时当作钱币来结算款项。随后再找双方都方便的机会，用交子去兑换金属货币。交子很快流行开来，但是在使用交子的时候，会遇到一个难题，那就是有些商人不讲信用，事后赖账，否认交子的票据作用。后来北宋政府介入，垄断了交子的发行权，这背后是政府信用，而后自然而然地演化出人类历史上第一种纸币。

为什么是中国最先发明纸币？背后也有其他的原因。因为当时北宋有发达的印刷术，以及发达的造纸术，在北宋市场经济的环境下，技术的革新和商业的革新碰到一起，就催生了中国古代最伟大的经济制度发明。我们那时离现代社会真的只有一根头发丝的距离！如果有一个人在一千年前能够同时游历世界上各个主要国家，他会百分之百地相信，未来属于宋朝的中国。因为他会发现，无论在任何一个方面，不管是政治制度、经济制度、商业制度，还是科技文明，北宋都遥遥领先其他文明。如果有人告诉他，一千年后，中国面临亡国灭种的威胁，而且沦为野蛮的边缘，他绝对不敢相信！历史真是充满了曲折和偶然！

我们来比较一下唐宋的税收。唐朝的盛世是开元天宝年间，对比一下北宋宋神宗的熙宁年间。表2显示，天宝年间和熙宁十年的耕地数量差不多，北宋的人口更多，但是北宋以粟、布匹等实物收缴的税收远低于天宝年间，而更多地直接用货币形式收税。总体来看，天宝年间的税收收入是北宋熙宁年间的三分之一。

| | 户数（万户） | 平均亩数（亿亩） | 岁入粟 | | 岁入布绢绵 | | 税钱（万贯） | 间接税（万贯） | 估算总计（万贯） |
| --- | --- | --- | --- | --- | --- | --- | --- | --- | --- |
| | | | 实物（万石） | 折算额（万贯） | 实物（万匹） | 折算额（万贯） | | | |
| 天宝年间 | 890 | 6.44 | 2500 | 800 | 2700 | 1350 | 20 | 0 | 2170 |
| 熙宁十年 | 1424.5 | 4.62—6.66 | 1788.7 | 1252.1 | 267 | 133.6 | 564.6 | 4248.4 | 6198.7 |

**表2 唐宋税收比较**

随着宋朝的货币化，大量货币产生，物品得以交易，财富就被创造出来了。类似地，改革开放后，尤其是最近二十年，我国的广义货币供应量（M2）爆发式增长。很多舆论视之为洪水猛兽，冠之以"货币超发"。然而，我国M2的高速增长，和通货膨胀不是一回事，并不是物价上涨的反映，更多是反映了财富的增长：在计划经济年代无法用货币计值、不能交易的商品大量进入市场，最典型的就是土地。这带动了国民财富的高歌猛进，其实是唐宋变革在当今的回响。

陈寅恪这样评价宋朝："华夏民族之文化，历数千载之演进，而造极于赵宋之世。"宋朝如此现代，和它之前和之后的王朝如此不同，因此，我们的古人已经意识到宋朝的灭亡不可以和其他王朝的更迭相提并论。黄宗羲说："夫古今之变，至秦而一尽，至元而又一尽，经此二尽之后，古圣王之所恻隐爱人而经营者荡然无具。"在他眼中，周秦之变和宋元之变都是文明的大倒退。王夫之说："二汉、唐之亡，皆自亡也。宋亡，则举黄帝、尧、舜以来道法相传之天下而亡之也。"在王夫之眼中,其他王朝的覆灭,无非是失去了治统,然而宋朝的灭亡让中国失去了道统。

宋朝的灭亡,是中国历史上第一次出现了亡天下。为什么这么说?因为这不是一个简单的王朝的变更,中华民族的发展道路被打断了,这对后面的七八百年产生了非常重大深远的影响。在明朝建立后的洪武体制下,税收重新以实物和徭役为特色,货币成分几乎消失了。这是对唐宋变革以来货币化财政制度和市场化道路的彻底否定。与宋代市场化的军事动员体制相比,明初的军事体制基本上是自给自足的世袭军户制度,依赖于军屯、实物征收的土地税和徭役。与这种落后的体制相适应的是严密的社会控制制度:里甲制。里甲制把编户齐民做到了当时技术条件下的极致。唐宋变革后农民享受到了有限的贸易、迁徙和择业的自由,但是在洪武体制下,这种自由被剥夺了。这带有鲜明的秦制特点,和儒家理想格格不入。

历史就是这样充满偶然,所谓必然,其实是一连串的偶然。宋沿袭后周,靠的不是血淋淋的暴力,而是一场兵不血刃的政变。后周的那套体制基本上被北宋继承下来,而周世宗柴荣是商人出身,在做皇帝之前大概有二十多年在经商。从后周延续到北宋,政府对商业自然非常重视和宽容。类似地,汉宣帝刘询早年流落民间,知道民间疾苦,他即位后就更改了汉武帝那些严苛的政策,对老百姓相对宽厚。而为什么秦始皇不推行分封制,而推行郡县制?有人认为其中一个非常偶然的原因是他没有胞兄!(秦始皇同父异母的弟弟成蟜叛逃,同母异父的两个弟弟被处死。)既然没有兄弟可以分封,那就可以大张旗鼓搞郡县制。这些偶然因素往往对历史产生很大的影响。可见,领导人的眼光和认识,对于国家和民族的前途至关重要。

明太祖是赤贫农民出身，没什么见识，他就希望大家安安分分地种地，所以搞出了落后的洪武体制。洪武体制严重滞后于当时的时代，阻碍经济发展，因此朱元璋死后不久，明朝官员就开始着手改革。折银是明代赋役改革的一条主线，从明宣宗宣德五年（1430年）周忱改革算起，发展至明世宗嘉靖十年（1530年）桂萼提出一条鞭法，再到明神宗万历九年（1581年）张居正在全国推行一条鞭法，整整经历了一个半世纪的时间。这期间财政税赋的货币化和白银的货币化同时发生。和欧洲现代财政国家的兴起一样，这其中一个很大的催化因素也是战争，即倭乱带来的财政压力。

在明朝的卫所和军屯制度下，军队自给自足，平时耕田，战时打仗，自己解决军饷问题。因此明廷并不需要依靠货币来支付军饷，对赋役的货币化并无太大需求。到了嘉靖年间，明朝面临巨大的军事压力。先是北方鞑靼的进攻，然后是东南沿海地区的倭寇，直到嘉靖末年才告缓解。对于明朝而言，北方鞑靼直逼京师，威胁远胜于南方倭寇的骚扰，必须倾其全力以保证北边的安定，因此北边的军事支出也规模巨大，用去了朝廷可以支配的绝大部分货币税收，特别是盐税。明朝中央政府的大部分资源用于全力抵御鞑靼的进攻，就无法保证对东南地区抗倭的直接军事和财政支援。而在长期的和平环境下，沿海卫所空虚，军屯制度下士兵训练不足，军事能力退化严重，表面上亦兵亦民，实际上完全退化成了农民。

在卫所军事力量不足倚赖的情况下，南方各省缺乏完整的武装系统。江南抗倭的军事体制被迫发生重大转变，集权体制松动，中央正式授权东南各府招募士兵，组织军队。我们熟悉的戚家军就是在这种背景下出现的。戚家军并不是戚继光从东南沿海现成的卫所募集士兵，而是从民间招募的士兵。明朝东南沿海一带商品经济发达，农业社会传统意义上的良民就少多了。戚家军的一个重要主力是义乌一带的矿工，个个骁勇善斗，而工人的组织性纪律性远胜农民，戚继光对他们进行职业化的军事训练，战斗力大大提高。然而雇佣制下的职业士兵需要大量军饷，因此募集军队所需要的费用要如何筹措，成了南方数省的督抚和军事将领们不得不考虑的问题。过去洪武体制下的卫所系统基本上无须消耗货币，在军队职业化后演变为需要支付大量饷银和其他军事开销的市场化军事动员体制，这又回到了北宋的情况。

抗倭战争加速了募兵制逐渐代替世袭军户制的过程，募兵所需的饷银便成为明代抗倭费用的主要组成部分。在实际操作中，东南地方政府征召老百姓，按规定在下一年必须服役的这一户在当年就要服役，但并不要求他们提供物资或劳役，却需要提供银钱。这相当于老百姓用货币代替徭役。税赋的货币化使得地方公共财政开始建立起来。而在这之前是几乎没有地方公共财政开支的，比如地方政府要修路，直接就通过里甲系统强迫农民来干活。税赋货币化后，由于农民已经用银钱支付了税收，无须再服徭役，政府必须给他们钱才能让他们来干活。农民对政府的人身依附关系消除了，政府和人民成了雇佣关系，而不是类似奴隶主和奴隶的关系。

抗倭战事结束后，募兵军事体制维系下来。洪武体制下的实物财政和里甲摊派系统被废除，中国回归到唐宋变革以来经济市场化和财政货币化的轨道上。这一时期恰逢地理大发现，美洲白银大量输入中国，中国开始和世界紧密挂钩。货币化促进了市场经济，市场经济促进了自由，进一步瓦解了强调严密控制的旧体制。朱元璋定下的万古不易的洪武体制，在一个小小的催化剂下松动，权力对社会的桎梏在资本的作用下土崩瓦解,这可谓中国的第一次改革开放。

赋役折银后,农民从纳粮当差到纳银不当差,农民不再是身份,而是职业选择,和政府的关系也成了一手交钱一手交还自由的契约。由于不需要交粮,只需要交银,老百姓不一定要种地,可以选择干自己擅长的事情,赚了银子来向政府交税,更加符合比较优势。由此,农民与土地分离了,劳动力的分工开始加速,形成了雇工和商帮群体。这是一个市场化进程。

赋役折银后,农业从单一到多元,农民即使选择继续种地,他们不一定需要种粮,而是可以种茶、种桑,选择种植附加值更高的作物。这样,农产品迎来了商品化。这是一个商业化进程。赋役折银后,农村从封闭、半封闭到开放,由于商品市场的形成,促使市镇兴起。这是一个城市化的进程。总之,这是一个农民、农业、农村的大分化的过程,晚明社会所谓"天崩地解"就由此开始。1978年开始的改革开放,复刻了这一过程。1978年,全国城乡居民存款总额仅为210亿元,没有商业银行,是典型的非货币化的结果。改革开放后人们生活水平的大幅提高,让我们意识到:解决三农问题不是把农民摁在农村里,强迫大家种地,而是靠市场化。改革开放可以说是唐宋变革在一千年以后的回响。

随着白银货币在经济领域的地位确定,土地、房屋、商业资产等大规模变为可交易品,农产品以货币为媒介在市场上大量交易,导致中国白银货币需求不断升高;通过海外贸易,中国丝绸、瓷器等商品的输出,更促使大量白银流入中国。中国很自然地加入第一次全球化中。国内市场的培育发展,最后导致中国商品进入国际市场,并形成大量顺差和货币流入。这和改革开放是多么类似!

尤其是中国加入WTO以后的经济腾飞，和晚明的经济繁荣有着惊人的相似。

这样，货币化促进了交换，交换促进了分工，分工促进了经济增长。明朝的经济发生了巨大变化，明朝的社会也相应发生了巨大变化。起初，里甲制度是明朝的基层组织形式，将社会严密地管制起来。明初洪武体制下，地方各种事务都是由里甲分摊或者大户轮派这种原始的组织方式完成。里甲最直接的功用，就是作为供应各级政府运作时所需的各种人力和物力资源的单位，因此里甲制度自然成为明初各种差役征派的基础，这和洪武体制下的实物征派和徭役制度相适应。通过里甲组织，把农民控制在户籍中，束缚于乡里，使他们失去变更职业和离乡外出的自由，被迫接受赋役剥削。

财政改革后，里甲失去了控制劳动人手的意义和职能，里甲制度不再具有组织功能，在许多地区都已演变成为纯粹的赋税单位，逐渐被以"缉拿奸盗"为主要职责的保甲制所代替。秦汉以来维持了一千多年的乡村政权基层组织的超经济强制机能趋于削弱，以至于消亡。白银颠覆了明前期缴纳税粮采用的里甲催征、粮户上纳、粮长解送、州县监收的这套过程，以及以黄册作为税粮征收缴纳的依据的传统，导致国家治理模式的调整与重建。农民缴纳白银，国家以银雇役，这使农民与国家的关系发生了本质的变化。农民和国家之间的关系，在徭役制度下是奴隶或半奴隶和主子的关系，在纳税制度下，就变成了契约关系。

这正如改革开放解放了农民，让农民摆脱了土地的桎梏一样。这也正如市场化的雇佣市场削弱了大学辅导员的功能。大学里的辅导员原本权力很大，因为工作是国家分配的，辅导员在其中有很大影响。现在大学生自由择业，使得辅导员的功能弱化，这其实是对大学生的一种解放。

## 清朝国家能力

由于军事战争的需要，导致国家财政体制发生了重大改变。然而，中国作为一个大国，总的来看军事战争导致的财政需要相对不大：大国的特点是能够集中资源对付动乱，因此比小国更容易保持和平。近代以来中国战争和欧洲比起来要少很多。有学者统计：从16世纪到18世纪的三百年里，中国大概是有56%的时间处于战争当中，这一数字在法国是52%，英国是53%，西班牙是81%，而奥匈帝国只有21%的时间处于战争中。但是如果我们把这一时期中国对抗北部游牧和渔猎民族的战争排除，那么这段时间中国只有3%的时间处于战争。因此，和我们通常的认知相反，除去明清易代的大战乱后，和欧洲比起来，中国的大部分地区长时间保持和平。康熙曾经得意地说："本朝不设边防，以蒙古部落为之屏藩耳。"

既然无须边防，那么大一统下的中国古代统治者并无太大敛财的必要。让我们来比较一下近代以来各个国家的财政收入。表3显示：在17世纪晚期，中国这么大的体量，但是财政收入却跟法国差不多，比欧洲整体加起来要少。随着时间的推移，中国的财政收入和西欧国家的财政收入的差距越来越大。在17世纪晚期，中国的财政收入是英国的5倍，但是到了19世纪，英国的财政收入变成了中国的5倍！当中国面对英国的船坚炮利时，中国面对的也是英国远超中国的财政实力。

单位：吨白银

| 年份 | 中国 | 奥斯曼帝国 | 俄国 | 法国 | 西班牙 | 英国 | 荷兰 |
|---|---|---|---|---|---|---|---|
| 1650—1699 | 940 | 248 | | 851 | 243 | 239 | |
| 1700—1749 | 1304 | 294 | 155 | 932 | 312 | 632 | 310 |
| 1750—1799 | 1229 | 263 | 492 | 1612 | 618 | 1370 | 350 |
| 1800—1849 | 1367 | | | | | 6158 | |
| 1850—1899 | 2651 | | | | | 10941 | |

表3 各国财政收入比较

清代的税收规模，相对于其经济总量来说，实在是小得异乎寻常：19世纪中叶，清朝政府在每年的GDP中抽取1.5%—2%的税收。清朝的财政汲取能力相比其他早期现代国家非常弱，如英国、日本、法国、俄国，以及奥斯曼帝国。而且不光横向比如此，纵向比也是如此，比起其他大一统的中国朝代，如宋代或明代，清朝的财政收入也少很多。

清朝政府在集权统治上登峰造极，但是政府结构又相对弱小而松散，在提供公共品上乏善可陈。本来应该中央政府完成的功能下放到了地方政府，比如说救荒救灾，清朝中央政府基本上不作为，这和我们传统印象当中清朝皇帝高度集权的强人形象很不一样。这么伟大的领袖，事事居功，但需要他出现的时候，却又不出现，这是一个典型的强政府，弱治理。

为什么清朝是这么一个空心大佬？如果我们遵循战争军备刺激财政能力提升的逻辑，这可能和中国在近古相对和平有关，对财政能力的要求不高。然而，这背后有更深刻的原因：清朝是征服王朝，始终处于政权合法性的焦虑之中。这和中国历史上其他王朝很不一样，对于其他王朝而言，统一中国以后，再也没有政权合法性的焦虑。中国古人循环论证，说只有取得天命的人，才能够获得天下,但是如何证明你获有天命?那就得看你有没有获得天下。所以既然取得了天下,自然就证明了合法性。但是中国士大夫内心深处并不认可清朝获得了天命,因此清朝的皇帝是非常焦虑的。贬低前朝是证明本朝合法性的常见手段,这对于清朝尤为迫切。最为残暴的多尔衮在八旗入关之初,便大义凛然地批判说:"前朝弊政厉民最甚者,莫如加派辽饷,以致民穷盗起,而复加剿饷,再为各边抽练,而后加练饷。惟此三饷,数倍正供,苦累小民,剔脂刮髓。"而后多尔衮又代表新政权表态大力减税,称"自顺治元年为始,凡正额之外,一切加派,如辽饷、剿饷、练饷及召买米豆尽行蠲免"。康熙五十年(1712),清政府宣布"永不加赋"。清朝到最后太平天国战争乃至对西方列强赔款的时候,对于加税这件事情都非常谨慎,因为清朝统治者特别担心政权的合法性受到挑战。本身就是鸠占鹊巢,百姓捏着鼻子让强盗在家里待了两三百年,要是再多缴税,更容易起来造反。

因此,由于不愿意增加税收,清朝的税负非常低,但是老百姓就因此过得更好了吗?也不见得。近现代政府的功能比古代政府的功能要多得多,没有足够的国家能力就不能执行近现代国家的功能。清朝这种孱弱的国家能力反而恶化了人民生活:清朝的农民起义并不是由高税或加税引起的。恰恰相反,主要原因之一是政府财政能力不足,无法提供足够的饥荒救济。

此外,对君主专断权力缺乏制度约束还导致了清代的"双轨财政",制约了清代财政汲取能力的发展。清代大部分时期,一个集权的正式财政收支系统和一个分权的非正式财政收支系统并存。一方面,中央政府长期沿用明代后期制定的固定税额,并上收其中的大部分;存留部分用于定额的开支项目,远远不能满足地方政府的行政性支出，更不用说地方水利、道路、赈灾、粮仓、学校等公共品支出。另一方面，州县政府被默许在正项钱粮外征收附加税，应对州县政府支出，并上缴"陋规"，作为省级政府的支出。这些非正式收入由于收支的数额不固定，手续不透明，极容易滋生腐败和浪费。

清政府不断推动财政合理化改革，试图把地方政府的附加税合法化和定额化，从预算外转到预算内。但是由于中央政府缺乏自我约束机制，经常朝令夕改，总是剥夺地方政府的预算内收入，这些改革都无法长期奏效，又纷纷走回老路。国家能力无法得到发展。

雍正年间搞了一个重大的财政改革，叫火耗归公。当时的州县政府用各种名目征收附加税，火耗为其中的大宗。以银两征收税赋的时候，在把银子送到中央政府的过程中会有损耗，称为火耗，因此就有了名目。比如说地方要向中央政府送十万两白银，但是中间损耗了一千两，因此地方向老百姓征收的数目就不是十万两，而是十万一千两。发展到后期火耗越来越大，相当于地方要向中央政府送十万两白银，却征收二十万两，这额外的十万两就作为火耗，本质是额外的税收。到康熙末年，火耗的规模日趋膨胀，给纳税人带来了不必要的额外负担。雍正继位之后，在各省渐次推行火耗归公改革。通过制定一个固定的附加税率，附加税"由私入公"，将其公开化透明化，纳入省财政的预算管理（养廉银）。由此，地方的财政收支，由原来的自收自支，变成了收支两条线，财政体制更合理了。

理论上，这项改革可以提高地方财政收入，增强地方提供公共品的能力（也就是国家能力），尤其有利于赈灾这个当时主要的公共品。然而，乾隆即位之后，中央政府开始干涉地方的这部分收入,甚至对其进行转移支付,反而削弱了地方的赈灾能力。中央政府甘之如饴,地方政府被迫重新搞起预算外收入,非正式财政死灰复燃。

类似的故事不断上演。到了19世纪中期,太平天国带来的财政压力使得清政府允许地方征收厘金,厘金是一种工商税,在商人经过各道关卡的时候征收。中央和地方之间建立了比较稳定的厘金分成,省级政府掌握了70%的厘金,为其编练新式军队、重建海防和建立现代洋务企业提供了大量资金。同时允许州县在农业正税之上,征收一个随银钱比价和粮价浮动的附加税,称为"钱漕盈余",从而获得了合法化的财政收入,支付其办公经费和公共事业。然而,甲午战争和庚子事变之后,清政府为了支付巨额的战争赔款和外债利息,建立现代军队,把财政负担层层摊派给地方,不但上收90%的厘金,还开始拿走州县的钱漕盈余。地方不得不征收新的捐税应对各种开支。预算内的收入增强是国家能力增强的体现,但是财政收入一旦公开透明后,中央政府总是有动力并且有能力抢,这跟在西欧建立起宪政民主之前,国王总是控制不住自己捞钱的欲望是一样的。

改革开放后,我国的财政体制经历了从财政包干到分税制的转变,2018年又经历了国税、地税合并。我国地方政府为什么这么依赖土地财政这个非税收入?为什么地方债愈演愈烈?2021年6月,中央宣布土地出让金划转税务部门征收,表面上看,这仅仅是缴纳手续的一个变动,为什么引起这么大的震动?如果我们从控制不住的王权掠夺地方财力这个角度看,历史能给我们答案。

那么,权力肆意妄为,能最大化地汲取资源吗?恰恰相反。甲午战争就是一个例子。1894年,中日爆发甲午战争,中国战败。

《马关条约》赔偿日本白银二亿两，割让台湾和辽东半岛（后收回）。这是中国近代史上第一次被后进国家打败，历时三十余年的洋务运动失败，取得的近代化成果化为乌有，打破了近代以来中国人民对民族复兴的追求。台湾被割让，日本反而跃升为东亚强国。由此，东亚两千年来的政治局面被打破。甲午战争的失败，背后有着深刻的财政因素。当时清朝筹款的主要来源有：

搜罗各库存款：清廷库储空虚，甲午战争中，偌大的清王朝拼命搜括，只不过搜集到700万两左右。日本国库剩余金额和特别资金两项转入军费的就达1亿多日元。

指令各省分筹：中央财权衰落，甲午战争中，地方疆吏对中央政府的筹款命令置若罔闻。

劝官报效，令商民捐输：两淮盐商捐输数额达100万两，江苏捐输达150余万两。

此外就是加税：茶叶、糖斤加厘、盐斤加价、预缴盐厘。

清廷财源萎缩，财力薄弱。甲午战前，清王朝仍是一个十分落后的农业国家，近代工业刚刚创办，且多是官办企业，财政税收仍以农业税和人头税为主。关税被帝国主义控制，更改关税税率，须与外国妥商，故难变动。所以，清政府只能在厘金、盐课和常税中做文章。清廷从税收上增加的款项基本上是来自盐税、厘金。盐课和厘金两项每年收银1000多万两，占清廷财政收入的15%左右，说明清政府的财税活动空间十分有限。

财政收入有限的情况下，只能借债了。清朝向国内商户借款，即所谓的息借商款：息借商款首先是在京师开始的，京城的银号票号商应募100万两。户部以此为开端，向全国推行。酌定七厘行息，准于地丁关税内照数按期归还，不得丝毫挂欠。如集款至1万两以上，将筹款之人先行请奖，给予虚衔封典，以示鼓励。息借商款总共筹集资金约1102万两。清朝也被迫向西方国家借债，即所谓的息借洋款：战初清廷并不想举借外债，直到理财大员们在国内筹款无着落，求饷文牍纷至沓来，才决定举借洋款。甲午战争期间，借用洋款共四笔：1894年11月4日清廷批准向英国汇丰银行借银1000万两；1895年2月，向汇丰银行借300万英镑，折银约1865万两；1894年9月由福建向上海德华银行借银50万两；1895年6月署两江总督张之洞向德国瑞记洋行借英镑100万，折银约621万两。

让我们比较一下中日两国的筹款能力：甲午战前，中国岁入银7000余万两，日本岁入约1亿日元。按日元与库平银1.4∶1的比率算，日本岁入大体与清廷持平。然而，清廷总共才筹集到约6000万两，实际用作战费的仅4465万两，其中近三分之二是举借外债，在国内筹集到的款目约2572万两，用作战费的仅1844万两。而明治政府确定这次战争的临时军事预算为25000万日元，实际使用的军费为22367万日元，折银约15976万两。因此，日本的军事预算是清朝的近4倍！甲午战败，不是偶然的。

为什么清朝筹款这么困难？晚期洋务名臣盛宣怀对此解释："日本有西法银行，故兵饷万万，皆借本国民债，无俟外求。中国地大民富而无银行，以官力借民债，虽数百万亦吃力。"为什么"以官力借民债"这么难？公司金融的基本原理告诉我们：由于出钱的那一方大都能够用脚投票（不借钱，不缴税），因此只有当需要钱的那一方（融资方，收税者）能够对自己实行有效约束，做出可置信的承诺时，才能顺利拿到钱。正如在日常生活中，信誉好的人容易借到钱，信誉差的人很难借到钱。

统治者垄断了暴力，如果向国民借不到钱，为什么不明抢？确实有统治者这样做过。汉武帝实行告缗，即鼓励告发算缗不实（相当于偷税漏税）。凡揭发属实，即没收被告者全部财产，并罚戍边一年，告发者奖给被没收财产的一半。这样做的后果是，到了武帝末年，天下户口减半。司马光在《资治通鉴》里评论汉武帝唯一比秦始皇强的地方是他"晚而改过，顾托得人"，这才避免了像秦朝一样覆灭的命运。所以，统治者虽然垄断了暴力，但是不能明抢，因为老百姓会用脚投票，最终抢不到。老百姓还会有更激烈悲壮的反抗，据史书记载，秦国赋税极重，百姓苦不堪言，甚至"贺死吊生"：庆贺家人朋友的死亡，吊唁新生儿的出生！在敲骨吸髓的压迫下，韭菜主动做最后一代，真是惨绝！

我国传统史家是站在人民的立场上评论帝王的，因此对秦皇汉武的评价很低。但是到了近代，在亡国灭种的威胁下，对这些能够开疆拓土的帝王的评价变高了。我国古代皇帝的谥号中，"文"和"仁"是除开国皇帝的"高祖""太宗"之外最高的，远胜于"武"。在中国古人看来，皇帝善于打仗这一点，并不是什么了不起的事情，不值得夸耀。但是能够主动约束自己，对老百姓施仁政的皇帝，实在是太少了！

## 国家能力与不平等

让我们来总结一下经济学对国家能力的分析：由于经济学中的搭便车问题，人民无法自发协调以提供公共品，因此需要国家，国家是为了提供公共品而存在的。最显著、最重要的公共品就是战争。为了更有效地进行战争，国家必须发展国家能力。这个逻辑链可以上溯到洛克的哲学思想。然而，只有当统治者能够有效约束自己的时候，才能取信于民，从而长期有效地增加资源汲取，增强国家能力。不能建立制度约束自己的权力，最终也无法获取人民的信任。在这种动态过程中，无法取得人民信任的权力最终消亡了（如清朝）。

除了战争，现代社会需要的公共品种类更多，例如，司法公正、环境保护、对抗大流行病、补贴创新、社会福利，以及解决不平等问题。这其中一个非常重要的挑战就是解决不平等问题。不平等通常带来了各种各样的动乱、暴动、革命、战争等。在人类历史上有三种途径解决不平等，每一种都很糟糕。第一种是革命，人头滚滚，既有规则下的输家起来搅得天翻地覆。第二种是战争，经过了第一次世界大战和第二次世界大战，西方国家的不平等比战前大幅度降低，因为财富被摧毁了。第三种是大流行病，在古代，一次瘟疫能够杀死大量人口，因此劳动力价格上升，这相当于减缓了不平等。欧洲12世纪的黑死病杀死了大约三分之一的欧洲人口，造成了劳动力稀缺。劳动力价格的上升又迫使欧洲人寻求更多的资本和机器来替代劳动，这是东西方大分流的原因之一。我们目前经历的新冠病毒大流行病，可以说是人类历史上第一次加剧了不平等的瘟疫。因为世界各国最有钱的一些人，他们在新冠病毒流行期间，反而变得更有钱了。

让我们来看一下美国的财富不平等。图15显示了美国最富有的前10%、前1%、前0.1%以及前0.00001%的人的财富占比。从1910年到2020年的百余年间，中间经历了两次世界大战，这些富人的财富占比从第一次世界大战开始逐渐下降，但是到了20世纪80年代里根总统上台以后，共和党推行减税政策，这些人占美国

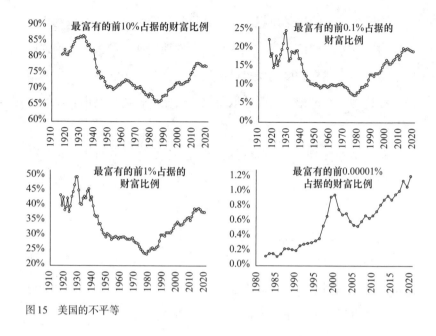

图15 美国的不平等

财富的比例又开始上升。尤其是那些前0.00001%的超级富豪,他们占有了美国1.2%的财富。美国的财富不平等不仅是全社会的现象,而且有钱人之间的财富不平等,比全社会的财富不平等还要大。

中国也面临这样的挑战。中国前10%的富裕人群,现在占有大概41%的财富。在全社会财富靠后的50%的人,在1978年的时候占了27%左右的财富,虽然他们整体的生活水平有了巨大提升,但是今天他们只占有15%的财富。

中国的财富不平等,跟美国有一个很大的不同:我们有一个很严重的结构问题,也就是城乡问题。图16是我国成年城市居民的收入与成年农村居民的收入之比,我们可以看到历来都存在着城乡差距。改革开放之前二者大概相差两倍,现在扩大到3.5倍左右。为什么会有那么大的差别?一个很重要的原因是:城里人得到了完全的解放,农民则仍受到各种束缚和不公待遇。

那么,为什么"平等"是一个重要的公共品,需要政府投入?或者说,为什么最富有的前1%,要关心其他的99%?这不仅仅是一个起点公平或者机会均等的问题。以清华大学的同学为例:他们比同龄人聪明,比同龄人努力,学习比同龄人好,工作后大概率赚得比同龄人多,这看上去很公平。那么他们为什么要关心那些不如他们努力,没有他们聪明的人?因为贫富差距太大的时候,99%的人会起来把那1%撕碎!解决不平等问题,同样也是一种公共品,不光对99%的人有利,对1%的人也有利。但是这靠市场无法解决,人民也没有办法自发协调起来解决这个问题,要靠政府。

目前,中国和美国都面临一个巨大的挑战,国家能力不光体现在财政的汲取,而且还在于如何解决不平等问题。解决不平等,必然要经过财富的再分配,需要一部分让利,这就带来了巨大的挑战。在美国,巴菲特的税率比他的秘书还要低,但是要提高富人税率却阻力重重。在我国,2019年全国社保基金总额2.6万亿元,同

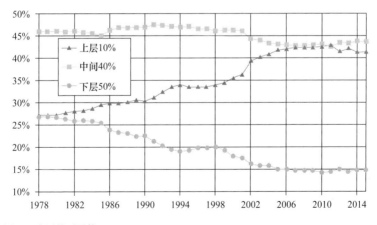

图16 中国的不平等

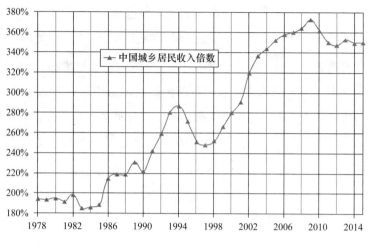

图17 中国的城乡不平等

期全国非金融国有企业国有净资产总额64.9万亿元。虽然党的十八届三中全会就提出要划拨国有资本补充社保基金,却迟迟没有动静。拔一毛而利天下,听上去貌似很容易:成本很低,收获很大。然而拔一毛很痛,成本是由那一毛来承担的,因此他会拼死反抗。至于从中受益的天下人,每人只分到一点点,无法形成有效的合力。罗马共和国的灭亡,跟罗马的土地不平等有很大的关系,在罗马共和国灭亡前的一百多年里,有好多罗马的政治家想解决这个问题,有几个甚至为此付出了生命代价。由此可见,解决财富不平等,甚至比创造财富还难。一个更可怕的前景是:往往会有野心家以重新分蛋糕的名义煽动人民起来毁了蛋糕,然后自己独享最大的一份,最终反而是损天下而利一毛!

第十章

# 选贤任能：权力的选拔

统治国家的权力是如何获取的？无外乎以下几种办法：

第一种是暴力，靠抢。历史上大部分国家最高权力的来源都是依靠暴力，甚至权力的维系也是依靠暴力。统治者虽然通过暴力夺取权力，然而寿命无法从老百姓那里抢夺。统治者都痴心妄想着自己万岁，却无法避免死亡，死亡真是世界上最公平的事情。

第二种是靠继承。你的父辈是谁，你的祖辈是谁，决定了你现在的权力来源。统治者心心念念慎终追远，其实就是企图不断强化他这种靠祖辈荫佑获得的权力。进入现代以后，人类变得更加文明，表面上权力的获得不靠暴力，也不靠继承，至少不会明着鼓吹。但是现实中很多国家的权力来源还是暴力，或者继承。这些统治者看上去是如此神圣威严，但是只要我们一想到他们无非是黑社会、山大王，就能看出他们那些自封的荣光其实是皇帝的新装。

权力的第三种获得方法是选举，本书不讨论这个办法。

权力的第四种获得方法是选拔，选拔制度在我国有着非常悠久的传统。暴力集团夺取权力以后面临一个问题：最高统治者如何分配手中抢来的权力？最自然的就是血亲继承，把权力看成是私人财产，分给他的小孩或者亲属。周灭商后，除了父子相传天子的位置外，还分封宗室去各地，这就是家天下。我们的传统里面，充斥着把国家当作家庭来管理的思想，比如所谓"父母官"。家庭内部一般既无选举，也无选拔。人无法选择自己的父母，也无法选择自己的子女，只能被动接受。不能说谁干得好就是我的爸爸，或者谁干得好就让谁当自己的儿子。

在家天下的体系中，中国传统政治自然高度依赖伦理纲常。为什么古人以孝治天下？从今天的政治思维角度去看，这让人觉得很难理解，但是如果我们从家庭的角度去看，就很容易理解。周的家天下建立在封建制度的基础上，周天子是大家长，诸侯国的国君是小家长，在这种组织结构下，权力的分配是基于血缘。无论是天子，还是诸侯或者大夫，他们的身份是可以继承的。既然权力是继承的，那么自然就必须尊重权力的来源，维护权力传承的秩序。

从今天的标准来看，墨家的理想政治主张非常崇高，充满人道主义的光辉。在战国的时代中提出"非攻"，这多么需要勇气，多么具有智慧！但是为什么"兼爱无等差"这样今天看来非常人道主义、非常博爱的观点会遭到孟子的痛斥？因为周制是建立在天然有等级关系的家庭政治之上的。所谓"君君臣臣父父子子"，强调"君父"，家庭内部成员互相忠诚，互相扶助。儒家的理想是回到天下分崩离析之前的西周，回到大家庭内和睦的理想状况，以此来消灭战争和争斗。但是墨子提倡的兼爱无等差和家庭内部的关系就不一样，破坏了儒家的理想状态。因此儒家不但反对强调利己的杨朱，同样也反对强调利他的墨家。那么在我家庭之外的人，我该如何对待他？杨朱的主张是只要每个人最大化自己的利益就行了，这样天下就会达到均衡，这其实是现代经济学的观点。而墨子主张兼爱无等差，这其实和基督教爱邻如己的观点是一样的。孔孟如果听到这句高调，肯定觉得是放空炮，一个人怎么可能像爱自己一样爱邻居呢？儒家的解决办法是比较现实的：老吾老以及人之老，幼吾幼以及人之幼，这是一种外推，是中国人采用的对待家庭成员之外的人的准则。

这种基于家庭的政治制度适应"鸡犬之声相闻，老死不相往来"的时代。在小国寡民的情况下，我们比较容易外推：我们当然知道我的邻居是谁，我们也自然理解他也有小孩，有老人。但是对于万里外的一个陌生人，这种外推就很难了，要产生共情就不容易。随着国家的变大，人口的增多，我们无法再像管理大家庭一样管理国家。到了春秋战国，战争迫使各国在血亲之外寻找高效的治国人才。非人格化的官僚政治出现了，选拔逐渐代替了继承。

商鞅变法中，出现了成熟的选拔制度。商鞅设立了二十级军功爵位制度。商鞅规定，不论出身门第，所有人一律按照其所立军功的大小接受赏赐，即便秦国的宗室也是这样。宗室未立军功者不得列入宗族的簿籍，不得拥有爵位。士兵斩获敌人的甲士首级，就可获得最低等级的爵位。功劳越大，爵位越高，获得的赏赐也越多。这比靠继承拿爵位要更合理，更公平。但为什么秦国又是战国时最专制的国家？其实也不矛盾：论功行赏的选拔制度替秦国的最高统治者消灭了下面的权贵，相当于黑社会头子消灭了手下那些小头目的权力，这从下面的小喽啰的角度来看自然是更平等了；从黑社会最大的头目的角度来看，这同时也有利于他扩权。

商鞅的二十级军功爵位制度是中国最早的有明确提拔标准的选拔制度，影响非常大。选拔制度天然契合科层制的需要。我们经常说中国是个等级社会，但这个等级社会很难说源于儒家的家庭伦理，儒家的等级是家庭内部的等级，不是压迫性的等级，是天然的、比较温情的等级。中国的等级社会更多地源自法家，是科层制中的等级，一级一级往上提拔，也一级一级往下压迫。

军功爵位制度解决了军队的激励问题，使得秦国秦军成为一支虎狼之师。春秋战国时，中原诸国看关中的秦国，像是在看野蛮人。不光是因为秦国文化落后，还因为秦国军队非常可怕，打仗的时候秦朝的军人像野人一样，割了敌人的首级拴在腰里，然后继续往前冲。解决了激励问题的秦国军队，打起仗来就格外勇猛。经济学里最强调激励问题，中国的改革开放也是从解决激励问题，打破大锅饭，实行多劳多得开始。无论是农村中家庭联产承包责任制，还是城市中企业的承包制，都是把个人的努力和个人的获得捆绑在一起的。

## 文官的选拔

和平时期的文官如何选拔？和军人不一样，文官的才能很难有清晰客观的标准。汉朝发明了察举制，察就是自上而下的考察，举就是自下而上的举荐。分为举贤良方正、举孝廉、举直言、举文学、举茂才（秀才）等，即举荐德行高尚志节清白之人，举荐孝敬父母行为清廉之人，举荐能直言极谏之人，举荐博通经史之人，举荐才能出众之人。以举孝廉为例，孝廉至少应该满足下面的四个条件之一：德行高妙、学通行修、明晓法令、刚毅多略。这些条件不好量化，因此地方官在察举中有很大权力。选拔标准越模糊，对掌握选拔权力的上级就越有利。我们看当时的东汉对人才的描述，就会发现非常玄乎，评价一个人，说"高妙"，或者还有一个评价叫

"旷逸"。类似说这个人很酷,那什么叫酷?就是一种感觉,无法准确衡量。

作为最高统治者,如果把人才的选拔权力交给了地方官员,如何确保地方官能够推荐真正优秀的人才?这样还要有另外一套激励机制来激励地方官,也要有相关奖惩措施。《汉书·武帝纪》中记载:"诸侯贡士,壹适谓之好德,再适谓之贤贤,三适谓之有功,乃加九锡;不贡士,壹则黜爵,再则黜地,三而黜,爵、地毕矣……不举孝,不奉诏,当以不敬论。不察廉,不胜任也,当免。"

这样看来,举荐的标准,要有德、有贤、有功,其中德是排第一位的,中国人讲究以德治国,忠诚比才能更重要。地方官如果不向朝廷举荐,他的爵位和封地会受到削减,甚至会被全部废除。如果举荐做不好,最终会被免职。但是地方官举荐的人,究竟什么叫有德、有贤、有功?或者说什么样的人无德、不贤、无功?这些惩戒的标准和提拔的标准一样,也还是模糊的。

模糊的标准不利于人才的选拔,也有损公平。魏晋时期兴起了九品中正制,即由朝廷指派中正官,将地方上的人才,按照家世和行状,将其品级分为九等,作为他们之后官职等级的依据。这是历史上首次量化的文官选拔制度。这里的九品和官职的级别并不一一对应,划分最高等级是二品,以示谦虚。

察举制是"诸侯贡士",由地方官来向朝廷举荐人才。九品中正制是由中央政府主导,把选举中的品第人物权收归中央。皇权得到了加强,打击了地方士族。但是,这也方便了掌权的中央豪门士族扩展其势力,他们控制地方乃至中央的选官制度,反而促进了门阀士族的兴起。

再来看九品中正制中的选拔标准,仍然大都是主观的、不容易衡量的。评价标准中，只有家世是客观的、容易衡量的。很自然地，家世在提拔中越来越重要，最后成为九品中正制的主要标准，到西晋时终于形成了"上品无寒门，下品无士族"的局面。本意是为了促进流动性，最后反而固化了社会阶层。这和我们过去填简历要填写家庭出身一样。在国家标准体系中，曾长期存在着一个《家庭出身代码》国家标准。这个标准号为GB 4765—84的国家标准，规定了45类家庭出身的代码。这并不是新发明，而是我们的传统。魏晋时期分九品，我们的家庭出身比这分的更加细。所以这套东西在中国的历史中太悠久了，到了新时代又捡起这些沉渣破烂，包装一下接着用。

在魏晋，门阀士族通过垄断官员的选拔，拿到了几乎和封建体制下贵族一样的地位。皇帝以下的权力，和皇帝一样成为了世袭。表面上不是通过血缘来世袭，实际上还是通过血缘来世袭。但这毕竟不是真正的世袭，还是有选拔的外衣。所以世家子弟还得披上一个东西证明自己是人才。

如何防止在选拔制度下，权力流向士族外面的人才？中国传统下，优秀的人才一路靠读书上来，但是很无奈，对任何有学问的人，我们有一个很恶俗的批评，叫作不接地气。这就是典型的逆向选择。魏晋时期的逆向选择从另一个方向进行，批评有才能的人太接地气！这一时期官职出现了清浊之分，悠闲而不负实际责任者为清，办理庶政者较次以至为浊。有办事能力的当浊官，不被称道。士族子弟们更以无才干为荣，以有办事能力以至于立功升迁为耻。从这个角度看，曹操出身宦官，所以他公然提出"唯才是举"，这是对门阀士族垄断选拔权力的挑战。

为什么会出现魏晋玄学？一个可能的原因是玄学不但完全没

有客观标准，而且完全没用！中世纪的欧洲有一个很重要的宗教辩论：一个针尖上能站几个天使？这玩意儿很玄乎，完全没有用。不过跟人家聊天的时候，谈论这些就显得特别高大上。魏晋清谈是传递"我很高贵，不用干活"的有效信号。类似地，为什么绅士打领带？因为戴着领带不方便干活。现在很多年轻人模仿汉服，男男女女穿长袍很漂亮，但古时候其实不是这样的。我们看清明上河图，大部分人不穿长袍，而是短衫。在古时候穿长袍传达的信息也是"我不用干活"，怎么不方便怎么来，因为我不需要方便，因此这也是一个有效信号。在经济学中，信号要有效，必须有成本，这些信号的成本是寒门子弟无法承担的。

门阀士族垄断了官员的选拔，进而侵蚀了皇权对政治权力的垄断。东晋的时候出现了一个俗语："王与马，共天下。"这说明世家大族从皇帝手里拿到了人事权，形成了对皇帝的有效制约。这种影响到了唐朝还是很明显的。《资治通鉴》记载，唐朝初年，官员们编撰《氏族志》，把山东崔氏排为天下第一，清河崔氏、范阳卢氏、荥阳郑氏、太原王氏这几个家族并列第二，陇西李氏排第三。唐太宗非常生气：

> 汉高祖与萧、曹、樊、灌皆起闾阎布衣，卿辈至今推仰，以为英贤，岂在世禄乎！高氏偏据山东，梁、陈僻在江南，虽有人物，盖何足言？况其子孙才行衰薄，官爵陵替，而犹印然以门地自负，贩鬻松槚，依托富贵，弃廉忘耻，不知世人何为贵之！今三品以上，或以德行，或以勋劳，或以文学，致位贵显。彼衰世旧门，诚何足慕！而求与为昏，虽多输金帛，犹为彼所偃蹇，我不知其解何也！今欲厘正诸

谬，舍名取实，而卿曹犹以崔民幹为第一，是轻我官爵而徇流俗之情也。

唐太宗把那些豪门骂了个遍，而且直指他们完全没有功劳，是旧时代的残余。于是唐太宗下令重新排名，"以皇族为首，外戚次之"。到了宋朝，《百家姓》里，自然就是皇帝的赵姓排第一了。

从隋唐开始，出现了我们非常熟悉的科举制。科举制通过考试选拔人才，逐步打破了士族对官职的垄断。这是可以和郡县制、文官制并列的我国重大制度创新！但是这一时期的科举考试，并不严格，制度非常松散，考试内容也是五花八门。考生经常提前把自己的作品送给朝中大员看，希望能够留下好印象，甚至提前内定，这在今天是绝对不可想象的。例如，白居易初次参加科举考试，先去拜访老前辈，被人取笑名字："长安米贵，居大不易。"还有"洞房昨夜停红烛，待晓堂前拜舅姑。妆罢低声问夫婿，画眉深浅入时无"，这首唐诗表面上是写新婚夫妇，其实是拐弯抹角地问领导是否对自己满意。可以发现，科举制度虽然是伟大的创新，但是刚开始的时候并不严格。同时，唐朝科举取士数量并不多，大量官员还是从世家子弟中提拔。据学者统计，被《旧唐书》和《新唐书》列传的官员，90%都出身于官宦世家。

到了晚唐，历史的洪流让这一切发生了逆转。《新唐书》中描述了这一时期士族的衰落：

胡丑乱华，百宗荡析，士去坟墓，子孙犹挟系录，以示所承，而代阀显者，至卖昏求财，汩、丧廉耻。唐初流弊仍甚，天子屡抑不为衰。至中叶，风教又薄，谱录都废。公靡常产之拘，士亡旧德之传。言李悉出陇西，言刘悉出彭城。悠悠世祚，讫无考按，冠冕皂隶，混为一区，可太息哉！

魏晋时衣冠南渡，尚能带着族谱，但是随着时间推移，记录模糊散乱了。在晚唐的乱世里，家谱都乱了，跟祖先的传承断了。姓李的都攀附到陇西李氏，姓刘的都攀附到刘邦。我们今天也可以看到这样的情况，很多人发财或者当官后，就找个糊涂专家，考证一下自己是谁的第几代传人，把自己的身世往历史上的名人靠。

在晚唐，一方面门阀士族受到科举制的冲击，不能够完全垄断政治权力；另一方面平民阶层崛起，也想在政治权力中分一杯羹，一个方便的办法就是攀附祖宗。即使韩愈这样的大学者也未能免俗，韩愈是河南河阳人，却号称"郡望昌黎"，其实八竿子打不到。社会风气如此，权力的血亲继承就被稀释了。士族的地位不可避免地逐渐衰落。

历史的进程有时候也是偶然的：晚唐的黄巢之乱几乎彻底毁灭了士族。黄巢之乱跟安史之乱乃至历史上其他的动乱有一个很大的不同：通常叛乱分子也希望笼络旧势力，但是黄巢不一样，他每到一处就把当地的官员和士族都杀了。黄巢是落第秀才，他的心理和其他起兵想当皇帝的人很不一样，他对旧有体制的怨恨和强烈的报复心清清楚楚地写在他的诗里："我花开后百花杀。"韦庄的《秦妇吟》就描写了黄巢对旧权贵的屠杀："烟中大叫犹求救，梁上悬尸已作灰"；"内库烧为锦绣灰，天街踏尽公卿骨"。一千年后读这些刻骨铭心的文字，仍能让人感到那种痛楚。

黄巢之乱对唐朝上层的打击远远超过了安史之乱。图18是学者统计的在长安、洛阳唐朝东西两京地区以及河北—河东地区出土

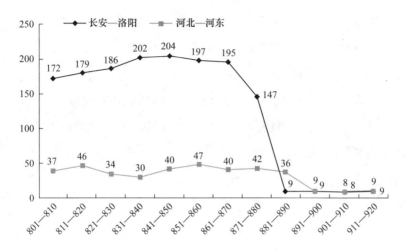

图18　两京地区和河北—河东地区出土墓志数量（每十年）

的墓志的数量。在古时，达官显贵去世才会立考究的墓碑，上面铭刻着墓志。经过黄巢之乱后，墓志的数量陡然下降。唐朝传统的豪门大族往往是族居，因此很容易被黄巢一网打尽。黄巢的战术跟安禄山很不一样，他是个流寇，行军速度特别快，唐朝的豪门没有准备就被屠杀殆尽了。

经过晚唐的黄巢之乱，门阀士族遭到暴力摧毁，接下来是五代十国长期的战乱。在漫长的乱世中，中国的士族彻底衰亡了。士族的衰亡为科举取士的进一步发展留下了足够的空间。

从学者统计的历代进士第数量中，我们可以发现，唐朝每年产生的进士数量其实很少，到了宋朝，每年产生的进士数量大幅增加，到了元朝出现了断层，明清的进士数量则相对稳定。进士中出身平民阶层的比例也随之变化：唐朝的平民阶层通过科举实现阶级跃升还是很难的；但是到了宋朝，进士中出身平民的比例迅速上升；到了明清，平民出身的进士稳定在一半左右。

我们再来看一下高官的阶层背景。两汉时期的察举制下，大量的高官是所谓的寒素出身，其中可能的原因是中国传统的流官制。如果官员和本地势力联合起来，对皇权就产生了威胁，因此地方官必须由外地人担任。再加上地方官不是世袭的，在皇权能够严格控制地方官的时代，地方官和本地的豪门之间的关系就不会特别密切。因此地方官在察举制下推荐的人才，大部分是寒素，而士族的比例不高。魏晋时期实行九品中正制，豪门抓住了机会，大量占据官僚机构，高官中平民出身的比例被大大压缩了。这个趋势即使到了隋朝和唐朝实行科举制度以后，仍然没有改变。每年通过科举取士这一途径出来的官员非常少，大部分官员还是通过事实上的世袭制度产生。但是到了北宋，高级官员的背景构成发生了重大改变，寒素再一次翻身。这正契合了科举制在北宋的完善，以及士族在唐末的衰落。

科举对中国社会产生了重大影响，尤其是极大刺激了人力资本的培养。因为通过科举可以实现阶层的跃升，可以进入权力的中枢。这是中国人普遍重视教育的原因之一。宋朝开始大量出现书院

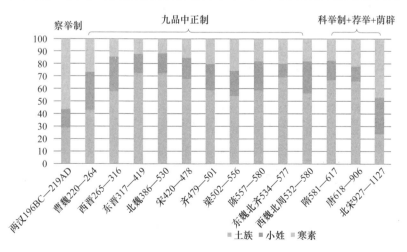

图19　高级官员的阶层背景

和私塾，平民学习的风气大为兴盛，印刷术也随之繁荣发展。直到17世纪，中国大众识字率在世界上仍然遥遥领先。欧洲的封建制度以血缘分配权力，教育成为多余。欧洲大量贵族不识字，日本江户时期的大名和将军也只是粗通文墨。在古代史上从来没有哪个国家像中国一样，精英阶层拥有这么高的教育水平，这是因为我们通过考试来选拔人才。

中国传统的爱情故事里，男主角通常是个秀才，读书人。而在西方的中古文学、民间故事以及传统童话中，男主角通常是骑士或者王子。中国爱情故事里的男主角依靠的是自己的才能，西方爱情故事里的男主角依靠的是自己的血缘。爱情在古时候是奢侈品，老百姓挣扎在生存线上，无暇恋爱，权贵才能谈恋爱。而东西方权力的来源不同，因此东西方传统的爱情小说里男主角的身份不同。中世纪文学里有一个今天看起来很可笑的桥段：骑士要向女神表白，但他不会写字，要请个教士来替他写情书。文盲谈恋爱好像很可笑，怎么都谈不上浪漫，但这在中世纪的欧洲就是非常自然的事情。

科举对阶层流动性也产生了重大影响，阶层向上跃升的通道被打开了，正所谓"朝为田舍郎，暮登天子堂"。宋朝以后大兴科举制，贵族彻底消亡，平民社会出现。钱穆在《理学与艺术》中写道：

> 论中国古今社会之变，最要在宋代。……秦前，乃封建贵族社会。东汉以下，士族门第兴起。魏晋南北朝定于隋唐，皆属门第社会，可称为是古代变相的贵族社会。宋以下，始是纯粹的平民社会。……其升入政治上层者，皆由白衣秀才平地拔起……故就宋代而言之，政治经济、社会人生，较之前代，莫不有变。

相较于贵族社会，平民社会更加公平、流动性更高。这种东西方的不同传统也潜移默化地影响到了今天的娱乐业。无论是《哈利·波特》中的哈利·波特、《权力的游戏》中的龙妈、《黑客帝国》中的尼奥，还是《狮子王》中的辛巴，他们自带的主角光环全是来源于他们的出身。与之形成鲜明对照的是中国的传奇文学，无论是大闹天宫的美猴王，还是今天网文中逆袭的男主角，都反映了我们"王侯将相，宁有种乎"的民族心理。北大清华不少博士研究生毕业后走选调，去西部挂职当个县委副书记之类的芝麻官，走捷径进入体制内。虽然他们博士毕业后不做学问让人感到遗憾，但是读书为了做官其实是中国从宋朝开始的悠久传统，应该承认还是有很大进步意义，至少为统治阶层提供了高素质的人力资本，客观上也有利于被统治阶层。

因此，教育在中国承担着保障社会流动性的功能。很自然地，中国的大学招生基本遵循高考分数线，因为这是最公开透明的办法，让不同阶层的学生处在同一个标准下。那么，大学自主招生应该考核学生的才艺、谈吐，以及眼界吗？如果仅仅为了选拔人才，确实有必要在分数之外设立更广的标准。谈吐不凡、多才多艺的学生，确实更可能在大学阶段出类拔萃，毕业走上社会也更有可能取得更大成就。从大学的角度来看，招生过程中应该看这些在高考分数中无法体现的因素。然而，学生的谈吐、才艺，很大程度上是他们家庭背景的体现。中产阶层的孩子比农村孩子有更多见识，但是他们的见识可能又不如那些能够从小游历世界各国的孩子。大学招生如果以"见识"为标准之一，相当于九品中正制中的"品类"，背后实质是门第。如果大学校长的目的只是为了让大学办好，那么招更多的豪门子弟并没有错：他们更有见识，更容易找到实习的机会，学校不用操心他们毕业后的工作，甚至他们毕业后还更容易成功，成功后还会给学校捐款。然而，中国的传统非常重视社会流动性，大学不但要承担教书育人的功能，还得符合中国的这个悠久传统。我们的传统挑战世袭，甚至藐视世袭，这跟西方大不一样。美国大学招生，有一个渠道就是所谓的 legacy 招生，看考生的父母是否是校友，是否给学校捐款。受到这种招生方式的照顾，特朗普虽然英文表达能力只有小学五年级水平，但是也号称毕业于常春藤名校宾夕法尼亚大学。小布什凭借自身家族进入耶鲁大学，稀里糊涂拿学位，被政敌翻出在学校的烂账，嘲笑"耶鲁的C果然名不虚传！"。这两个通过美国特色的"九品中正制"上大学的总统，一个对外滥用武力，一个对内大搞民粹，治国理政都一塌糊涂，极大损害了美国的利益和国际形象。

科举还对中国的政治产生了深远影响。最高统治者的权力怎么获取？是否也能通过考试来选拔？遗憾的是，科举制不涉及最核心的问题，即最高统治权力如何产生。把下面的小头目干掉，对底层的小喽啰来说是公平的，但是对上面最大的头子来说，他的权力更加不受制约。科举制度加强了皇权，正是看到这一点，唐太宗高兴地说："天下英雄，尽入吾彀中。"钱穆在《国史大纲》中评论科举制度的政治影响：

> 政治上没有了贵族门第，单有一个王室，绵延一二百年不断，而政府中官吏，上自宰相，下至庶僚，大都由平地特起，无家世蝉嫣。孤立无援，无门第宗戚婚姻之攀联。相形之下，益显君尊臣卑之象。

随着科举制度的成熟，皇帝彻底控制了官员的选拔，不仅垄断了最高权力,也垄断了相对低层的权力,君权的稳定性大大提高。宋朝之后,军权和门阀大族再也不能挑战皇帝。这虽然对政治稳定是好事,但是对君权的制度性制约也大大减少。

钱穆在《国史大纲》中提到了科举的另外一个政治影响:

> 政治权解放更普遍。以前参预政治活动的,大体上为几个门第氏族所传袭,现在渐渐转换得更快,超迁得更速。真真的白衣公卿,成为常事。

科举制度改变了权力的产生方式,打击了贵族阶层,强化了皇权,但是毕竟也让更多的人分享了权力。中国人"先天下之忧而忧,后天下之乐而乐""风声雨声读书声声声入耳,家事国事天下事事事关心""位卑未敢忘忧国"……这些传统是从科举制度开始的。在这之前要么是"肉食者谋之",要么是"大丈夫当如是""彼可取而代也",无非是为了建功立业,最大化个人利益。而把国家的事情看成自己的事情,把老百姓的利益看成自己的利益,这种伟大的情操在宋朝开始才普遍出现。原因无他:当老百姓有机会分享权力后,天下的事,就是自己的事。中国人由此具备了现代合格公民的必要条件。

在中国的政治传统中,对于最高权力,其合法性源于天命,不是万世不变的;对于次一级的权力,其合法性源于才能,每个人都可以通过努力获得。这是中国人骨子里的民主精神。

## 奥斯曼土耳其

选拔制天然契合加强中央集权的需要。在亚欧大陆另一边的奥斯曼土耳其帝国，也长期实施一种特殊的选拔制度：军事奴隶制度。奥斯曼土耳其帝国实施德米舍梅（Devshirme）制度。奴隶政治在中东有着深远的传统，因为来自远方的奴隶没有盘根错节的家族关系，且只属于苏丹一人，更能让君主信赖。由于伊斯兰教法禁止将穆斯林变成奴隶，而奥斯曼帝国在侵入欧洲之后在巴尔干征服了大片信仰基督教的地区，因此帝国并不像马穆鲁克王朝那样从远方购买奴隶。一开始，奴隶主要来源是战俘，到了15世纪，奥斯曼土耳其开始大规模在巴尔干半岛基督教家庭中征募奴隶。征募比例是40户一丁，每隔5到7年实行一次。征募的范围是8—20岁的健康男性。如果家长不愿意自己的孩子成为土耳其人的炮灰，那么就必须皈依伊斯兰教。这样，一方面，奥斯曼帝国强力推行伊斯兰宗教信仰，另一方面，这些被抓去当奴隶的人，不仅仅是做苦工，这些青年经过训练和选拔后，进入宫廷担任官职，或者进入军队担任苏丹的禁卫军。他们不能结婚，永远只是苏丹个人的奴隶，他们被晋封的职位和被赐予的庄园则不是个人财产，既不可以出售，也不可以传于子女。由此形成了帝国统于苏丹一人的局面，所有的官员都只是奴隶，他们无法单独构建派系，更无法积累世代的实力，尤其重要的一点是他们不属于任何穆斯林部落。

奥斯曼土耳其的这种制度，和当时欧洲靠血缘分配权力迥然不同，和欧洲的世袭制度形成鲜明对比，给欧洲人留下了深刻印象。一个奥地利使臣在苏莱曼一世在位期间曾经做出如下评价：

> 土耳其人丝毫不看重出身；对某个人的尊重程度，是按他在公务中所担任的职务来衡定的。苏丹在做出任命时，并不注重财富和等级这一类假象……他是根据事情本身的是非

曲直来考虑取舍的……人们在部门中得到升迁，靠的是功绩。这种制度保证了各种职务只委派给能力相称的人。在土耳其，每个人都把自己的祖宗家系，还有自己的命运前程掌握在自己手里，至于是成是毁，那就全看他自己了。

这个奥地利使臣为什么对土耳其评价那么高？因为这个使臣是一个私生子，在欧洲传统的制度下面，他没法出头。因此他拜访了土耳其以后，对土耳其的这一套大为赞赏。

今天的西方人，对于土耳其的这套制度仍然保留着印象。美剧《权力的游戏》基于同名架空小说，但里面很多细节忠于中世纪的欧洲。例如，中世纪欧洲的很多贵族和国王不识字，剧中的洋葱骑士戴佛斯也不识字。剧中的龙妈从奴隶贩子那里搞到一支完全忠于主人的奴隶军队，这支军队也有奥斯曼土耳其军事奴隶的影子。西方作者浸淫在西方历史中，受中世纪历史影响，写出来的架空小说就会自然而然的带有西方传统印记。就像中国人写架空小说，常见的地理设定是北边有荒漠，南边有大海；常见的政治设定是一言九鼎的皇帝，皇帝身边是奸臣或者忠臣；等等。中国的历史同样深深地留在了我们的脑海里。正如马克思所言："一切已死的先辈们的传统，像梦魇一样纠缠着活人的头脑。"

## 选拔制度的弊端

选拔制度有这么多好处，中国和土耳其又是东西方实行选拔制度的国家，但是为什么到了近代，一个成为东亚病夫，一个成为西亚病夫？原因很复杂，其中一个可能的原因是：选拔制度的标准是固化的,而且必须固化。明清以后的科举制度发展得特别成熟,变成了一个指挥棒,过分强调选拔,反而不利于人力资本的培养。《红楼梦》第九回里,贾政教训宝玉:"什么《诗经》、古文,一概不用虚应故事,只是先把《四书》一气讲明背熟,是最要紧的。"类似地,在今天中国的高中里,由于面临高考的巨大压力,班主任多半教导学生别阅读课外书,集中精力刷题。在这种压力下,书店里最好卖的书就是各种教辅和模拟试题。

我们对中国古代的印刷术和出版业引以为豪,明朝出版书籍约1.4万种。但是据学者估计,1522—1644年(嘉靖元年到崇祯末年),欧洲每年出版书籍约3750种,这一数字是中国的40倍!中国的落后,不是从工业革命开始的,在这之前中国的人力资本培养就已经落后于欧洲。欧洲从中世纪走出来以后,书籍出版并没有一个指挥棒,可以很自由,而创新是最需要自由的。

今天的商业竞争中,一个普遍的现象是大公司很难创新,反而是边缘的小公司主导了颠覆性的创新。大公司不是人才不够,也不是没有意识到创新的方向,但不管是智能手机还是电动汽车,革命性的创新不是大公司做出来的。大公司即使意识到了这些颠覆性创新的重要性,但是无法推行。大公司为什么能成功?或者说大公司为什么成为大公司?因为它们一路走来按照旧的模式做得特别出色,特别优秀,所以才成为今天的大公司。但是面临颠覆性创新的时候,原来那套没有办法使用,即使大公司意识到了,也很难调头。这也是选拔制面临的困难:按照同一个标准选拔出来的既得利益者,如果换一套标准,肯定很难接受。

奥斯曼土耳其也是如此。贵不过一代的制度显然有悖人性,禁卫军最终不愿接受文官的控制,进而接管国家。土耳其苏丹先是允许禁卫军结婚和组织家庭，随后又接受了禁卫军子承父业的现实，并废除了奴隶招募制，这样，新的贵族又诞生了。到17世纪中期，禁卫军演化为一个战斗力衰退却能够操控君主的野心集团，他们废立甚至杀害苏丹，掌握国内的大权。到了近代，禁卫军甚至为了自己的利益阻拦苏丹进行资本主义化的改革，这导致土耳其在欧洲大部分国家进入资本主义后，依然处在落后状态。可见，选拔制下的官员，个人利益和人民利益未必一致。这就是陆机在《五等论》里批评过的，"侵百姓以利己者，在位所不惮"。尤其在需要做出变革的时候，这种矛盾被放大了：官员是被旧体制下的旧标准选拔的！

选拔制有很多优点，但还有一个更大的死结：选拔制下的官员对掌握选拔权力的人负责，而不是对他们统治的对象负责。权力的行使是否合理，取决于最高统治者的行为。中国古人说"天听自我民听"，上天又掌握天命，然后压迫到君主，这样君王得听老百姓的。但是这个链条太长了：老百姓的痛苦说给老天听，老天再说给君王听，君王再说给官员听。传话链太长了，信息效率必然低下。在这种制度下面，权力的行使是否合理？按理说应该问一下老百姓。统治者在拔老百姓的毛之前，要先问一下老百姓："我要拔你的毛了，你痛不痛？"老百姓说："痛！"那统治者就不拔了或者少拔点，这是最直接最有效的反馈机制。但是在中国传统的政治理想和现实中，老百姓对老天说痛，老天把百姓的痛苦告诉皇帝，然后皇帝再告诉官员说别拔了，这漫长的链条中，任何一个环节都有可能出错，要让统治者知道人民的痛楚几乎是不可能的！统治是否合理有效，大部分情况下取决于最高统治者，天下兴亡系于一身。因此要解开这个死结，就必须结合选举，让老百姓有发言权。

但是即使有选举,也不能完全解决这个问题。选举制下的官员权力来自选票,因此对选民负责。但官员不用对全体选民负责,而是谁选我,谁能把我选上去,我就对谁负责。在这种情况下,官员只需对51%的人负责,甚至只需对能投出关键决定性选票的那一个小群体负责。这样,选举制下的官员,理论上他对选民负责,但是实际上只对制胜选民负责,因此,他也有和全体国民利益不一致的情况。在这种机制下,权力的行使是否合理,取决于决胜选民。

总之,我们虽然强调制度的重要性,但是制度不是万能的。也许只有在对上天负责、对历史负责的情况下,官员的利益和全民的利益才完全没有差别。

本书的思维方式是经济学,然而,经济学不能囊括全部。如果历史把你放到这个位置上,你不应该有个人利益。这恰恰不是单纯的自私自利的经济人思维。

我们如何获取权力?孟子曾云:"行一不义,杀一不辜,而得天下,皆不为也。"(《孟子·公孙丑》)但是如何衡量"得天下"的巨大收益和"行一不义,杀一不辜"的微小成本?

我们又该如何实施权力?是否应该"计利当计天下利,求名应求万世名"?但是为什么要为天下人谋利?为什么不是为自己谋利?如何衡量你是否为此尽力?如何把未来的万世名贴现到当下的决策?

对于这些问题,经济学没有答案。人类社会进化到今天,不完全取决于个体理性,也靠个体牺牲。当历史把你推到那一刻,要有勇气做出正确的选择。

第十一章
# 开天辟地：现代社会的诞生

人类进入文明社会后，产生了国家，这引发出一系列话题：国家如何构造，国家如何搭建权力结构，如何选拔人才，等等。不同社会对这些问题做出了不同解答。在资本主义出现后，这些不同答案又对社会经济活动产生了巨大的影响，从而导致了各个国家走上了迥然不同的发展路径。1492年哥伦布发现美洲，由此开启的地理大发现从根本上改变了世界经济格局。一个全新的社会组织——有限责任公司诞生了。

有限责任公司最突出的特点是股东对企业的债务承担有限责任，对于超出自己投资金额以外的那部分债务不用负责。这个特点听上去有点不可思议：企业家欠钱，可以不用还全款。中国自古以来的传统是父债子还，企业家不光不是有限责任，而且债务和财产一样必须传给子孙后代。无论在东西方，自古以来，企业为无限责任，股东必须清偿公司所有的负债。这在古人看来是天经地义的。

现代股份公司起源于17世纪的欧洲。当时，欧洲企业的运行机制更类似简单的合股：没有代理人制度，运营决策及股份转让通常需各参股人一致通过；企业资产与个体资产不隔离：一方面，参股人承担无限责任；另一方面，每一参股者均有权要求清算企业。这种情况下，企业的投资多为短期行为。少数需要长期投资的行业，比如需要滚动经营的银行，常由家族所控制。那么股份有限公司是怎么发展起来的？当时商业环境发生了重大的变化，为了促进高风险企业的发展，各个国家特许一些企业家建立股份有限公司。17世纪最典型的高风险高回报的行业就是地理大发现以后出现的殖民地开发和远洋贸易。欧洲的统治者认识到这种高风险的投资是有利的，问题是风险太大，虽然成功的回报率很高，但是一旦失败，投资者要背负一辈子债务，因此，在这样的情况下可以允许企业家只承担有限责任。所以，股份有限公司一开始并不是市场自发形成的一种契约。我们可以想象一下，在几百年前的商业氛围里，企业家如果事前提出在投资亏损的情况下不还钱，他必定无法开展融资活动。因此，股份有限责任公司一开始都带有很强的政府主动参与、主动干预的色彩。

## 东印度公司

荷兰东印度公司可以追溯到1595年，并于1602年在阿姆斯特丹发股募款，这是人类历史上第一个IPO。当时荷兰人在阿姆斯特尔河的桥上买卖荷兰东印度公司股票，这是全世界第一支公开交易的股票。而阿姆斯特尔河大桥就是世界最早的股票交易所，在那里挤满了等着与股票经纪人交易的投资人。

16世纪之前，地中海贸易是连接东西方商品流通的最重要渠道。由于濒临地中海，地理位置优越，以威尼斯为代表的意大利东岸的港口城邦国家非常繁荣发达。地理大发现后，跨大西洋贸易和亚洲贸易取代了地中海贸易的地位，人类历史上多次出现的后来者居上的现象在欧洲发生了：大西洋沿岸的荷兰、英国、西班牙崛起，地中海沿岸的威尼斯衰落。

地处欧洲西北部的荷兰地理位置特别适合开展海洋贸易。荷兰人最初只从事与北海、波罗的海地区的区域性短途海上贸易，运送俄罗斯人的皮毛。荷兰人利润更丰厚的海洋贸易则是参与连接东西方的国际贸易，这样需要绕过西班牙和直布罗陀海峡，然后进入地中海，做意大利各城邦国家的二道贩子。当时地中海贸易被意大利的城邦国家所垄断，威尼斯人将东方的货物运到意大利，荷兰人接着将其运到欧洲其他地方。地理大发现以后，欧洲去往东方的贸易线路不再依赖地中海航线，而是可以绕过非洲的好望角，进入印度洋。这条线路看上去很长，但是比走地中海再转陆运反而方便不少，也便宜了很多。航运线路对经济地理有着很大的影响，为什么中国的沿海地区相对比较发达？其中一个因素就是海运的便捷：将货物从美国的西海岸不远万里运到上海，然后再从上海运到内陆的某个省份，前面一段的运输成本比后面一段的运输成本要低很多，因此沿海省份有参与国际贸易的天然优势。和其他古老文明一样，中国文明的起源地也是靠着大江大河。而华北在近古的衰落，也和整个黄河流域的航运功能逐渐消失有关。朱温一把火烧了长安后，长安再也没有恢复上古时期的荣光。

新的航线出现，旧的航线就逐渐被替代，旧的港口衰落，新的港口崛起。16世纪后，荷兰人进一步把贸易范围扩展到了亚洲、大西洋和北美加勒比海地区。远洋贸易与荷兰传统从事的海洋贸易有着很大的不同：

首先，远洋贸易耗资巨大，当时建造一艘远洋船只耗资约10

万荷兰盾，是地中海或者非洲贸易商船价格的2—4倍。

其次，与传统贸易相比，远洋贸易耗时极长。例如，对于荷兰人在波罗的海进行的短途航海贸易而言，一年内的适航季节便可以进行两到三轮的贸易。荷兰人进行一次与意大利或者西非地区的航海贸易，也只需要十到十二个月的时间。但是，荷兰东印度公司进行的贸易远及亚洲，其规模远远超出了此前的区域贸易。一轮亚洲贸易平均需要两年才能完成。而有的前往亚洲的前期探索航行，甚至耗费了10—15年才宣告完结。

最后，贸易的风险也变得十分巨大。例如，在1595年至1601年的前期探索时期，荷兰人发往亚洲的商船有超过20%都因为失事而有去无回。

这些特点和我们今天的风险投资非常类似：投资金额很高，回报周期很长，投资风险非常大。这样的投资活动无法用债务来支撑。和风险投资一样，荷兰人从事远洋贸易的回报模式也和以往有很大的不同。我们可以分析荷兰东印度公司1595年成立以后的投资和回报状况：到1599年，对荷兰东印度公司的投资累计140万荷兰盾；到1601年，这一数字增长到500万。但是早期的投资产生的收入远低于投资额。从1595年开始一直到1602年，荷兰东印度公司的累计收入都无法覆盖累计投资，投资者长期无法获利。

远洋贸易投资产生的现金流和传统的行业如此不同，导致了远洋贸易的融资方式也必须发生相应的变化。荷兰人的远洋扩张极大地改变了对于资本的需求。当荷兰商人们从事传统短距离贸易之时，他们可以选择多种传统方式来进行融资。例如，商人们可以通过留存部分利润进行再投资。同时，他们也经常从亲戚、朋友处进行借贷。但是，这些传统的商业融资方式只足以支撑荷兰人传统的贸易活动。远洋贸易的特性给既有的融资体系带来了重大的挑战：

首先，由于早期回报远低于投资，通过留存利润的方式扩大投资对荷兰东印度公司所进行的亚洲贸易是不现实的。正如今天风险投资基金支持的很多企业，在早期都在烧钱，并不产生盈利。

其次，传统的熟人间的借贷、融资形式只是一个有限的"圈里人游戏"，亲戚、朋友等"圈里人"所能提供的资金量有限，不能满足远洋贸易的高额融资需求。

同时，这种"圈里人"的融资模式流动性十分不足，持有股份的人在必要时想在有限的圈子中出售股份并不容易。当他们面对的是风险性极大、周期极长的远洋贸易时，流动性不足这一缺陷是十分巨大的。由于进行一轮亚洲贸易的周期非常漫长，贸易融资的期限需求也因此发生了重大改变，投资人的流动性将无法得到满足。这样，一方面实体经济回报周期很长，但是另一方面金融资本要求回报的期限又很短，这种流动性或者说期限结构上的矛盾是原有的传统融资很难克服的。

在远洋贸易的方式上，当时欧洲不同国家的相关制度和实现手段有着很大的不同，并且产生了非常深远的影响。欧洲各国的远洋贸易均为垄断，因为垄断收益能给人激励，使其有动力进行探险，寻找新航路。寻找新航路的投资活动最困难的在于前期，各种冒险，各种失败，风险很大。但是只要有人把路线测绘出来，后来者跟着航海路线走就变成相对容易的事情。这正像新药研发一样，最难在前期的研发和一期、二期、三期的临床试验。一旦研发成功，仿制药的开发就简单多了。因此，正如今天我们必须给予原药研发厂家足够的知识产权保护一样，在大航海时代，对于披荆斩棘的远洋贸易活动，也必须给予足够的保护。但是各国具体的做法有着很大差异，带来了不同的结果。西班牙、葡萄牙是国家行政垄断（相当于国企），英格兰和荷兰是国家颁发垄断许可给私人企业。因此，现代股份有限公司最早在这两个国家诞生。荷兰和英格兰的制度又有一些微妙的差异，我们稍后会在下文展开。

起初，商船返航后，投资者按照出资比例分配货物，完成一次投资周期。这是非常自然的，也是很符合人性的事情：投资者出钱给船队，船队返航，各路人马按照出资额瓜分带回来的财富，这次航行就宣告结束。但是伴随着欧洲与亚洲地区的远洋贸易的兴起，长期投资的重要性愈发凸显。荷兰东印度公司成立时仅有十年存续期，到期即清算，分配资产及盈余；然而，随着企业在亚洲攻城略地、置备众多船只与据点，维护这些长期基业的需求日益突出。一个存续期只有十年的企业，它的股东显然不愿意投资超过十年有效期的长期资产，但是如果不投资这些长期资产，十年之内的盈利没有办法得到保证。

于是，应企业管理者呼吁，荷兰政府将公司改制为永久资本。相应地，现代会计制度中，我们将企业看成永续经营。然而永久资本以及永续经营的概念，是反直觉的。世界上很少有百年老店，更不用说千年老店，不可能有永垂不朽的企业。无论是中国还是美国，大部分新设企业活不过三年。马云曾经说阿里巴巴要活101年，这不是谦虚，而是一个宏伟的目标。反直觉的东西需要强力维持，因此当时的荷兰政府强力介入，压制了荷兰东印度公司部分股东的不满和抗议，把东印度公司改制成为永久资本。之后，伴随有限责任等制度确立，荷兰率先发展出了现代股份公司制。公司成为一个独立的法人，其特点如下：

代理制度：在代理制度下，代理人（经理）受委托人（股东）

之托行使权力。这条是继承了罗马查士丁尼法典中的代理人思想。

实体保护：公司受到实体保护，股东的私人债务的债主不能追索公司资产。

资本锁定：出资人不能随意撤资，不能随意迫使公司清算。

可流通股：股份可以自由流通交易。

有限责任：股东只承担投资金额内的有限责任。

股份有限公司的这些特点显著不同于简单的合股企业。这是在大约四百年前，欧洲人进行的一次重大的制度创新。在这样的一个企业里，投资者如何保证船队会为投资者的利益服务？英国东印度公司保存了比较完整的资料，我们从中可以了解其公司治理结构。1600年12月31日，英国皇室授权伦敦商人公司从事与东印度的贸易，即为英国东印度公司。该公司有218个发起人（即股东），由业主大会（Court of Proprietors）和董事会（Court of Directors）治理，业主大会由那些有投票权的股东组成（出资超过500英镑），有融资决定权和董事选举权。董事会负责公司的运营，选举首席执行官，公司运营政策的制定需要得到业主大会的批准。由于它内在的特点，股份有限公司诞生之初的治理结构和我们今天的上市公司就已经非常像了。今天的上市公司召开股东大会的时候，虽然对股东的投资金额没有任何限制，但是事实上也是那些投资金额超过一定比例的股东，才有兴趣、有激励地去参加股东大会。

虽然英国东印度公司和荷兰东印度公司都是最先诞生的股份有限公司，但是在早期，荷兰和英国两国东印度公司的制度存在着明显差异：在相当长时间内，英国公司仍保持较短的清算期限。直至17世纪中叶以后，英国议会逐渐限制王权，投资者被掠夺的风险降低，双方制度才逐渐并轨。而荷兰是一个联邦制的共和国，商人不会面临被集权掠夺的威胁。

长期投资需要长期融资，因此如果不限制王权，不保护投资者的利益，投资者就不愿意提供长期融资。1600年，英国东印度公司成立，起初的12次航行均采取单次融资的方法，航行结束后清算。1613年起尝试发行8年期的融资，后经多次反复，直到1657年才转为永续资本。

图20　两国的东印度公司章程确立的公司存续期间比较

融资结构的长短区别，对两个东印度公司的经营产生了很大影响。与荷兰东印度公司相比，英国东印度公司的融资期限更短，投资者要求尽快分红，因此公司经常需要重新募股融资，融资更不稳定。荷兰东印度公司的股权融资则非常平稳，不断有新的资本进入。而直到英国东印度公司变成永续资本以后，其股权融资额才显著超过荷兰东印度公司。不仅如此，英国东印度公司的债务融资能力也远逊于荷兰东印度公司，双方在债务融资的规模上的差距始终非常大。

除此之外，两个公司的分红水平也不一样。我们今天强调上市公司要给投资者回报，鼓励上市公司多分红。但是从另外一个角度来看，什么样的公司会被迫进行分红？有可能是因为投资者对公司不放心，因此要求公司尽量多分红。在公司金融理论中，在理想情况下，公司分红和公司投资应该没有关系。公司有资金，首先应该寻求良好的投资机会，但是在现实中却并不如此。由于公司和投资者之间存在信息不对称，因此公司需要进行定期分红，来传达一个有效信号，证明自己是值得信赖的。这种信号是有成本的，因为这意味着公司放弃了一些好的投资机会。这样，从这个角度看，投资者信赖的公司，反而无须靠分红来让投资者放心，因此可以把资金用到回报更大的投资中去，为股东创造更高的价值。学者通过比较英国东印度公司和荷兰东印度公司的分红，发现在荷兰东印度公司转制成为永续资本前，它的分红很高，因为每次航行回来，带回来的财富全分了。但是一旦转为永续资本，荷兰东印度公司的分红水平就会迅速下降，因为它的资金有更好的用处，可以用来扩大亚洲航线的经营，可以追寻一些更加有利可图的项目。而很长一段时间内，英国东印度公司的分红水平远远高于荷兰东印度公司，这是因为英国东印度公司能更好地回馈投资者吗？恰恰相反，正是因为英国东印度公司在很长时间内不是永续经营，而是一个类似于项目制的公司，因此每次航行结束，就完成一个投资周期，投资者分红清盘。直到1657年以后，英国东印度公司也变成了永续资本，它的分红水平才低于荷兰东印度公司的分红水平。也就是说当公司有了永续资本以后，就不需要把利润全部拿来分，而可以将其留存利润来进行更好地长期投资。这和孟子说的"有恒产者有恒心"是一致的。

英国东印度公司和荷兰东印度公司的融资结构产生了如此大的差异，那么金融是否会影响到实体经济？解决长期融资问题以后，荷兰东印度公司就可以更好地进行长期投资。为了保卫殖民利益，殖民者和商团需要在全球各地建立据点。然而，17世纪初的英国东印度公司在每次航行后都要清算，投资者只在乎短期利益，对于惠及后一波投资者的战略投资不感兴趣。因此，在大航海时代早期，英国东印度公司在海外的据点远远少于荷兰东印度公司，荷兰毫无疑义地成为海上霸主。一直到17世纪后期，英国东印度公司转变成永续资本以后，它才开始在海外修建战略据点。荷兰东印度公司在欧洲和亚洲都拥有雄厚的资产，而英国东印度公司直到变成永续资本以后，它的投资者才有兴趣进行长期战略投资，产生长期资产。

为了保卫海外资产，东印度公司还需要维持一支庞大的舰队，这也需要大量的资金投入。荷兰东印度公司的雄厚财力使其舰队规模在17世纪远超英国东印度公司。无论是发往亚洲的船队规模，还是常年驻扎在亚洲的护航舰队规模，英国东印度公司的船队规模长期不及荷兰东印度公司的一半。

由于缺少海外基地的补给和海外舰队的保护，英国东印度公司的商船需要在亚洲航行更长时间，这使得返航时间大大加长。资料显示，荷兰东印度公司的早期探索时期，有时候平均两三年才能结束一个航程，但是之后大部分远洋航行一年之内就回来了，因此投资的回收周期变短，回报更稳定。与之相反，英国东印度公司的航行周期平均需要三四年，极端情况下甚至九年才能返航。我们可以想象一下，由于英国东印度公司的船队没有海外基地的支持，也缺少海外舰队的保护，它们要在大洋上经历更多艰难险阻。金融，就这样影响着实体经济。而发达的金融和投资体系，又要求对统治者有效制约，防止其剥夺投资者。

## 股票市场

我们再来看一下，有了股份有限公司以后，金融市场是如何演变的。1602年，荷兰东印度公司正式上市，募股融资640万荷兰盾。

这在当时是巨额资金，投资者面临巨大财务压力。为了促进股票销售，缓解投资者压力，他们对认购的股票采取了分期付款：1603年（25%），1604年（33.3%），1605年（33.3%），1607年（8.3%）。分期付款的时间和远洋舰队出航的时间大致重合，以满足资金需求；舰队返航后，投资者获得分红，正好有资金来认购分期付款的剩余部分。到1607年，股票认购金额全部到位后，荷兰东印度公司的累计股权投资额为900万荷兰盾，即公司股本的账面价值。

在早期，合伙人的股票也可以转让，但是一般发生在遗产继承、破产偿债等场合，股票流动性是非常差的。原因在于，航海商队背后的企业是简单的合股企业，一般都是少数圈内人投资，外部人很难了解真实的运营情况，内部股东很难出售手里的股份。我们今天看企业的商标名称，可以看到很多企业的创办人的名字就是企业名称，比如胡庆余堂、丰田等。这其实是资本主义刚出现时候的传统：个人和企业是不分的，因此，在这种情况下要把企业的股份卖掉很难。

虽然采取分期付款缓解了财务压力，投资人的投资因为漫长的贸易周期仍然无法获得流动性。荷兰的市场经济迫切需要一种新的金融工具，在保证投资者投资流动性的同时，保障公司融资的稳健性和可持续性。为应对这种巨大的市场需求，阿姆斯特丹证券交易所代表的二级证券交易市场在此时应运而生。

荷兰东印度公司的出现恰逢其时：当时阿姆斯特丹大约有5万成年男性，其中1.1万人参与了荷兰东印度公司的股票认购，最低认购额150荷兰盾，真是全民炒股！当时并没有纸质的持股凭证，而是由公司设立股东花名册，股票转让需要记录在账。

由于认购股票时允许分期付款，荷兰东印度公司的股票一开始就带有很强的投机性，类似于远期市场。有不少人并不打算持有股票到下一次认缴金额时间，而是打算在这之前出售，快速获利离场；也有人没有足够的资金进行下一次认缴，因此被迫出售。

这其中有部分人并不想放弃股东身份和将来的认缴，于是只出售部分权益：买方获得了获取公司下一次分红的权利，卖方用出售获取的资金进行下一次认缴。为了保持股东身份，这样的出售不在公司股东名册上做改变。股票二级市场诞生了。同样地，今天一般的股票交易只在中证登的系统记录，上市公司并不知晓。

做市商的出现进一步加强了东印度公司股票的流动性。由于大量中小认购者并不熟悉交易，他们依赖交易商来买卖股票。在交易的早期就出现了标准化，交易的股票大多以3000荷兰盾的倍数作为面值。交易商打折收购小投资者手中的股票，然后凑成3000再卖掉，从中收取差价，这实质上是做市商。之后，经纪人业务也出现了。经纪人不用自己的账户交易，也不能做交易的对手方，只是撮合交易、赚取佣金。随着股票市场的扩大，交易商越来越多地雇用经纪人，利用经纪人对市场和其他交易商的了解去做交易。

随着股票市场的发展，很快出现了远期交易、期货、期权、杠杆交易、股票回购质押交易等各种现代金融工具。在远期交易中，双方签约，于未来按约定的价格交割股票。双方可以选择用股权交易的方式履约，也可以用现金交割，即用远期价格减去现货价格。现金交割同样绕开了东印度公司，直接在交易所进行。

1609年，荷兰商人艾萨克·勒梅尔（Isaac Le Maire）认为荷兰东印度公司股票价格被高估，于是卖空了该公司股票，一年后该公司股票下跌12%，勒梅尔因此获利颇丰，但荷兰东印度公司的股票价格上涨却由于市场卖空交易而受到抑制。荷兰东印度公司便利用其当时对荷兰政府的影响力,游说荷兰政府禁止卖空交易,并于1623年加强了相关法规(在2008年金融危机之后,裸卖空被多国监管机构禁止)。这样,在股票市场出现的十年之内,现代金融市场的各种复杂工具都出现了。

总体来看,这些金融工具的诞生极大促进了流动性。荷兰东印度公司上市十年后,月度交易占总股本的比例最高达到3.5%,全年交易量接近总股本的四分之一。也就是说,大约四分之一的股票一年之内换手,股权投资的流动性大大加强了。

资本市场的出现极大地改变了人类财富积累的方式。财富从哪里来?这个问题如果问我们的父母,或者问我们的祖父母,他们多半会回答:是省出来的。中国人传统的财富观是勤俭持家:假如一个月赚1万元,花3000元,省7000元,一年就能积累8万多元。这样,财富来自过去。这个简单质朴的道理,在资本主义兴起之后被颠覆了。经济学里讨论货币的时间价值,会涉及一个重要的概念:贴现。贴现是把未来的钱贴现到今天,资本市场最伟大的功能是发现财富可以无中生有,可以来自于未来!如果一个人每年净赚8万元,在20倍市盈率下贴现,相当于160万元,那就创造出了160万元的财富,是前述节省积累下的财富的20倍!而这只需要我们对未来的现金流有预期,财富就凭空产生了。贴现,是资本市场造富最伟大的功能,完全改变了人类积累财富的过程。在过去几万年里,各个不同的民族和不同的文明对于财富的理解都是财富来源于过去和现在的辛劳,而过去和现在都是有限的。但是,一旦有了资本市场,财富可以从未来产生,而未来又是无限的。当时的荷兰人站在阿姆斯特尔河的桥上,猜下一艘回来的商船会带来多少香料、丝绸、瓷器,然后判断其中的风险来进行贴现,这便形成了荷兰东印度公司的股票价格。由于荷兰东印度公司是永续资本，股票投资者不光要展望下一期的商船收益，还要计算后年、大后年，以及未来好多年的商船收益。股权因此变得特别有价值，因为未来很多年的财富都被贴现到今天了，财富就这样产生了。在农业时代胼手胝足才能积攒的财富，资本市场凭着对未来的预期就实现了。当然，这样的预期要求统治者绑住自己的手脚，不任意干涉投资者和企业。不然未来就没有了！

一个显而易见的问题是：我们怎么预知未来？当财富来源于过去的时候，我们需要一个会计，把账目清点清楚，告诉我们有多少香料，多少象牙，多少黄金，多少白银，这就是我们的财富。但是如果财富来源于未来，我们预计明年会有一吨香料，后年会有一箱黄金，大后年会有一船白银，这是我们财富的来源。当财富来源于未来，也就是来源于对未来现金流的贴现的时候，我们需要一个预期，但是预期经常不准。

1689年到1714年，英国政府因为打仗欠了巨额债务。南海公司（South Sea Company）提出向英国政府支付750万英镑来换取管理英国国债的特权。在向英国国会的主要议员和英国皇室支付了120万英镑的贿赂后，英国国会把管理非南海公司持有的3100万英镑的国债的特权判给了南海公司。

南海公司制造大量新闻，诱使人们相信在南美发现了巨大的金银矿藏，纷纷购买南海公司的股票。南海公司在1720年4月向公众提供股票预约认购，人们只需支付股价的十分之一就可获得股票。南海公司相当于开了一个配资公司，向股民提供配资炒作自己的股票。南海公司还承诺，所有持有国债的人都可以把尚未兑换的国债转换为南海公司的股票，这实质是拿浮动收益（股票）换英国人手里的固定收益（国债）。在什么样的情况下，投资者愿意放弃浮动收益，换取固定收益？一定是当他们对手中的浮动收益看空的情况下。南海公司的这个操作，本身就是对公司股价看空的信号。然而，市场的参与者并非完全理性，当他们认定股票要涨的时候，任何信号在他们看来都是利好！大量议员、贵族、政府官员同样抢购股票。南海公司股价很快从100镑飙到950镑。

很快，大家发现这样来钱太快了，没有取得国债经营许可证的其他公司也开始效仿发行股票。为了制止这一现象，1720年6月，英国国会对新公司的设立及新股票的发行实行严格管制，此即《泡沫法案》（Bubble Act）。我们知道，在实体经济中，供给和需求决定了价格，因此供给减少，价格应该上涨。然而，在金融市场中的价格不光由供给和需求决定，它还反映了对未来的预期。监管者为了稳定市场而做出各种限制，反而被市场看成是某种信号。当信号发出时，理性的投资者应该赶紧跑，绝对不能跑在后面，否则就完蛋了！因此《泡沫法案》表面上看上去限制了股票的供给，但是它传达了一个让市场恐慌的信息，反而导致这些公司的股票纷纷下跌，严重影响投资者的信心。

同年10月，南海公司股价跌到170镑，这年底，跌至125镑。不仅套牢了英国的达官贵人，甚至连牛顿也被套牢了！牛顿说过一句很有名的话，他说我可以计算天体的运行，但是没有办法计算人们的疯狂。我们的投资者，自问能比牛顿更聪明吗？所以炒股并不需要太高的智商，而是需要情商，加很多的运气。我们这辈子绝对没有机会跟牛顿这么伟大的人物站在同一个起跑线上，除了炒股的时候！

牛顿并不比一般散户更高明。牛顿的交易记录显示，他刚开始买入南海公司股票的时候，颇有斩获。他随后卖出获利——我们可以猜测他在这个时候感觉很好。牛顿卖出后，南海公司的股票还继续涨，于是他重新入场，继续买入。不幸的是，这次他买入不久后，南海公司的股票就开始下跌。牛顿接下来做了一个散户经常干的神操作：逢低补仓！所谓摊薄持仓成本：比如说10块钱买的股票，跌到8块钱，跌去了20%，心里很不爽，但是如果以8块钱的价格再多买一点，总亏损比例低于20%了，心里感觉好一点。就这样，牛顿在下跌的过程中不断补仓接飞刀，他觉得自己在逢低吸纳，迟早会触底反弹。然而股市的复杂难倒了牛顿这样的大脑，最终他的表现糟糕得要命，亏损得一塌糊涂！

## 债务市场

二级市场的出现使得荷兰东印度公司的股票成为很好的抵押品：标的物广为知晓，价格透明，随时可以出售。证券市场的兴起使得资本投资的流动性得以增强，降低了投资变现的成本，无须等待商船归来就可以变现。这促使更多的人愿意并能够将自有资金投入市场当中，用以支持海外扩张。这种资金供给的大幅增加是资金借贷成本下降的重要原因，而资金借贷成本的下降也进一步刺激了投资活动和整个市场的活跃。类似机制下，阿姆斯特丹交易所诞生了股票回购交易，这和现代金融市场中的repo交易是很类似的。在股票回购交易中，交易商质押股票，获取资金买入更多股票，然后再继续质押，继续获得资金，继续买入，实质是高倍杠杆交易。而部分交易商通过股票抵押贷款获得资金，同时隐瞒股票实质上被出售的事实，这和2008年金融危机前雷曼兄弟的做法是一样的。

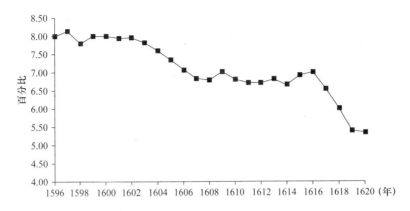

图21 荷兰债务市场利率

这样，贴现的存在使得财富从未来产生，放大了我们现在的财富，但同时也带来了风险。

股票质押市场的出现，进一步促进了债务市场的发展，使得债务市场利率不断下跌，从16世纪末的8%一路下降到1620年的5%左右。这极大降低了债务成本，有利于经济增长。

股票市场的发展伴随着债务市场的发展，利率的下降又进一步利好债务市场。1590年代，荷兰和西班牙发生战争。荷兰政府开始发行公共债务。最早的国债期限很短，但是大部分国债在到期后继续滚动发行，因此国债的期限逐步变长。起初，国债是记名的，流转很不方便。后来逐步发展成不记名的，流动性大大提高。到1650年，40%的国债是不记名的，在市场上大量交易。由此，现代债务市场也发展起来了。

由于远洋贸易的产生，商业模式发生了改变，刺激了现代资本市场的产生。股权投资者基于对未来的预期给股权估值。类似地，债务人本质上其实是向未来的自己借钱，债务市场也将未来的财富挪到了现在。人类历史上第一次，财富来源于未来，而不是过去。这就是资本市场造富的最大秘密。未来是无限的，财富也可以无限。这样，权力和资本的关系发生了根本的改变。权力需要控制和秩序，资本需要自由和发展。现金流如果能被任意掠夺，那么股权估值上不去；如果能够任意逃废债，那么债务市场会崩盘。因此资本市场要发展，需要把权力关进制度的笼子里。如果权力不受制约，财富就无法扩大。但是财富扩大，必然威胁到权力，因此权力总是想防止资本无序扩张。

  三个世纪前，东西方做出了不同的选择。17世纪出现的宪政体制为资本市场的发展保驾护航。现代资本市场的产生又极大地改变了财富聚集的过程，进一步促进了资本主义的发展。这一切就发生在17世纪总危机的阴影下。在纷扰的乱世里，世界发生了影响深远的变革。而静悄悄地，中国错过了这个关键的转折。东西方大分流开始了。

# 第十二章
# 分道扬镳：东西方大分流

从大约17世纪开始，在政治、经济、文化等诸多领域，中国和欧洲的发展方向都出现了非常大的背离，历史学家称之为大分流。今天我们看到的世界和17世纪之前的古人看到的世界，迥然不同。我们来看一下马可·波罗对中国的描写：

> 这座城（杭州）方圆约有一百英里，它的街道和运河都十分宽阔，还有许多广场或集市，因为时常赶集的人数众多，所以占据了极宽敞的地方。这座城市位于一个清澈澄明的淡水湖与一条大河之间。湖水经由大小运河引导，流入全城各处。
>
> 在我所说的湖的周围有许多宽敞美丽的住宅，这都是达官贵人的寓所。还有许多庙宇及寺院，寺中住着许多僧侣，他们都十分虔诚可敬。靠近湖心处有两座岛，每座岛上都有一座美丽华贵的建筑物，里面分成无数的房间与独立的亭子。当本城的居民举行婚礼或其他豪华的宴会时，就来到这两座岛上。
>
> ……………
>
> 城内除掉各街道上密密麻麻的店铺外，还有十个大广场

或市场,这些广场每边都长达半英里。大街位于广场前面,街面宽四十步,从城的一端笔直地延伸到另一端,有许多较低的桥横跨其上。这些方形市场彼此相距四英里。在广场的对面,有一条大运河与大街的方向平行。这里的近岸处有许多石头建筑的大货栈,这些货栈是为那些携带货物从印度和其他地方来的商人而准备的。从市场角度看,这些广场的位置十分利于交易,每个市场在一星期的三天中,都有四五万人来赶集。所有你能想到的商品,在市场上都有销售。

传教士笔下的南京也是同样繁华。明朝时的葡萄牙传教士曾德昭(原名奥伐罗·塞默多)写了《大中国志》,其中写道:

(南京)是全国最大最好的城市,优良的建筑,宽大的街道,风度优雅的百姓,以及丰富优良的种种物品。它有令人惊羡的游乐场所,境内人口众多,各处都能遇到拥挤的人群,街道难以通行。此外,无数的宫殿、庙宇、楼塔以及桥梁,使城市显得非常壮丽。

他们的住房因设计良好而便于住宿,整洁舒适,他们种植许多蔬菜,供百姓常年食用……他们在各地,即使小村镇,都有充足的肉食,全年最常食用的是猪肉,牛肉去骨售卖,他们的鹿肉很少,也不怎么爱吃它。中国人特别喜欢花,他们有非常美丽,但不同于我们的花。

我曾在流往杭州的南京河的一个港湾停留八天……一个沙漏时辰过去,仅仅数数往上航行的船,就有三百艘。那么多的船都满载货物,便利旅客,简直是奇迹。船只都有顶篷,保持清洁。有的船饰以图画，看来是作为游乐之用的。

**传教士笔下的中国人胸襟宽广：**

中国人爽快地赞颂邻国的任何德行，勇敢地自承不如，而其他国家的人，除了自己国家的东西以外，不喜欢别的东西。中国人看见来自欧洲的产品，即使并不精巧，仍然发出一声赞叹。

这种态度，在今天的微博、抖音等社交媒体上，肯定会被打成崇洋媚外！

不仅如此，传教士笔下的中国还拥有良好的商业环境：

在海关……有更多的方便。没有堆放、过磅和检查货物的房间，也不需从船上取出货物，只查看一下并根据商人的簿册，征收一笔适当的税。若旅客不是商人，即使他一人带着奴仆，载运五六口箱子以及其他许多物品，他从一地赴另一地时，一般都把东西留在船上，并不打开检查，更不付税。这对欧洲的海关和税务所是一个好榜样，欧洲的穷旅客遭到凶狠野蛮的劫掠搜夺，随身携带的所有东西还抵不上向他索取的税。

这反映了一个事实：中国在很早就形成了全国统一的大市场，对商业活动非常有利。这是巨型国内市场的规模优势。

然而，到了1793年，英国马戛尔尼使团这样描写他们见到的

**康乾盛世：**

> 在京城一地每年就有近九千弃婴……我曾经看见过一个死婴的尸体，身上没有系葫芦，漂流在珠江的船只当中。人们对此熟视无睹，仿佛那只是一条狗的尸体。而事实上如果真的是一条狗的话，也许更能吸引他们的注意。
>
> 极端的贫穷，无助的困苦，连年不断的饥馑，以及由此而引发的悲惨景象，恐怕更有可能影响到那些感情脆弱的人，并导致这一为习俗所鼓励，又不为法律所禁止的惨无人道的罪行。

**马戛尔尼将中国的贫困归咎于中国的制度：**

> 中国所有的有关财产的法律确实都不足以给人们那种安全感和稳定感，而恰恰只有这种安全感和稳定感才能使人乐于聚积财产。对权势的贪欲也许使他们对那些小康视而不见，但是那些大富却实难逃脱他人的巧取豪夺……执法机构和执法方式如此不合理，以至于执法官员有权凌驾于法律之上，使得对善与恶的评判在很大程度上取决于执法官员的个人道德品质。

这样，当中国人无法保护自己的财产时，自然就没有动力扩张财富，因为权力对此无法容忍，动不动就要遏制资本扩张。

民有恒产则有恒心，反过来说，无恒产则无恒心。既然财产会动辄被剥夺，那么当无赖就是最佳选择：

这些事例再清楚不过地昭示了中国人自夸的道德品格中的巨大缺陷。不过就像我先前说过的，其错当在于政治制度，而不在于民族的天性或者气质。

　　就现政权（清廷）而言，有充足的证据表明，其高压手段完全驯服了这个民族，并按自己的模式塑造了这个民族的性格。他们的道德观念和行为完全由朝廷的意识形态所左右，几乎完全处在朝廷的控制之下。

　　中国朝廷有的是闲暇和精力，按自己的意愿来塑造国民。这样的实践足以证明，中国朝廷在这方面有着丰富的经验。

　　在这样的国度里，人人都有可能变成奴隶，人人都有可能因官府中最低级官员的一点头而挨板子，还要被迫亲吻打他的板子、鞭子或类似的玩意儿，跪倒在地上，为麻烦了官府来教育自己而谢罪。于是荣誉观和尊严感就无处可寻了……人的尊严的概念巧妙地消灭于无形。

**这些话就是放到《鲁迅全集》里，也丝毫没有违和感。**
**马戛尔尼对外强中干的清政府做出了准确的判断：**

　　清政府好比是一艘破烂不堪的头等战舰，它之所以在过去一百五十年中没有沉没，仅仅是由于一班幸运、能干而警觉的军官们的支撑，而它胜过邻船的地方，只在它的体积和外表。但是，一旦一个没有才干的人在甲板上指挥，那就不会再有纪律和安全了。

**这个判断在半个世纪后完全得到了验证！**

# 大分流

图22是经济史学家测算的两千年来主要国家的人均GDP变化。我们可以看到，现代经济增长大约从17世纪后才出现，而这之前漫长的岁月里，人类生活水平并无多大变化，大部分人在生存线上挣扎。因此，从经济学的角度看，可以说历史是从17世纪开始的，在这之前，没有历史。在这之后，人均生活水平不断增长，而且进入指数增长。人类的进化落后于人类的发展，使得我们对于指数增长缺乏本能的体会。我们生活中遇到的大部分情况都可以线性外推，所以我们意识不到，在指数增长下，随着时间的流逝，一点点的初始差别能够最终导致如此大的不同。最近让人类感受深刻的指数增长是新冠病毒的大流行。当病毒传播指数大于1的时候，病毒进入指数增长阶段，越往后感染范围越大，越难以控制。因此各国政府希望通过足够多的人群接种疫苗，来达到群体免疫，使传播指数小于1，将传染范围控制住。新冠病毒之所以让我们手忙脚乱，其中一个原因就是人类对指数增长这个事情很不习惯。类似地，在17世纪刚开始的时候，即使有人先知先觉，他仍然只能感觉到一些细小的变化，但随着时间流逝，这些细小的变化导致了巨大的差别。当19世纪中叶中国人睁开眼睛看世界，惊呼五千年未有之大变局的时候，这个指数增长的过程已经让中国远远地被西方抛下，这就是所谓的大分流。

这张图还显示，中国一直到进入改革开放以后，人均收入才开始上升。我们把改革开放以来的中国经济增长视为奇迹，但如果我们将目光置于大历史的角度，我们可以看到西方有个更大的奇迹，这就是从17世纪出现的现代经济增长。那么为什么中国会错

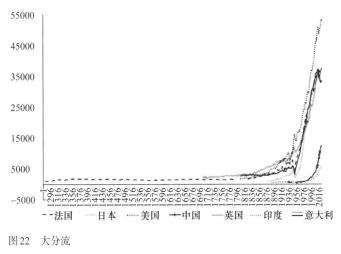

图22 大分流

过这一波主升浪?

大分流有很多原因,这是社会科学里面最大的谜!美国著名经济学家卢卡斯曾经说过,作为一个经济学家,当你一想到经济增长这回事,对别的东西就再也不感兴趣了。改革开放打开国门,我们惊觉中国和西方竟然有这么大的生活水平差异。我们知耻后勇,努力追赶了40年,但是今天中国的人均GDP仍然只有美国的1/6,或者是欧洲和日本的1/4。这种差别不是突然形成的,而是可以追溯到17世纪。

今天我们分析大分流的原因,首先映入脑海的是科技,也就是著名的李约瑟之谜。宋朝的时候中国有那么多先进的技术,为什么现代科技诞生在欧洲,而不是诞生在中国?战争和瘟疫可能是这背后的一个原因。在现代科技诞生之前,技术的一些进步和经济的一些增长,最终只导致了人口的扩张,但是没有带来人均生活水平的提高,这是马尔萨斯人口论里面著名的观点。那么欧洲为什么能逃脱马尔萨斯陷阱? 14世纪的时候欧洲遇到了黑死病,夺去了欧洲1/3的人口。出人意料的是，剩下的2/3获得了好处，欧洲的劳动力出现短缺，人均工资一下子提高了。因此欧洲人需要用资本和技术来代替劳动，有强烈的动力去积累资本，并且有强烈的动力去发展科技。与之相反的是中国，中国的很多技术发明到了明清以后慢慢失传了，这是为什么？因为人口越来越多，导致劳动力价格下降，人力和畜力可以代替机械和水利，这是经济学里面一个典型的比较优势的问题。中国的科技为什么没有发展起来？从某种意义上来说，是因为没有对科技发展的需要。另外一个重要因素是战争：中国的大一统对于人民安居乐业是好事，因为保持了长期的和平。但是长期的和平同样使得中国没有很强的动力去发展科技。欧洲的很多科技发展跟战争有关，因为欧洲比中国打了更多的仗。欧洲的先贤接二连三地去观察、测量滚珠什么时候停止转动，以及抛物线应该是什么样子等等这些看上去很琐碎的问题，并且最终由牛顿等人从中悟出了力学和微积分原理。这些近代物理发展其实有相当一部分与战争技术有关，对于弹道计算等军事运用十分有用。欧洲近代频繁的战乱，是促使欧洲人努力寻找科学真理的重要推动力之一。地理大发现同样也刺激了现代科学在欧洲的诞生：现代物理和对天文的观测密不可分，对天体运动的预测又是远洋航行必不可少的。开普勒弄清了星体运行规律后，牛顿在这些观察的基础上悟出了万有引力，引燃了近现代物理和其他科学发展。我们在惊叹这些天纵奇才的发现的同时，如果把这些伟大的发现放到历史背景下，会发现这些多是水到渠成。恩格斯说文艺复兴是一个需要巨人并且产生巨人的时代，近代科学在欧洲诞生的时代，也是这样一个时代。

除此之外，中国科技不彰还有人力资本的原因。在古代，中国人受教育水平相对来说比较高，但是我们的古人埋头学四书五经,甚至到了明代,只要把八股文背熟,就能考好科举,这对人力资本的长期培养非常有害。即使是今天的高中生,如果为了高考能考出一个好成绩,最佳策略还是多刷题,减少看课外书的时间。当然,我们传统上认为刷题对语文阅读理解和写作帮助不大,还是要靠平时积累,要靠大量阅读。但是中国人的小聪明就发挥在这儿:一些教培机构总结阅读理解的题型和写作得高分的办法,摸索出一些规律和套路,让学生背熟,上了考场就像写八股文一样,将背熟的几十篇范文和标准写法排列组合一下,就能考高分。因此,我们的教育的目的更多地在于选拔,而不是人力资本培养。

此外,从元朝开始,中国的人力资本的社会传承和交流受到了极大限制。元朝根据职业将征服地的工匠编入匠籍。明朝继承了这个制度,将手工业者一律编入匠籍,隶属于官府,世代相袭。匠籍制度极大限制了手工业者的从业自由,阻碍了商业发展。这同样不利于人力资本的培养:知识的发展需要自由传播、自由探讨,如果知识只能在同一个家庭中传播,不仅不利于创新,还阻碍了创新的传播。欧洲中世纪的时候手工业行会非常发达,实行师傅带徒弟的传帮带形式,社会团体充分发展起来,更加有利于知识的扩张和创新的产生。经过几百年的演变,中国人力资本的平均素质可能已经不如欧洲。有经济学家认为,早在科学革命和工业革命出现之前,欧洲人在水利、造船、冶炼等方面的知识就已经比世界上其他国家的人更丰富,也就是说他们做好了大分流的准备。

另外一个导致大分流的因素可能是文化。中国的传统文化是集体文化,是熟人社会,但是欧洲人尤其是英格兰人,率先发展出了陌生人社会。熟人社会和陌生人社会哪个对经济增长更有利?市场经济中,我们更多地要跟陌生人打交道,如果我们习惯于熟人社会，市场经济需要的规则就很难建立起来，交易只能局限于有限的圈内人。

最后，国家的运气也很重要。以地理大发现为例：为什么是欧洲人发现美洲，而不是中国的航海家？为什么是哥伦布而不是郑和？一个简单的原因是：欧洲离美洲比中国离美洲要近得多。此外，历史充满了巧合：哥伦布错误地计算了地球的直径和周长，才贸然出发去寻找新航线。如果他知道了地球正确的直径，恐怕就不敢从欧洲驾驶帆船出发，横渡这么大一片海洋来寻找东方。所以有时候犯错反而带来一个好的结果。地理大发现对欧洲的经济增长有着巨大的推动，让欧洲大西洋国家拥有了巨大的贸易便利，相当于天上掉馅饼，这些国家就一跃而起了。

我们回顾一下历史：在地理大发现之前的两三千年，从古希腊到罗马，欧洲史上的重要事件几乎集中在地中海沿岸的区域，催生了璀璨的欧洲文明。而这丰饶的地中海世界，在地理大发现以后就相对衰落，靠着大西洋的一些港口却崛起了。国家兴衰，此起彼伏，正如股票轮流上涨下跌一样。我们寻找各种理由解释某只股票的涨跌，但是这些形形色色的解释都不如一个随机游走的模型更有解释力：干扰因素太多的时候，股票涨跌就如一个随机现象，也许国家的兴衰也是如此。运气，或者说随机因素很重要。历史学家彭慕兰在《大分流》这本经典名著里讲到，英格兰为什么最先发生工业革命？一个因素是英格兰有煤又有铁，而且这些矿藏正好离它的经济中心很近。中国古代也有煤，也有铁，但离当时的经济中心很远。宋朝时候中国的冶铁量非常高，中国每年的冶铁量很有可能到了民国才超越了宋朝。但是中国为什么没发生工业革命？为什么中国古人没有想到发明一个机器来代替人工？宋朝时中国的煤铁矿分布在淮河流域那一带，但中国的经济中心又在南方，北宋丢失黄河流域后，对煤矿的开发利用更加不便。中国古代煤炭贵，人工便宜，中国古人自然不会琢磨如何更好地烧煤。英国正好相反，煤很便宜，人工很贵。英国的煤为什么便宜？因为煤矿就在曼彻斯特等经济中心附近。而且英格兰的煤矿经常出水，因此需要抽水，所以英国人自然需要一个机器把水抽出来，而同样很自然地，这个机器就地取材，烧煤来产生动力，于是对蒸汽机的需求就这么起来了。

英国煤便宜，人工贵，所以英国人想用煤来替代人工。英格兰的经济中心正好处在富有煤矿的地方，因此英格兰的煤相对便宜。同时黑死病杀死了大量欧洲人，劳动力成本上升了，因此英格兰人工相对贵。中国正好相反，中国的煤矿离江南比较远，因此煤比较贵。而长期稳定和平的环境，以及发达的农业，可以支撑大量的人口，因此中国人工相对便宜。工业革命的代表是蒸汽机，但是蒸汽机的原理和类似雏形在古代并不罕见。烧炉子，水开了，蒸汽把盖子顶开，这个事情被古代各国很多人注意到了，甚至也有一些原始的利用蒸汽的机械，但是只有英国人拼命把这个原理发展到极致，捣鼓出经济可行的蒸汽机来。福祸相倚，大分流就这么阴差阳错地出现了。

长期来看，运气的解释力也许要超出其他因素。近年来，有很多研究发现，运气或者机遇，对于解释一个人或者企业乃至国家的成功，它的重要性远远超出了我们的想象。人类有一个根深蒂固的习惯：追寻确定性。我们总想找因果，但其实有些时候这些找出来的因果关系是没有什么意义的，因为我们总是忽略了更大的驱动因素。比如说，高考结束放榜，同学们拿到理想大学的录取通知书的时候开心得不得了,爸爸妈妈也很得意,心里觉得我家孩子真是又聪明又勤奋,一路走来都这样,但是在外面可能就谦虚地说是小朋友运气好。其实没错,说不定就是运气!考生们聪明勤奋当然很重要,但运气也很重要,高考的时候多一分两分,可能录取结果就很不一样。以我多年在北大、清华的任教经验来看,大部分高考优秀考生的家庭背景很类似,都是好家庭里的好孩子,上了个好学校。他们的父母可能都是中国的中产,而早在多年前,小县城里的同学和农村的同学就很难进入北大、清华了。这背后的原因我们暂且不讨论,但是一个人父母的状况,是他可以决定的吗?一个人出生在大城市还是农村,是他可以决定的吗?所以运气真是太重要了,几乎是第一推动力。优秀的考生进了顶尖的大学,还会遇到形形色色的成功人士。成功人士的一个特点是喜欢去校园里传授自己的成功经验。这些企业家、大明星、社会名流,真诚地分享他们在通往成功之路上的心得体会,然而,他们可能没有意识到:他们的成功未必能够复制,因为他们的运气无法复制!美国经济学家、芝加哥学派的创始人弗兰克奈特曾经做过一条毒舌评论:"决定一个人富有的三个条件:继承,运气,努力。而这三者之中,努力是最微不足道的。"这样看来,成功人士为什么成功,伟大企业为什么成功,跟历史学家解释国家兴亡一样,背后有无数不可复制的因素,我们看到的也许是表象。

当然,这并不是说国家或者个人的成功全凭运气,正如股市投资不能全靠运气一样。欧洲崛起,中国衰落,这个历史的大分流背后还有制度的因素。中国在欧洲进入现代化进程、建章立制的时候,恰好进入了一个非制度化的时期。美国学者牟复礼(Frederick W. Mote)认为,由于清朝是征服王朝,对于汉人十分提防，采用严厉的控制，摧毁了宋代形成的士大夫对皇权的限制，中国的伟大传统被阻断了。清代皇帝设立的军机处，使内阁虚设，内阁大学士成了闲散的名誉职位；皇帝亲自披览各种文件，所以才有庞大的朱批、上谕，事无巨细都由皇帝管，亲力亲为。钱穆在《中国历代政治得失》中认为，清朝是部族政治，"制度的意义少，而法术的意义多"。我们看今天这么多清宫戏，里面的人物在干吗？都在钩心斗角。有哪部清宫戏是讲制度建设的？一部都没有！许倬云在《我者与他者》中也认为，"清代的君主，独擅威权，天下臣民，都是奴隶"，全社会都受到压制。

到了晚清，中国面临巨大的生存威胁，但是中国居然有个争论：保中华还是保大清？中华的利益和大清的利益不一致，说白了就是少部分人利益和大部分人利益不一致，小集团的统治背离了中国人"天下为公"的政治理想，这就是恶政。那么，这种恶政如何阻碍长期的经济增长？

首先，权力不受限制，损害了产权，压迫工商利益。这就是马戛尔尼使团对中国的观感。只有安全感和稳定感才能使人乐于聚集财产，但是这种安全和稳定感需要对政治权力做出限制，这是小集团统治不愿意做的。这样，长期而言，工商业就不能发展。工商业一发展壮大，权力就对此觊觎，打着各种旗号割韭菜，而且往往还有一帮韭菜跟着镰刀起哄。

其次，由于金字塔尖的少数利益和全体国民不一致，他们宁可牺牲经济增长，也要维护自身利益。发展经济往往意味着给民间松绑，因此在历史的某些极端情况下，统治者宁可让老百姓吃草，也不愿发展经济，这说明镰刀的利益和韭菜的利益出现了严重的背离。美国经济学家奥尔森在《集体行动的逻辑》中写道：小集团效率更高，关系更紧密，存在着一个主导核心维持着集体的运行，小集团的成员会主动付出成本维护小集团的稳定，更容易联合起来强化自己的利益，而大集团却往往不能联合行动，人人都期待搭便车，让别人自己争取公共品。经济增长也是公共品，但是统治者如果是一个固定的小集团，有可能不愿意提供这种公共品，甚至主动阻碍经济增长。因此需要好的制度，给统治者正确的激励：限制他的权力，并且防止权力固化，不能搞家天下，不能搞终身制。如果权力永远是统治者的，他自然就没有动力和激励机制给全国人民提供公共品。

第三，在前述两点的情况下，上下利益不一致，统治者不能够团结全社会，全社会就变成一盘散沙，不能够发展国家能力。为什么孙中山会感慨中华民族是一盘散沙？很简单，很多事情人民无法自发起来完成，比如法律的提供，而市场经济又不能脱离一个良好的法制秩序。市场经济需要强有力的政府治理，小集团如果不愿意分享权力，只能靠暴力胁迫，不能赢得人心。市场经济要大发展，需要国家提供各种必需的公共品，这就需要国家能力，需要汲取必要的资源。英国人征税的原则是"拔最多的鹅毛，听最少的鹅叫"。征税和拔鹅毛一样，都是痛楚的，但是人民为什么要忍受这样的痛楚？如果税收是取之于民，用之于民的时候，人民就更愿意缴税。拔之于鹅，用之于鹅的时候，鹅也就不叫了。但是如果拔了鹅毛满足主人的私利，会损害鹅的利益，鹅当然不愿意忍受，当然得大叫了。正因为如此，那些停留在中世纪传统专政王权下的国家，不管在东方还是西方，都无法发展出必要的国家能力。奥斯曼土耳其也好，清朝也好，表面上拥有强大的专制权力，但是征税能力反而很低。在这种情况下,国家能力得不到发展,长期经济增长也得不到发展。

最后一点,当权力不受限制的时候,任何小事都要定于一尊,无法及时纠错。当一个社会失去纠错能力的时候,只能一条道走到黑了。

为什么纠错能力对于长期经济增长不可或缺?以金融投资为例:基金的长期表现并不决定于能否抓住几个大牛股,而是更多取决于是否能避免回撤:一个胜率99.99%的策略不一定是好策略,如果不能完全规避破产风险,前期盈利有可能归零,如杠杆统计套利(例如长期资本管理公司LTCM),更不用说激进的投资策略。长期来说,避免重大错误比偶尔高速增长更重要。如果我们站在历史的角度看,更重要的是如何能够避免回撤。福山评论中国时曾说,中国的政治制度最大的问题和弱点在于坏皇帝。如果有个好皇帝,英明神武,令行禁止,可以创造奇迹,但顾名思义,"奇迹"太少了,我们怎么能保证我们的制度有一连串的好皇帝呢?做不到这一点,就意味着我们得经常遭遇回撤。

## 英格兰的崛起

中西为什么会出现大分流?或者更具体的是:英格兰为什么崛起?英格兰并不是靠短期的经济奇迹,而是率先实现了持续稳定的1%—2%的年化经济增长,从而一跃成为世界霸主。西班牙逐鹿失败,并不是由于经济增长不够快,而是中途回撤次数过多。

表4比较从中世纪黑死病时期开始到19世纪意大利统一期间,

在这长达七百年的时间里面,英国、荷兰、意大利、西班牙四个国家连续三年经济增长的次数和连续三年经济缩水的次数,也就是从国家的角度来看它们的牛市和熊市。A表格是各国连续经济增长的次数,B表格是各国连续衰退的次数。我们比较一下这四个国家,就会发现英国在创造高速增长上并不是最出色的,但是英国和荷兰连续三年回撤的次数,要比意大利和西班牙少很多。尤其是当时间推进到人类进入近代社会以后,我们可以看到,1700年到1870年间,英国有12次连续三年出现经济增长,西班牙也不逊色,有11次连续三年出现经济增长,两国差距不大。但是如果看连续三年经济衰退的次数,英国只有两次,西班牙则有5次。因此,英格兰称雄,西班牙衰落,和二者在创造繁荣的能力上的差别关系不大,而更多地取决于谁能少犯错。

A. 连续经济增长的次数

| 年份 | 英国 | 荷兰 | 意大利 | 西班牙 |
|---|---|---|---|---|
| 1348-1400 | 3 | 5 | 4 | 5 |
| 1400-1450 | 6 | 4 | 0 | 3 |
| 1450-1500 | 4 | 3 | 3 | 2 |
| 1500-1550 | 3 | 5 | 3 | 2 |
| 1550-1600 | 1 | 4 | 4 | 4 |
| 1600-1650 | 3 | 1 | 5 | 3 |
| 1650-1700 | 3 | 1 | 5 | 4 |
| 1700-1750 | 2 | 2 | 4 | 2 |
| 1750-1800 | 4 | 3 | 4 | 3 |
| 1800-1870 | 6 | 6 | 8 | 6 |
| 1348-1870 | 35 | 34 | 40 | 34 |

续表

B. 连续经济衰退的次数

| 年份 | 英国 | 荷兰 | 意大利 | 西班牙 |
|---|---|---|---|---|
| 1348-1400 | 2 | 2 | 1 | 2 |
| 1400-1450 | 3 | 0 | 2 | 3 |
| 1450-1500 | 2 | 3 | 5 | 4 |
| 1500-1550 | 1 | 1 | 2 | 2 |
| 1550-1600 | 4 | 1 | 4 | 3 |
| 1600-1650 | 2 | 1 | 3 | 5 |
| 1650-1700 | 3 | 3 | 4 | 1 |
| 1700-1750 | 0 | 3 | 1 | 4 |
| 1750-1800 | 2 | 2 | 4 | 0 |
| 1800-1870 | 0 | 1 | 3 | 1 |
| 1348-1870 | 19 | 17 | 29 | 25 |

表4 欧洲各国长期经济增长和衰退比较

那么，英格兰为什么能够避免犯错？背后关键的一点在于：英格兰成功地约束了王权，带来了纠错机制。王权受到约束，不再定于一尊，从而形成分布式系统，容错能力更强，不会一条道走到黑。我们可以从政府举债这个角度来看这个问题：政府为什么会主动限制自己的权力？政府拥有暴力，怎么确保政府会还债？我们也许会想：政府不会跑路，而且必须多次举债，重复博弈的存在会迫使政府重视信誉，有债必偿。然而现实并不如此简单：有时候，对政府来说不还债的好处远远大于信誉受损带来的坏处。12世纪，分布在英国的犹太人只占英国总人口数的1/400，却支付了8%的国税。犹太人经常向王室放贷，帮助其筹资。然而，随着威尼斯商人的兴起，犹太商人的重要性下降。1290年，爱德华一世驱逐了英国所有的犹太人，废除了欠他们的债务。另一个例子是圣殿骑士团：圣殿骑士团在十字军东征中壮大，实力和财富迅速增长，大量从事放贷，一度是法国王室最大的债权人。债权人和债务人之间是什么关系？是不是债务人看到债主得赔小心，讨好债主？但是，如果债务人欠债很多的话，本能的冲动是想把债主给干掉，这样就不用还钱了！1307年，法王腓力四世正是这么做的，他一夜之间镇压了圣殿骑士团，并没收了其在法国境内的所有财产。

斯图亚特王朝时期的英格兰与我国古代类似，东西南北中，国王领导一切。君主在获取资金维护王室权力上享有相当大的自主权。16世纪末期，英格兰和西班牙展开大规模战争。到17世纪上半叶，巨额军费导致王室的收入和支出之间产生鸿沟，这促使王室寻找新的收入来源。

我们来看看英格兰王室有哪些额外的融资渠道。第一个渠道就是土地财政，出售王室的土地。1588年英格兰击败西班牙无敌舰队，为了弥补战争带来的财政压力，伊丽莎白女王出售了25%的王室土地，筹资75万英镑。之后的詹姆士一世又出售了25%。

第二个渠道是出售贵族头衔，土地是有限的，但贵族的头衔是无限的，国王可以凭空创造。西汉的晁错就在《论贵粟疏》中明明白白指出这一点："爵者，上之所擅，出于口而无穷。"詹姆士一世和查理一世出售大量贵族头衔，一方面获得资金，另一方面扩大了上议院，无形中削弱了老贵族的权力。詹姆士一世以1095镑的价格出售男爵头衔，并许诺限量出售。到1614年，这项收入达到90万英镑。然而国王迅速反悔，放量出售，到1622年，男爵头衔价格降到220英镑。到内战爆发前，有头衔、无职位的贵族数量翻倍了。遍地都是贵族，贵族就不值钱了。

王室搞钱，还有一个简单粗暴的办法就是强征：国王经常以公共利益的名义低价强征国民的资产。1620年代，此项收入每年达4万英镑。1640年，伦敦商人将价值13万英镑的金条保管在伦敦塔，结果被国王没收了！这真是窃国者侯，当你垄断了暴力，你就是最大的强盗头子！

国王搞钱的另外一个途径，是颁发垄断许可证，售卖专卖专营权，在已有的工业门类当中形成垄断。垄断能够带来暴利，如果一件生意只允许一个人做，他一定减少供给，提高价格。因此行政垄断相当于征收边际税率超过100%的税，带来了巨大的经济扭曲和社会福利损失。不仅如此，英王经常重复售卖垄断专利：1600年英国东印度公司成立时，获得英王颁发的15年垄断亚洲贸易的特权。然而王室在此后多次允许其他船队从事亚洲贸易，严重侵犯了东印度公司的利益。

斯图亚特王朝在无法方便掠夺国民的时候，也会借债，只不过斯图亚特王朝的债务大部分是强借的，而且有借无还。1604年，王室借了11万镑的一年期债务，但是到1609年才还了2万镑。1617年，王室借了10万镑一年期债务，到期后只还了利息，到1628年才还本金。这样，君主承兑贷款的信用逐渐受到侵蚀，1672年1月，查理二世因无法获得更多贷款，临时停止偿付所有贷款！

我们今天看到的人畜无害的英国王室在过去完全是另一副脸孔，当年的英国国王其实就是个流氓头子，就是黑社会老大。那么这个黑社会头子为什么这么任性？当时英国国王搞出一套制度来确保自己的王权不受限。首先王权以国王旨意（royal ordinance）的形式出现，具有类似立法的作用，相当于拥有部分立法权，可以中止法律，或者宣布法律对某些人无效。国王旨意通过专门的皇家法庭执行，不通过英国的普通法法庭，相当于拥有一个平行的司法系统。国王搞了一个机构——星室法庭（Star Chamber），拥有立法、行政、司法权，大权在握，可以驳回法庭的裁决。并且法官从国王处领取薪水，不能吃饭砸锅。正如明朝的东厂，是国家司法机构三法司（刑部、都察院、大理寺）之外的私器。斯图亚特王朝和明朝一样，在正常的国家机构之外搞了一套只为国王服务的机构。为什么需要国家？人民为什么愿意让渡相当一部分财产和自由给国家机构？因为人民不能自发地组织起来提供公共品，其中一个很重要的公共品就是公正的法律。老百姓容忍你当流氓头子是希望你公正，希望看到这个黑社会拜关公。但是如果有人当了这个世界上最大的流氓头子，却破坏天下公器，发展出法外之法，这是把权力给私有化了，违背了人民和政府间的契约，连黑社会都不如！

应该如何对待这种背叛人民的君主？我们的孟夫子早就指出——人人得而诛之："闻诛一夫纣矣，未闻弑君也！"1688年英格兰光荣革命正是如此，英国人民起来替天行道，从暴君手里夺回了权力。在接连废了两个国王，还砍了其中一个国王的脑袋之后，英国终于奠定了新的制度。在新制度下，议会地位确立，国王不得解散议会。议会拥有征税权，对政府开支的监督、审议和否决权。皇家法庭被废除，英国的普通法法院的地位确立，星室法庭也被废除，王权受到了限制，国王的旨意必须服从于法庭，法官不受国王控制，实现了司法独立。

光荣革命之后确立的这些制度，从本质上加强了对产权的保护，对资本市场的发展具有里程碑式的意义，极大促进了投资者的信心，增强了英国政府的举债能力。1688年以前，王室借贷是短期贷款，政府债务总计不超过100万英镑，严重限制了政府支出。政府收入与支出之间的长期缺口使君主没有能力维持强大的军队，导致英格兰在军事方面并不强大。在解决了小集团和大集团之间的矛盾之后,统治者和被统治者的利益一致,这样,英国人可以团结起来一致对外。1690年代开始,英国政府长期借贷激增,从1688年的100万英镑(占GNP的2%—3%)增至1697年的1700万英镑(占GNP的40%)。到1720年,政府债务涨至1688年的50倍!理性人什么时候会快速提高杠杆率,愿意大量负债?一定是对未来强烈看好的时候。这段时间英国的政府债务激增,也恰好是英国日不落帝国形成的时候,庞大的海外贸易使得英国需要强大的海外军事力量来保卫它的海外利益,因此需要政府借钱扩张军备。债务在激增,但是政府长期债务利率反而下降,1690年代为14%,17世纪末为6%—8%,1730年代降到3%,这跟我们今天的国债利息已经很接近了。在巨额债务的支撑下,英国全球征伐,开启了日不落帝国的伟业。

我国历史上各王朝几乎从不举债,这是为什么?黑社会来向商贩收保护费,是向他们收钱还是向他们借钱?如果能很方便地抢,还用费那劲儿借吗?但是中国历史上也有政府向人民借钱的时候。我们有个成语"债台高筑",就是源自国君向老百姓借钱还不起的情况:周赧王是周代最后一位天子,也是在位时间最长的一个,长达五十九年。《史记》记载:"虽居天子之位号,为诸侯之所役逼,与家人无异。名负责于民,无以得归,乃上台避之,故周人名其台曰逃债台。"

《东周列国志》对此也有文学化的描写:"欲发兵攻秦,命西周公签丁为伍,仅得五六千人,尚不能给车马之费,于是访国中有钱富民,借贷以为军资,与之立券,约以班师之日,将所得卤获,出息偿还……赧王出兵一番,徒费无益。富民俱执券索偿,日攒聚宫门，哗声直达内寝，赧王惭愧，无以应之，乃避于高台之上，后人因名其台曰避债台。"

这恰恰发生在封建制度最后的时期，大一统的前夜！当秦皇汉武一统宇内，建立起无远弗届的威权统治，他们还有必要向臣民借钱吗？自然也没有必要主动约束王权了。

汉武帝好大喜功，搞得天下骚动，户口减半。汉武帝怎么为他那些大计筹资？汉武帝推行算缗法，也就是向工商业和富户征收重税。不仅如此，为了防止偷税漏税，汉武帝还推行告缗法，挑动群众，鼓励揭发，这样中等以上的商户几乎全部破产。皇帝的权力是如此大，他直接抢就行了。在缺乏约束的情况下，皇帝的理性决策不是主动约束自己，而是拼命扩充王权，因为这样抢起来更方便。

经济发展必须给民间松绑，但是这样威胁到权力的掌控。如果发展经济不利于权力掌控，那么权力宁可扼杀经济增长。《管子》里这样写道："万乘之国有万金之贾，千乘之国有千金之贾，然者何也？国多失利。夫民富则不可以禄使也，贫则不可以罚威也。法令之不行，万民之不治，贫富之不齐也。"人民富裕了，就不会眼馋事业编了；人民太贫穷，就会铤而走险，不怕惩罚。

因此既不能允许老百姓发财，也不能让老百姓饿死，那应该怎么做呢？看下面这段："利出于一孔者，其国无敌；出二孔者，其兵不诎；出三孔者，不可以举兵；出四孔者，其国必亡。先王知其然，故塞民之养，隘其利途。故予之在君，夺之在君，贫之在君，富之在君。故民之戴上如日月，亲君若父母。"要垄断所有有利可图的行业，把老百姓发财的机会全剥夺，让他们完全依赖于君王，最好连柴米油盐都仰仗统治者，浑身上下都是软肋，这样，老百姓就会无比拥戴领袖。《商君书·弱民》中更是赤裸裸地说："民弱国强，民强国弱。故有道之国务在弱民。"统治者要当政治强人，就得把老百姓当傻子。

本书前文曾经提及亚当·斯密口中的国富秘诀："只需三个条件就能把一个国家从最野蛮落后提升到最富裕发达：和平、低税、一个马马虎虎的政府，剩下的会自然而然地发生。"经济学家奥尔森曾经感慨，经济增长并没有什么不传之秘。金融学中的有效市场理论认为，人行道上不会躺着百元大钞，因为逐利的投资者会迅速发现套利机会，将大钞捡起。类似地，既然经济增长并不神秘难解，为什么只有少数政府做到了亚当·斯密口中的三点，只有少数国家富裕？很多国家有勤劳的人民、丰富的资源，却无法致富，就好像地上有无数百元大钞，却不去捡起来一样。奥尔森解释说：这是因为很多国家被利益集团绑架，通过"弱民"来自肥。经济增长对它们来说，非不能也，是不为也！

我们再来看债务的另外一个例子，1556—1598年，西班牙哈布斯堡王朝的腓力二世展开了一系列耗资庞大的军事行动。1571年，西班牙率领天主教国家的联合舰队击败了奥斯曼土耳其的舰队，取得了勒班托海战的胜利，这是欧洲历史上极为重要的一战，堪比我国历史上的淝水之战。1588年，西班牙组建的无敌舰队被英格兰击败。在他统治期间，西班牙和英国、法国、荷兰、葡萄牙之间都爆发了战争。大量的开支迫使腓力二世向热那亚金融家大量借贷。

腓力二世多次宣布破产，停止偿还债务。这时，借贷双方就会就债务偿还展开谈判。热那亚金融家组成了贷款联盟，每次发生这种事情，都会集体对腓力二世施压，不对他提供新的贷款，迫使他还债。热那亚金融家甚至有能力对西班牙实行金融制裁。1575—

1578年，双方就债务问题争执不下。当时西班牙军队正在镇压荷兰人的反抗。热那亚金融家断绝了西班牙本土和荷兰之间的金融来往，使得西班牙军队得不到军饷。1576年，正在镇压荷兰人反抗的西班牙军队哗变，攻占了安特卫普。这对腓力二世是一个重大的打击，因此他最终被迫屈服，偿还了贷款。西班牙王权不能控制热那亚，因此限制了国王的胡作非为。欧洲人可以用脚投票，这跟我们的春秋战国很像：这个国王对我不好，那我就跑去另外一个国王的地盘。热那亚金融家躲在腓力二世管不着的地方，王权鞭长莫及，被迫遵守游戏规则。

## 历史的先声

中国历史上曾经也有非常接近现代的时候，那就是宋朝。宋朝政府发行大量钞引，有着延期兑付的特点，可以看成是国家发行的债券。崇宁初年，"蔡京初拜相，有巨商六七辈，负官钞至庭下，投牒索价。且曰：'此章相公开边时及曾相公罢边时所用，合三百七十万缗不能偿者'"。章惇当宰相时，政府欠下商人370万贯债务，蔡京执政后，这些商人带着"官钞"前来索债，"官钞"即钞引，相当于国债券。由于有政府信用支持，所有的钞引，既可以找宋政府兑现，也可以转手交易。因此，宋代形成了一个相当繁荣的钞引交易市场，在京师以及"冲要州府"出现了类似于近代证券交易所的"交引铺"。

宋朝的交引铺，为民营金融机构，多由金银铺演变而来，跟今天的证券交易一样，交引铺也是通过低价买入钞引，高价卖出的方式赚取利差。这样，现代金融市场的雏形出现了。宋朝是我国古代王权最受限制的时代，也是经济最发达的时代。这两者同时出现，并不是偶然的：市场经济需要自由，需要安全，只有人民能够对政府权力形成强有力的约束，才能保证交易的自由和财产的安全。

遗憾的是，宋朝的现代化夭亡了。无法无天的王权很快再次占了上风，人民失去了自由和安全，经济自然无法发展。明代高拱在《议处商人钱法以苏京邑民困疏》中对此有生动的描写："有素称数万之家，而至于卖子女者；有房屋盈街，折毁一空者；有潜身于此，旋复逃躲于彼者；有散之四方，转徙沟壑者；有丧家无归，号哭于道者；有剃发为僧者；有计无所出，自缢投井而死者；而富室不得有矣"。"小民家无余赀，所上钱粮，多是揭贷势豪之物。一年不得还，则有一年之利，积至数年，何可纪算？及至领银之时，又不能便得，但系经管衙门，一应胥役人等必须打点周匝，才得领出。所得未及一两，而先已有十余两之费，小民如何支撑？"。在王权的淫威下，商户不破产已是万幸，何来的余力积累资本和财富？！唐朝的卖炭翁和明朝的商户，都面临一个欠钱不还的大客户。

中国古代始终没有建立起牢固的制度来约束王权，法大还是皇帝大的问题始终没有很好地解决。对契约的遵守无形中也限制了王权，这是旧制度无法容忍的。在这种背景下，东西方的发展轨迹出现了大分流。大分流不是一个时间节点，而是一个长达几百年的过程。一方向上，一方向下，差距越来越大。三百多年前，东西方走上了不同的道路。从17世纪的乱世中走出后，中国迎来了最为专制的清朝，西方迎来了宪政民主。又过了一百五十年，东西方同时出现了两个退位的统治者：1796年，当了六十年皇帝的乾隆退位，把皇位传给儿子，也就是嘉庆皇帝。乾隆退位的时候，志得意满，觉得自己十全武功，但他留给中国的是什么？在乾隆退位的第二年，美国总统乔治·华盛顿卸任，他拒绝了第三次连任。之后再过了半个世纪，中国人才惊觉"五千年未有之大变局"。老大帝国衰亡，新兴帝国崛起，但是，处在历史大变局中的人们并不知晓！

评价政治人物，从来不是看当下的输赢成败，而是看历史的最终评判。

# 第十三章
# 周虽旧邦：中国组织结构的传统与更新

本书讲述了国家的构建、民族的塑造、国家治理体系和权力结构、对权力的制约、权力的使用（国家能力）、权力的选拔，以及现代社会的诞生。现代社会科学视角下的三千年中国与世界浓缩成薄薄的一本小书，无法包含所有的壮怀激烈、所有的欢欣鼓舞、所有的痛苦血泪、所有的心怀不甘。站在21世纪初叶，我们感慨万千，又信心满满。经过改革开放四十年的奋斗，中国已经成为一个正常的、普通的国家。何谓正常国家？按美元计值，中国在2020年的国民生产总值占全球经济的大约17%，和中国人口占全世界人口的比例大致相当。我们既不是那么厉害，也没有太糟糕。有很多国家的人民比我们富裕，也有很多国家的人民比我们贫困。未来怎么走？我们跌跌撞撞一路走来，有成功，也有失败。需要审视历史，才能理解当下，展望未来。往后看，才能更好地往前看。

## 中国传统的组织结构

从人口、疆域以及历史来看，中国是人类社会最大的超级组织，中国同时也是人类社会最早建立的现代意义上的国家之一。当个人被组织起来后，形成的集体组织产生了巨大的力量。不仅如此，由于地理、文化、制度等复杂因素，中国这个超级组织极其坚韧。历史上其他大帝国，一旦崩溃，就土崩瓦解，很难复兴。中国则不同，数次由于各种内忧外患而分崩离析，但是最终又凝聚起来。

从经济学视角看，任何组织，都必须面对信息、效率、监督、稳定等问题。这些目标有时候互相一致，有时候互相冲突。人类社会有一个共同的目标：如何让国家这个组织更好地为个人服务？这就需要对权力的有效制约、权力的合理分配、权力的有效使用。

在中国传统中，统治者的合法性源于天命，一旦统治者获得了最高权力，就相当于替天行道，具有无与伦比的权威。在这种体系下，无论是行善，还是从恶，统治者都会对国家和人民产生巨大影响。

《礼记·表记》中记载："子曰：唯天子受命于天，士受命于君。故君命顺，则臣有顺命；君命逆，则臣有逆命。诗曰：'鹊之彊彊，鹑之奔奔；人之无良，我以为君。'""喜鹊和鹑鹑都是成双成对，但是我真是瞎了眼，居然让这个渣男当我的郎君！"老百姓摊上个昏君，就像女孩子遇人不淑一样无奈。类似地，《春秋繁露》中写道："唯天子受命于天，天下受命于天子，一国则受命于君。君命顺，则民有顺命；君命逆，则民有逆命；故曰：一人有庆，兆民赖之。此之谓也。"

中国传统政治高度依赖于最高统治者，对最高统治者的约束是很微弱的。这给了最高统治者可乘之机，这是"民有逆命"的悲剧性根源。孔子和董仲舒意识到了这一点，但是他们未能从理论上加以解决。古人的弥补办法是通过对帝王的教育形成对他们道德上的约束。这种教育不能说失败，但是效果是有限的。

《论语》中记载颜渊向孔子请教什么是"仁"，孔子回答："克己复礼为仁。一日克己复礼，天下归仁焉！为仁由己，而由人乎哉？"孔子希望君王们能做到克制自己，按礼行事，按规则行事。孔子希望用一套法则来约束统治者，这和现代宪政思想是一致的。但是孔子认为，做到"仁"只能靠自己的觉悟，不能靠别人。从孔子美好善良的愿望中，我们也可以体会到孔子深深的无力感。

孟子希冀这个君王能够听从老百姓的意见："左右皆曰贤，未可也；诸大夫皆曰贤，未可也；国人皆曰贤，然后察之；见贤焉，然后用之。左右皆曰不可，勿听；诸大夫皆曰不可，勿听；国人皆曰不可，然后察之；见不可焉，然后去之。左右皆曰可杀，勿听；诸大夫皆曰可杀，勿听；国人皆曰可杀，然后察之；见可杀焉，然后杀之。故曰，国人杀之也。如此，然后可以为民父母。"

然而，孟子的幻想破灭了。即使帝王从内心接受这种劝导，但是从概率的角度看，出现明君的概率很小，历代帝王大都是庸才，有少数是昏君、暴君，而能称得上明君的凤毛麟角。庸才并不可怕，中国成熟的官僚体系足以应对稳定的农业社会。就怕不幸遇到自诩雄才大略，却志大才疏的草包，变着花样折腾，那老百姓便倒了大霉。英明也罢，愚笨也罢，如果我们把帝王看成一个整体，我们可以看见可怕的一幕：两千多年来，历代帝王像一个有机体一样，仿佛为了同一个目标集体行动，前赴后继——集权。对帝王的约束越来越小，王权仿佛有自己的生命和意识，不断削弱对自身的控制。鲁迅说过，"我们极容易变成奴隶，而且变了之后，还万分喜欢"，这背后的原因，可能并不是中国文化，而是中国的制度基因使得统治者极容易变成奴隶主。

面对这种局面,宋朝的大儒朱熹曾经感慨过:"千五百年来,周公孔子之道,未尝一日行于天地之间。"而在朱熹说完这段话后的七八百年,中国的政治演变更是和孔子的以"仁"为核心的政治理想渐行渐远。

中国古典政治哲学在中晚明有一次最后的爆发,这和当时市场经济的发展对中国社会的冲击是分不开的。王阳明在贵州龙场悟道,他说:"圣人之道,吾性自足,向之求理于事物者误也。"圣贤之道,或者说真理,就藏在人的本心之中。在"心即是理""知行合一"的基础上,王阳明提出"致良知"的概念。人人皆可为圣贤,帝王并不比人民离真理更近。因此,和中国宋儒寄希望于"得君行道"的传统不同,阳明学派践行"觉民行道"的理念,在思想上摆脱了帝王的束缚。这和马丁·路德的宗教改革几乎在同一时间段,两者的内核也非常接近。

中国人能否独立发展出类似现代宪政体制的制度?不难发现,中国古典思想中充斥着理念上的准备:从上古的民本思想,到孔子的"克己复礼",到孟子的"民贵君轻",到汉儒的"屈君伸天",到宋儒的"道理最大",到明儒的"觉民行道"……这就是三千年来一脉相承、绵延不绝的中华的道统。这一切看上去是那么自然,因此,无论是政治、经济、哲学、思想……中国离现代社会真的只有一根头发丝的距离!

遗憾的是,历史没有给中国机会。那么,历史是偶然的吗?茨威格在《人类的群星闪耀时》中感慨:"历史犹如人生,业已失去的瞬间不会因为抱憾的心情而重返,仅仅一个小时所贻误的东西,用千年的时光也难以赎回。"然而,偶然之中,有必然的因素。我们的道统始终未能建立起对治统的压倒性优势,导致绝对权力逐渐摆脱制衡。

贵族的消亡：贵族政治本身是对君权的一种制约，英国的贵族限制了王权，产生了大宪章，最终演化为宪政民主。中国的贵族政治从一开始就比西方弱：从西周开始，贵族的权力从根本上是来自天子的册封，这和欧洲的封建截然不同。周王的领土从西边的镐京一直到东边的洛邑，远超诸侯国，而且有强大的中央武力。我们从中华民族的童年就有"礼乐征伐自天子出"的传统，诸侯之上的君王具有天然的权威和合法性。汉高祖除掉异姓王后，与群臣立下白马之盟：非刘姓不王。汉武帝实施推恩令，进一步限制诸侯。然而，贵族制度就算被废除，却还可以重新长成：世家豪族势力不断发展，魏晋形成了士族制度，政治权力出现固化。隋唐科举取士，到了宋进一步加强，明清则彻底强化。两汉以来的那种世代为官的士族豪强，在中国社会彻底绝迹。权力的获取不再来自血缘，完全来自皇权的认可。科举虽然极大地增强了中国的社会流动性，但也削弱了对皇权的制衡。

相权的消亡：汉武帝将处理机要事务的责任逐渐转移到内廷，使用少府属下在内廷主管收发文件的尚书掌管机要，同时又让一些亲信在宫中行走，在皇帝左右处理政务，削弱了外朝的宰相权力。隋文帝确立了三省六部制，通过中书省、尚书省、门下省将相权一分为三。唐代出现了一群宰相，钱穆因而在《国史新论》中说，"汉代宰相是首长制，唐代宰相是委员制"。宋代虽然有宰相一职，但通过二府三司制，实际上的相权被进一步切割。最重要的财权和人事权都不在宰相手上：宰相理应管六部，包括执掌财政权的户部，但宋代的财政权却在三司，不归宰相管；人事权应在吏部，也归宰相管，但宋代设有考试院，主管官员升迁。并且宰相不止一个，轮流掌印，而且设副相予以牵制；同时又设立了一群参知政事分割宰相的行政权。明朝干脆废了宰相，将相权并入皇权，用司礼监和内阁两套机构共同辅政，相互监督和制约，中央各部则纯粹成为执行机构。并且以直接听命于皇帝的厂卫特务机构对国家政府机构进行秘密监督，维护皇权。

朝议的消亡：雍正更进一步，在内阁之外另设军机处，把战时的临时组织设为常设组织。军机处的人选都是从大臣中抽调，完全架空正常的行政体系。更匪夷所思的是，皇上重要的上谕，由军机处直接寄给受命的人，比如要交江苏巡抚办的漕运之事，除了军机处和江苏巡抚，谁也不知道。本来这些财政上的事应该由户部管，但是却绕开了户部。军机处是一种秘密政治，连仅剩的表面上的组织内部架构都拆除了，达到了彻底的非制度化。中国延续近三千年的朝议制度消失了。这相当于CEO在架空董事会后，连CFO、HR等常设职务都架空了。

制度的消亡：权力虽然高度上收，但是信息无法上收。决策者一方面重视收集信息，一方面要提防信息的拥有者对自己不利。这是微观经济学中典型的由于信息不对称带来的代理冲突。皇帝于是绕过官僚体制，动用各种非正常的手段。例如特务统治：锦衣卫原本是皇帝的卫戍部队，负责皇帝的安全保卫。到了明朝，变成了主管诏狱的特务，绕开了正常的司法机构大理寺和刑部。皇帝觉得锦衣卫不如太监亲，因此又发展出东厂和西厂，负责监督百官和百姓。又例如运动式治理：《叫魂》中写道，乾隆知道"自己所面对的是这样一个制度，省级官僚间垂直网络在其中的形成使得他们不可能自我约束。高层官僚和他们的下属'上下通同，逢迎挟制诸弊，皆所不免'"。下级官僚会隐匿瞒报、统一口径，糊弄皇帝，因此皇帝往往需要抓住一些特别的机会，大搞突击检查，绕过平时的考核奖惩提拔流程，使用专制权力直接控制高层官员，严惩当事的大小官僚，杀一儆百。有时明知错误，也故意以此作为忠诚度测试，比如"指鹿为马"。即使是本朝的制度也不能规范皇权，所谓天威难测，使官员始终保持不安全感。这样，正常的司法和选拔考核制度也消失了。

清议的消亡：决策权高度上收的制度里，如何了解信息，保持监督，从而提高效率，加强掌控？这要靠自上而下的信息收集。因此，信息意味着权力。虽然历代都自诩广开言路，但是这被严格限制在既有的信息收集系统之内。即使在体制内的信息上报，如果损害到决策者的权威，则和加强信息收集的本意相反，也必须打击。加强信息收集的本意是为了集权，而不是为了纠错。事实上，纠错往往意味着皇权的权威受损，因此皇权本能地不愿意纠错。在这种情况下，下级自然往往选择瞒报、虚报，故意迎合上意。而另一方面，任何遗漏在这一系统外的信息，都意味着对权力的侵蚀，更要严厉打击。猜防之心到了这样的程度，无论什么微不足道的事情，都足以引起皇帝的警惕，文字狱就出现了。中国用了大约两千五百年，从百家争鸣到万马齐喑。中国的伟大传统——清议消失了。

通过将高度集中的体制运用到静态的农业社会，中国发展出一系列制度创新，将科层制组织的效率发挥到了极致。中国在漫长的历史中，积累了丰富的统治经验，足以应对农业社会的需求。这些不仅包括成熟的官僚制度（选拔、任用、制衡），也包括成熟的救灾制度、轻徭薄赋等，并且用大一统体制摊薄了军事成本，维系了长时间的和平。这些促成了庞大人口规模形成，增加了试错空间，促进了技术进步：中国古代的领先技术，大多基于反复试错，而不是逻辑推理。中国虽然没有发展出假设—实验的科学方法，但是在古代的悠悠岁月中，这并不是必需的。国家的运转又有配套的、自洽的意识形态和高度发达的文化，可谓蔚为大观，用以教化君王和庶民，以求建设和谐社会。最终将人类文明推到了一个前所未有的高度。

这么做的弊端是什么？中国的体制有利于自上而下的指令传递和执行，虽然面临信息收集的问题，但是在农业社会中，这通常不是大问题。经济学告诉我们：信息越单一，越有利于集权。而复杂多变的信息环境，则要求灵活的分权结构。这一点在不同行业的企业中体现得非常明显。

在农业社会中，信息单一，生活和生产的经验代代相传，人们通过学习过去的经验，循规蹈矩，勤劳耕作，足以使社会正常运作。在这样的社会中，人们往往愿意让渡自由，换取保障，因此更强调秩序、忠诚、奉献。例如，《礼记》中的中国古人心目中的理想社会，就是集体主义的天堂："大道之行也，天下为公，选贤与能，讲信修睦。故人不独亲其亲，不独子其子，使老有所终，壮有所用，幼有所长，矜、寡、孤、独、废疾者皆有所养，男有分，女有归。货恶其弃于地也，不必藏于己；力恶其不出于身也，不必为己。是故谋闭而不兴，盗窃乱贼而不作，故外户而不闭，是谓大同。"

尊重长辈、注重秩序等所谓中国传统价值观其实并不是中国独有的，而是传统社会的特点，西方也是如此。例如，《圣经》里说，"眼目慈善的，就必蒙福，因他将食物分给穷人""你们为主的缘故，要顺服人的一切制度，或是在上的君王""你们作为仆人的，凡事要存敬畏的心顺服主人；不但顺服那善良温和的，就是那乖僻的也要顺服"。《圣经》的这些话，对于忠诚和服从的强调，比中国传统文化有过之而无不及，其实都反映了东西方在上古农业社会的共同价值。

市场经济的出现改变了这一切。市场经济的基础是分工、交换，因此必须重视自由。在市场经济中，没有自由，就没有保障。事实上，自由作为一种被高度认同的价值，伴随着市场经济的出现。在中世纪的德国有一句谚语：城市的空气使人自由。无独有偶，市场经济在中国萌芽的时候，也出现了文化上的变化。《三言二拍》和《十日谈》的价值观非常类似：新兴的市民阶层追求人性解放和自由，嘲笑守旧的礼教或宗教。

这种文化上的潜移默化，反映的是市场经济对于权力的冲击：在集权的组织形态中，各级向上负责，长于执行按部就班、自上而下的政策指令，拙于处理随时随地随机散发、自下而上的信息。市场经济依赖于自由交易，需要处理分散的信息，因此需要分权，"自由"的价值大于"执行"的价值。

从唐宋变革开始的市场化、城市化改变了静态的农业社会。市场经济的发展，使得旧的观念、旧的组织形态越来越不适用。地理大发现加剧了这种矛盾：中国不再是一个封闭的组织体，需要面对外来的力量。组织要么进化以适应新的变化，要么加强现有结构以压制新的变化。中国在农业社会的组织建设是如此成功，反而让中国在大变动下为过去的成功所累：中国选择了第二条路。

回顾西方自英格兰光荣革命以来的历史，我们可以发现：一方面是宪政体制的确立，极大地约束了政府权力，为分权的市场留下足够空间；另一方面是政府财税能力大幅提升，可以动员更广泛的资源为国家服务。二者互相依赖，缺一不可：权力向资本让渡权力，换取资本向权力让渡资本。这就是所谓的无代表，不纳税。有为政府的背后是有限政府。

然而，明朝尚未走到这一步，就面临严重的危机。黄仁宇在《万历十五年》中写道："私人资本积累愈多，他操纵公众生活的权力也愈大。同时，商业资本又是工业资本的先驱，商业有了充分发展，工业的发展才能同样地增进。这是欧美资本主义发展的特征。中国的传统政治既无此组织能力，也决不愿私人财产扩充至不易控制的地步，为王朝的安全之累。"

权力未能驯服资本，资本也未能改造权力，最终导致时代的大悲剧。正如余英时所言："西方的政治与经济互为支援，朝着同一方向进展。而明清中国则政治与经济分裂，差不多是背道而驰。"到了明末，朝廷既要应对关外的后金，又要镇压北方的农民起义，财政告急。集中化的中央财政未能建立，朝廷无法向新兴资本收工商税，只能提高农业税，这反而恶化了北方的军事形势。恰逢小冰河时期，气温陡然下降，北方遍地旱灾。资本蓬勃发展，但是权力没有跟进演化，内因结合外因，无数偶然因素叠加，北京的权力和江南的资本一起同归于尽。

清朝入关，再次打断了中国的进程。不仅如此，出于少数民族统治的需要，清朝在集权上走得比任何一个王朝都远，都更彻底。钱穆在《历代政治得失》中得出结论：中国在清代，由汉唐等朝代的"士人政权"变为"部族政权"，"全只有法术，更不见制度"。清朝的高度集权有几个特征：第一，通常，在王朝巩固后，往往会放松管控。但是由于合法性的缺乏，清朝始终不肯放权，直到面对太平天国的冲击。第二，以满制汉，勋贵集团和皇权紧密相连,统治集团铁板一块。第三,清朝的统治高度依赖权谋和帝王术,高度提防官僚系统,从而走向非制度化。最后,清朝对士大夫极其提防,通过文字狱对舆论严格管控。这些与历代王朝截然不同的做法,导致贵族、官僚、舆论对王权的制约彻底消失。这些特点虽然有利于最高权力对于组织的严密控制,但是对中国社会的活力造成了严重伤害,损害了组织效率,又恰逢西方蓬勃兴起,因此中国在近代的群雄逐鹿中逐渐衰落。

将各类公权全部收回后,皇帝的私权发展到了极致。通过消灭各类不稳定因素,藩镇、阉宦、朋党、外戚、权臣这些历朝历代的问题貌似全都解决了。乾隆得意地宣扬:"前代所以亡国者,曰强藩,曰外患,曰权臣,曰外戚,曰女谒,曰宦寺,曰奸臣,曰佞幸,今皆无一仿佛者。"摧毁了对权力的制约,权力自然高枕无忧了。乾隆欣慰地说:"本朝纪纲整肃,无名臣,亦无奸臣。何则?乾纲在上,不致朝廷有名臣、奸臣,亦社稷之福耳。"

统治者眼里的社稷之福,是被统治者的灾难。政治高压下,臣子都变成了奴隶。出乎统治者意料的是:这个超级组织也扼杀了社会活力,自身走到了山穷水尽的地步。从经济学的角度看:权力完全集中在顶端,造成决策和信息极端割裂,上层和底层绝缘。摧毁所有的制衡后,有效的信息反馈机制也消失了,这时的权力决策者是不能犯错的:没有信息,就没有了纠错功能,只能一条道走到黑,最终走入死局。而组织的末端彻底失去了决策权,完全退化。在表面上的太平盛世,中国人感觉到了肌体组织老化:"九州生气恃风雷,万马齐喑究可哀。我劝天公重抖擞,不拘一格降人材。"

对于上市公司而言,当所有的内部治理机制失效时,只剩下外部制衡，所谓的控制权市场。1840年，我们这个老大帝国遇到了外部挑战者，我们的表现如何呢？

## 组织结构的崩坏与重生

"万乘之患，大臣太重"，《韩非子》里的这个幽灵始终困扰着皇权。高度集权下，皇帝完全不信任官僚系统，有极强的动力防止地方坐大，因此往往绕过地方，削弱地方。这是从秦始皇开始，历代皇帝共同的目标。例如朱元璋制《大诰》，将皇帝旨意直接颁布给老百姓。发展到了清朝，登峰造极，成了雍正所说的"惟以一人制天下"。这种高度集中的权力结构的代价是组织衰退和软弱。历史学家黄仁宇把中国古代晚期社会结构比作一个庞大的"潜水艇汉堡包"，上面是强大的中央政府，下面是庞大的社会底层农民，但中间层即地方政府却是松散而脆弱的。清朝的政府官员数量非常少，靠宗族等社会组织维系社会运转。根据《清会典》中统计的数字，胥吏额数总计：京吏1247人，外吏23743人。其中总督衙门平均有37.63人，巡抚平均24.56人，州平均10.75人，县平均11.29人。这样的权力结构，反映了朝廷通过削弱中级和下级权力机构来加强上级权力机构对于底层乃至全局的掌控，带有单一制组织结构的特点。它只适应古代农业社会，完全不能适应近现代社会的需求。虽然表面上中央高度集权，但是其代价是组织的中层羸弱，末端虚无，对基层的实际组织能力非常薄弱。从经济学的角度看，有效的社会组织和管控没有能够建立起来。权力完全集中在中央，中央一旦失控，整个组织都瘫痪了。因此不善于处理新信息，无法应对外部挑战。这种集权下的组织软弱，和本书第四章引用的托克维尔所称的法国大革命前法国集权体制的虚弱无力是一致的,是集权体制下东西方共有的制度顽疾。

因此,中国近代以来的丧权辱国,不完全是大刀长矛对船坚炮利的失败,更是组织结构的失败。表面上中国地大物博,但是孱弱的组织能力无法有效利用资源。从可利用资源的角度看,近代中国其实是个不折不扣的小国、弱国。梁启超敏锐地发现甲午战争失败有着深刻的组织原因:"李合肥一人对一国。"而到了庚子事变,封疆大吏更是搞东南互保,清政府对此只能默认。

辛亥革命四处开花,各地的豪强起来赶走清朝的官员。民国建立后,各省的督军一般都是本省人,这是过去流官制下不曾有过的现象。北伐成功后,国民政府在形式上完成了国家的统一,然而这种统一徒有其表,中央控制力形同虚设。专制体系一夜之间消失,在现代政治制度和组织体系未能有效建设起来之前,这种被动的分权造成了空前的悲剧。

正如孙中山1923年在一次演讲中所言:

> 那般官僚在满清的时候,本来是很听话的,初降到民国来,也是忠于共和,奉命维谨,不敢犯法;到了后来犯法,这个原因是在什么地方呢?因为推翻满清之后,成立民国,那般旧官僚不知道民国是什么东西;人民又不知道怎么样做主人,去监督他们。而在专制的时候,有皇帝做主人,可以管理他们,他们怕皇帝的权威,革他们的官,所以他们便甘伏于奴隶之下。到了民国,人民本是主人,应该有权可以监督他们的,但是初次脱去奴隶的地位,忽然升到主人的地位,还不知道怎么样做主人的方法,实行民权,所以他们便目无

主人，胡行非为。

在组织结构的空白期或者说转变期，各路政治势力都试图用自己的理念改造中国。谁能获胜很大程度上又取决于各自的组织能力。清政府与革命党斗争，袁世凯与倒袁势力斗争，北洋军阀与国民党斗争，国民党与共产党斗争……可以看到，中国传统组织形式不敌西式新型组织（如政党制度），松散的政党不敌列宁式政党，基于同乡、同袍、门生故吏这些传统网络的组织不敌基于共同利益的组织，基于权谋的组织不敌基于意识形态和信仰的组织。最后，一个基于崇高理想信念、具备严密层级结构的组织最终获胜。

我们可以拿失败的一方作为对比：1945年，国民党中央秘书长吴铁城在国民党六大做党务检讨报告，总结说国民党基层空、穷、弱、散，党建涣散。在抗战以及解放战争中，国民党每丢失一个地方，最先瓦解的是党部，其次是政府，最后才是军队。收复一个地方则反过来，军队先抵达，然后政府建立，党部则姗姗来迟。与之形成鲜明对比的是，毛泽东总结中共革命胜利的三大法宝之一就是"党的建设"。

在这个漫长的转型期中，中国经济一直在衰退。鸦片战争前夜，1820年，中国GDP在世界GDP中的份额为32.9%，到辛亥革命一路下滑到9.1%，到了1952年降到5.2%，而当时中国的人口占世界人口的1/4。1850年到1949年整整一百年间，中国经济总量陷入停滞，几乎没有增长。而中国的工业增加值在世界总值中的比重，1850年尚占7.2%，到1953年则降至0.3%，几乎可以忽略不计。20世纪初，中国人均GDP下滑到只是世界人均GDP的36.7%，仅为1/3多一点，1952年更下降到23.7%，不到1/4。

经过一个世纪的动荡、分裂与战乱，中国在1949年终于再次统一。一盘散沙的旧中国给中国人带来了极其惨痛的记忆。重新集权是民心所向，时代需要，是基于对旧中国的反思。1949年后构建的制度的主要特点有：中央决策权集中，统一的财政经济体制，军队统一建制，统一军事指挥等，并且逐步削弱取消大区行政机构，加强中央对省市级的直接领导。这一时期形成的若干重大原则，为高度集中的体制奠定了基础。比如"全党服从中央"的组织原则，大大加强了中央政府的政治与经济集权。和历史上一样，重新集结起来的中华民族爆发出强大的战斗力："帝国主义在东方的海岸线架起几门大炮征服一个国家的历史已经一去不复返了！"

到1954年，新中国成功地建立了中国有史以来最强大的中央集权政治体制和经济体制。不仅中央集中，并且其组织动员能力直达基层。中国历史上也多次出现过权力的集中，新中国一个很大的不同是，这一时期出现了高度集中的经济体制：1954年，第一届全国人民代表大会决定成立国务院。国务院在原政务院42个工作部门的基础上，进一步增加到64个部门，其中经济管理部门增加了12个。到1956年底，在两年的时间里，国务院又先后增设了17个工作部门，其中绝大多数是经济管理部门。与此同时，省一级政府也比照国务院工作部门，对口设立了相应的机构；省以下地方政府也基本照此办理。在国营企业归属管理上，继续按照企业的不同技术类型，归属于政府不同的职能部门进行直接管理。政府职能部门管理着拟定企业的生产计划、原材料的筹备与供应、成本和质量控制、产品的销售以及企业的财务预算等几乎包括一切的企业生产经营活动。高度集中的国有经济部门体系形成，在这个体系里，国企更像是执行机构，而非独立的企业。这种中央高度集权，事无巨细都要管的计划经济体制，不利于发展经济。

新中国成立后不久，中央就已经意识到不能盲目照搬苏联的高度集中的计划经济体制，需要正确处理集权和分权的关系，并且根据中国的实际情况做出了一些调整。中国共产党人在长期的武装斗争中，处理经济问题的情况较少。但是，长期的武装斗争使得"实事求是"成为党的重要指导原则。当中国共产党的领导人开始在和平时期学习苏联经验管理国民经济时，他们很快发现那一套行不通。

毛泽东专门抽出精力学习苏联《政治经济学教科书》，并对此做了大量批注。苏联《政治经济学教科书》第三十六章"世界社会主义经济体系"中写道：

> 社会主义的分工可以使各个国家作为世界社会主义体系的平等成员，彼此取长补短，因而有可能节约财力和人力，消除国民经济中个别部门的不必要的平行发展，以加快各国经济发展的速度。每个国家都可以集中自己的人力财力来发展在本国有最有利的自然条件和经济条件、有生产经验和干部的部门，而且个别国家可以不必生产能靠其他国家供应来满足需要的产品。这样，就可以在工业中达到合理的生产专业化和协作化，在粮食和原料生产上达到最适当的分工。

毛泽东驳斥了这种从上到下、强调执行和命令的指导思想：

> 这一段里面的提法不好。我们甚至对各省都不这样提。我们对各省的提法一向是：凡是自己能够生产的，就自己尽

可能地发展，只要不妨碍全局。

……

> 欧洲的好处之一，是各国林立，各搞一套，使欧洲经济发展较快。我国自秦以来形成大帝国，那时以后，少数时间是分裂、割据，多数时间保持统一局面。缺点之一是官僚主义，统治很严，控制太死，地方没有独立性，不能独立发展，大家拖拖沓沓，懒懒散散，过一天算一天，经济发展很慢。

苏联《政治经济学教科书》讲到苏联劳动者享受的各种权利时，完全忽视了劳动者管理国家、管理各种企业的权利。毛泽东批评了这种态度，他主张：

> 人民自己必须管理上层建筑，不管理上层建筑是不行的。我们不能够把人民的权利问题，了解为国家只由一部分人管理，人民在这些人的管理下享受劳动、教育、社会保险等等权利。

这些光辉思想没有西方舶来品的影子，而是和中华先贤的不懈思考一脉相承！当然，毛泽东不能摆脱自己的局限，他虽然认识到了地方自主和群众自主的重要性，却仍然强调中央控制。一旦涉及具体的权力分配问题，他心中是纠结的：

> 现在，我们的情况完全不同了，全国各省又是统一的，又是独立的。在政治上经济上都是如此。从政治上来说，各省服从中央的统一领导，服从中央的决议，接受中央的控制，

独立地解决本省的问题，而中央的重大决议，又都是中央同各省商量，共同做出的。从经济上来说，中央要充分发挥地方积极性，不要限制、束缚地方积极性。

……………

我们是提倡在全国统一计划下，各省尽可能都搞一整套。只要有原料、有销路，只要能就地取材，就地推销，凡能办的事情，都尽可能地去办。不能办的事情，当然不要勉强去办。这里要注意，原料供应，产品销售，地方应当服从中央的调度安排。

又要统一，又要独立；又要服从，又要自主；又要集中，又要灵活……毛泽东的纠结，事实上也是两千年来中华体制的纠结。

新中国成立以来，在经济政策的制定和实施过程中，一个重要的教训是决策权过度集中不利于管理经济。管理一国经济需要随时处理从各个部门、各个地方不断涌现的大量信息。从信息的角度看，由于中央计划者无法及时获取必要信息，无论如何努力，都很难做出精准的计划，也很难根据新的反馈信息对政策做出及时调整。国家越大，经济环境越复杂，信息的重要性就越加凸显，过度集中的弊端也就越明显。这种情况下，就需要分权。

党中央很快察觉到了苏联式的僵化管理体制存在严重缺陷，并且正确地意识到了问题的症结在于过度集权。毛泽东在《论十大关系》中明确指出，要注意国家、生产单位和生产者个人的关系："把什么东西统统都集中在中央或省市，不给工厂一点权力、一点机动的余地、一点利益，恐怕不妥。"他同时也指出需要正确处理中央和地方的关系："应当在巩固中央统一领导的前提下，扩大一点地方的权力,给地方更多的独立性,让地方办更多的事情。"

他认为中央不能处处包揽经济管理权和决策权:"我们不能像苏联那样,把什么都集中到中央,把地方卡得死死的,一点机动权也没有""立了一个部就要革命,要革命就要下命令。各部不好向省委、省人民委员会下命令,就同省、市的厅局联成一线,天天给厅局下命令""中央的部门可以分成两类。有一类,它们的领导可以一直管到企业,它们设在地方的管理机构和企业由地方进行监督;有一类,它们的任务是提出指导方针,制定工作规划,事情要靠地方办,要由地方去处理"。

基于这种认识,1957年,国务院下达了《关于改进工业管理体制的规定(草案)》《关于改进商业管理体制的规定(草案)》和《关于改进财政管理体制的规定(草案)》三个文件,将大量国有企业下放给地方政府管理,同时也下放了大量经济管理权力。然而,经济计划的分权遇上"大跃进"的狂热,各地出现大量盲目生产和重复建设,造成了大量浪费。1961年中央发布《关于调整管理体制的若干暂行规定》,之前下放给地方的经济管理权限又被大量收回中央,并加强了中央对金融、财政和统计的集中领导。重新集权后,虽然暂时解决了各地混乱、盲目的经济建设问题,但是僵化、死板的老问题又再次浮现。总的来看,这些试图调动地方积极性和地方信息的下放措施,效果并不令人满意,这背后的原因在于:表面上的分权并没有改变计划经济的集中管理体制,只是计划权限在各级政府之间的调整。毛泽东在1966年3月20日的中央政治局常委扩大会议上强调:"中央叫计划制造工厂,只管虚,不管实。"可见,中央领导层虽然意识到了过度集中的危害,但是这一时期的分权只是具体计划制定权的下放,并没有正确处理政府和市场的关系。

总之，虽然一段时间内下放了相当一部分权力，表面上呈现出一定程度的分权，但起最重要决定作用的决策权却始终集中在少数甚至个别领导人手中。政治集权压倒了经济分权的努力，以个人或少数人的大脑代替广大干部群众的大脑，导致了一系列严重的后果。直到改革开放后，工作重心转到经济建设并且明确了市场经济的地位，同时确立了集体领导体制，这一问题才得以较好地解决。

1949年新中国成立以后，中国在经济上取得一些成就，但是在这个时期，世界其他地区经济成长更快。1953年，中国的GDP占世界的5.2%，到1978年只占4.9%。而按照官方汇率计算，1978年，中国GDP占全世界1.8%。70年代末，美元兑换人民币的官方汇率在2至3。如果当时有市场汇率，以此计算的中国经济的规模只会更低。中国经济占全球经济的比例在1978年达到历史最低点。

大国转身，以百年计，必然充满艰难险阻。从鸦片战争开始，经过一百多年的探索和牺牲，中国这个超级组织虽然完成了从专制王朝向现代共和国的转型，并大体保持了国土完整，维系了传统的科层制结构，但是尚未找到发挥组织经济效率的途径。

这一任务，留给了新中国第二代领导人。

第十四章

# 其命维新：中国的现在与未来

在本书第一章中我们提到，从19世纪初开始，之后的一个半世纪，对于中国来说都是乱世。在这漫长的乱世里，中国经济一直在衰退。按照联合国的估计，在改革开放初期，中国有一半人口处于绝对贫困状况。中国不光是一个穷国，而且是一个穷国中的穷国。四十年前，中国人普遍的焦虑是中国会不会被开除球籍。什么叫被开除球籍？就是地球上没这个国家了。虽然土地还在，人民还在，但是创造的财富可以忽略不计，对人类现代文明的贡献微乎其微。在近代史上中华民族无数仁人志士的奋斗难道彻底失败了吗？

如同历史上多次发生过的那样，中华民族绝地求生，凤凰涅槃了。这个伟大的逆转，来源于我们对历史的反思。正如商的迅速垮台给周朝留下深刻印象，秦的迅速垮台给汉朝留下深刻印象一样，"文化大革命"十年动乱也给现代中国人留下深刻印象。周的制度建设是对于商的反思，汉的制度建设是对于秦的反思，改革开放后的中国制度建设是对于新中国前三十年的反思。这些反思集中体现在一些纲领性文件上，包括《中国共产党中央委员会关于建国以来党的若干历史问题的决议》，以及《党和国家领导制度的改革》，等等。

《建国以来党的若干历史问题的决议》深刻反思了建国前三十年的教训，尖锐地指出除了毛泽东个人的错误之外，还存在领导制度方面的原因，而核心就在于权力失去制约："党在面临着工作重心转向社会主义建设这一新任务因而需要特别谨慎的时候，毛泽东同志的威望也达到高峰。他主观主义和个人专断作风日益严重，日益凌驾于党中央之上，使党和国家政治生活中的集体领导原则和民主集中制不断受到削弱以至破坏。"

这种错误又有着深刻的历史根源："中国是一个封建历史很长的国家，我们党对封建主义特别是对封建土地制度和豪绅恶霸进行了最坚决最彻底的斗争，在反封建斗争中养成了优良的民主传统；但是长期封建专制主义在思想政治方面的遗毒仍然不是很容易肃清的，种种历史原因又使我们没有能把党内民主和国家政治社会生活的民主加以制度化、法律化，或者虽然制定了法律，却没有应有的权威。这就提供了一种条件，使党的权力过分集中于个人，党内个人专断和个人崇拜现象滋长起来，也就使党和国家难于防止和制止'文化大革命'的发动和发展。"

基于此，邓小平在《党和国家领导制度的改革》中强调了国家领导制度和组织制度的重要性：

> 我们过去发生的各种错误，固然与某些领导人的思想、作风有关，但是组织制度、工作制度方面的问题更重要。这些方面的制度好可以使坏人无法任意横行，制度不好可以使好人无法充分做好事，甚至会走向反面。即使像毛泽东同志

这样伟大的人物，也受到一些不好的制度的严重影响，以至对党对国家对他个人都造成了很大的不幸。我们今天再不健全社会主义制度，人们就会说，为什么资本主义制度所能解决的一些问题，社会主义制度反而不能解决呢？这种比较方法虽然不全面，但是我们不能因此而不加以重视。斯大林严重破坏社会主义法制，毛泽东同志就说过，这样的事件在英、法、美这样的西方国家不可能发生。他虽然认识到这一点，但是由于没有在实际上解决领导制度问题以及其他一些原因，仍然导致了"文化大革命"的十年浩劫。这个教训是极其深刻的。不是说个人没有责任，而是说领导制度、组织制度问题更带有根本性、全局性、稳定性和长期性。这种制度问题，关系到党和国家是否改变颜色，必须引起全党的高度重视。

那么如何建立合理的领导制度和组织制度？在这篇讲话中，邓小平系统阐述了国家权力架构的改革：

> 一是权力不宜过分集中。权力过分集中，妨碍社会主义民主制度和党的民主集中制的实行，妨碍社会主义建设的发展，妨碍集体智慧的发挥，容易造成个人专断，破坏集体领导，也是在新的条件下产生官僚主义的一个重要原因。二是兼职、副职不宜过多。一个人的知识、经验、精力有限，左右上下兼职过多，工作难以深入，特别是妨碍选拔更多更适当的同志来担任领导工作。副职过多，效率难以提高，容易助长官僚主义和形式主义。三是着手解决党政不分、以党代政的问题。中央一部分主要领导同志不兼任政府职务，可以

集中精力管党，管路线、方针、政策。这样做，有利于加强和改善中央的统一领导，有利于建立各级政府自上而下的强有力的工作系统，管好政府职权范围的工作。四是从长远着想，解决好交接班的问题。老同志是党和国家的宝贵财富，责任重大，而他们现在第一位的任务，是帮助党组织正确地选择接班人。这是一个庄严的职责。让比较年轻的同志走上第一线，老同志当好他们的参谋，支持他们的工作，这是保持党和政府正确领导的连续性、稳定性的重大战略措施。

改革开放取得的巨大经济成就，背后是强有力的政治制度的保障。我们确立了集体领导的原则，设立了领导干部任期限制，废除了终身制，设立了退休制度，并且将防止个人崇拜写入了党章。正是这些源代码，形成了对权力的初步制约和对权力的合理分配，使得中国能够保持在正确的方向上前进，可谓彪炳千秋！

正如2021年国务院新闻办公室出版的《中国的民主》白皮书所言："民主是历史的、具体的、发展的，各国民主植根于本国的历史文化传统，成长于本国人民的实践探索和智慧创造，民主道路不同，民主形态各异。评价一个国家政治制度是不是民主的、有效的，主要看国家领导层能否依法有序更替，全体人民能否依法管理国家事务和社会事务、管理经济和文化事业，人民群众能否畅通表达利益要求，社会各方面能否有效参与国家政治生活，国家决策能否实现科学化、民主化，各方面人才能否通过公平竞争进入国家领导和管理体系，执政党能否依照宪法法律规定实现对国家事务的领导，权力运用能否得到有效制约和监督。"

国家领导层能否依法有序更替、人民群众能否畅通表达利益要求、权力运用能否得到有效制约和监督……这些就是本书讲述的，三千年来中国和世界对于良治的孜孜不断的追求，也是改革开放经济奇迹背后的制度基石。

## 集权与分权

集权成就大国，但是大国需要一定程度的分权。适当的分权有利于下情上达，有利于建立合理的激励机制，也有利于建立必要的纠错机制。虽然前三十年也有过分权改革，但是正如邓小平总结的："过去在中央和地方之间，分过几次权，但每次都没有涉及党同政府、经济组织、群众团体等等之间如何划分职权范围的问题。"

在这种情况下，企业和群众作为生产经营的主体，仍然要听命于过度集中的计划经济体制，缺乏自主权。邓小平一针见血，直指要害：国家对经济和社会的管控问题。一部改革开放史，就是不断放松对经济和社会管控的过程。改革开放后，地方被赋予了很大自主权，很多改革是地方推动的，中央只是发声允许，甚至鼓励，但是并没有给出具体改革的指导方针，完全是地方自主实施。中国最成功的经济改革，例如家庭联产承包制、乡镇企业、90年代中后期的国企改革，都是地方自发主动进行，最后才获得中央认可，在全国推行。在这种既有分权，又有集中的制度创新下，如果有新的想法和政策，可以在一个地区先进行试验，之后再推广到全国。所以如果政策不奏效，也不会导致在全国经济中犯下大错。同时，各地互相竞争，投资者可以用脚投票，无形中对地方政府的行为产生了约束，一定程度上产生了对权力的制衡，类似欧洲的分权体制。这类似于顾炎武主张的"寓封建于郡县"。因此，改革开放的成功,并不是源自顶层设计,而是广大干部群众集体智慧的结晶。邓小平与其说是总设计师,不如说是总鼓励师、总批准师。他曾经说过:"担任领导的人,不能出太多的主意。如果考虑没有成熟,不断有新的主意出来,往往会国家大乱,政治家主意太多是要坏事的。领导人宁静和平,对国家有好处,对人民有好处。"

当一个人手里有了锤子,看什么都像钉子。手中有巨大的权力,但是能够克制地运用权力,这是邓小平不同于我国历史上大部分政治家的可贵之处。

1981年党的十一届六中全会指出:在社会主义初级阶段,我国社会的主要矛盾是人民日益增长的物质文化需要同落后的社会生产之间的矛盾。因此,在大部分时间内,经济增长是地方官员的最重要考核标准。晋升激励促使地方官员招商引资、保护投资者、保护企业、促进地方经济增长。中国能持续吸引大量外资,说明中国的制度能够大体上保护投资者。地方官员认识到投资者的保护对于经济增长非常重要,从而有利于自己的晋升,因此会有意识地招商引资、保护投资者。

总之,选贤任能和地方分权结合,权力的放松反而带来了权力的有效使用,从制度上促进了四十年中国经济腾飞。这些制度不是凭空产生的,而是源自我们悠久的历史。从组织结构和组织能力的角度看,中国的改革开放找到了最适合发挥中国这个超级组织效率的方法。事实上,成功的中国组织大多如此。以华为为例,华为强调砍掉高层的手和脚:最高层只管战略,不做微观管理,主动放权(在需要本地信息、需要灵活应对的方面分权);砍掉中层的屁股:中层管理人员要亲赴一线,主动掌握信息,要打破部门本位主义,保证公司利益大于部门利益(在需要统一协调控制的地方集权）；砍掉基层员工的脑袋：基层员工专心执行。华为为什么能成为中国优秀的科技企业？部分原因是华为能够做到权力的合理分配，做到激励和统一协调的有机结合，寓分权于集权。正是这种有中国特色的21世纪的科层制，才保证了强大的战斗力。

## 过去、现在与未来

中国的改革开放为什么如此成功？这要归功于绵延不绝、不断演化的中国体制。虽然"百代都行秦政法"，但是由于中国幅员辽阔，人口众多，各地的情况有很大不同，因此中国的治理结构中必然蕴含着灵活分权的因素，这是周制的残余。中国每个省都可以看成是一个经济体，这些省级经济体在中国这个大市场中是独立且自治的。这些省份在某种程度上和大企业的各个事业部一样，可以独立运营。中国经济之所以比苏联要强劲许多，原因之一就在于此。苏联的经济结构是"条条"，中央垂直管理，无法应付复杂多变的情况，灵活性付之阙如。而中国经济结构是"块块"，各地方能够从实际情况出发自我调整。这是我们祖先留给我们的宝贵遗产。

回顾过去，我们不难发现，改革开放和中国历史中的某些时段有着惊人的相似。中国的改革首先从农村开始。这和两税法开启的唐宋变革乃至一条鞭法是一致的。四十年来，我们目睹了农业的繁荣、城镇的兴起、劳动力的多元化、户籍制度的松动……这些我们在晚唐、宋、明都看见过。解放了的劳动力，充分发挥比较优势，加入国际市场，使中国制造远销海外，并带来大量海外货币：我们在明朝中后期也看见过。货币化和市场化是从唐宋变革开始的两条主线，同样也在改革开放中得到了体现。由此产生的思想领域的冲击和激烈争执，我们在晚清"保中华"和"保大清"之争中也看见过。这样，中国的改革开放，并不空前，而是唐宋变革的持续，是中国政治体制为了应对经济的压力而做出的自然调整。

中国这个超级组织如何适应从农业社会向市场经济的过渡，以及从封闭社会向全球化世界的过渡？市场经济的本质是分权，需要去中心化，但是应对外部挑战又需要集权，要求中心化。中心化可以集中资源，但是过度中心化又会使组织丧失活力，反而不利于应对外部挑战。中国在这种纠结中一路走来，经过持续四十年的不懈努力，中国的经济规模占全球经济的比例和中国人口占全球人口的比例大致相当，中国终于成为一个正常国家。能否有进一步的发展？我们能否不仅实现经济的增长，还有无可能像我们的祖先一样，在政治上和文化上对已知的世界产生引领？大国百年争雄，这是一场超级马拉松，不在于一时的输赢。这归根结底要靠对权力的适当制约，权力的合理分配，以及权力的有效使用。上下五千年，纵横几万里，各个民族都在寻找适合它们的制度。在对制度的摸索和改进上，我们尚未找出最优解（也许没有最优解），因此需要与时俱进，不断改革。

我们不知道什么是最佳的，但是我们知道什么是最差的，知道什么最不能做。《论语》里记载了孔子的一次对话，画出了人类政治文明的底线：

> 曰："一言而丧邦，有诸？"孔子对曰："言不可以若是其几也。人之言曰：'予无乐乎为君，唯其言而莫予违也。'如其善而莫之违也，不亦善乎？如不善而莫之违也，不几乎一言而丧邦乎？"（《论语·子路》）

在孔子看来，最大的祸乱和风险不在于国君昏庸无能，也不在于国君骄奢淫逸，而是在于言路闭塞，人人噤若寒蝉，甚至道路以目。如果统治者沉迷于唯我独尊，满足于别人不敢违背自己的意愿，这就是孔子眼中的亡国级别的灾难。我国历史上给国家和人民造成深重灾难的君王，往往自诩雄才大略，不许人妄议，这就是亡国之君，比如纣王，"智足以拒谏，言足以饰非"。用经济学来解释这种现象：每个人的信息集有限，只有集思广益，才能做出有效无偏估计。然而，在现实中，往往越是愚蠢的人，反而意识不到自己的局限性，会更加自以为是，最终酿成大悲剧。因此，邓小平尖锐地指出："一个革命政党，就怕听不到人民的声音，最可怕的是鸦雀无声！""一个党，一个国家，一个民族，如果一切从本本出发，思想僵化，迷信盛行，那它就不能前进，它的生机就停止了，就要亡党亡国。"

展望未来，我们前进的道路上有无数挑战：新冠疫情对经济产生了长远的负面影响；债务问题愈演愈烈，宏观杠杆居高不下；国企大而不强，强而不优，庞大的资产不能产生足够的利润，反而侵蚀大量金融资源；多方挤压下，地方财政出现相当大的困难；和美国的贸易争端尚未解决，大量出口产品需要承担高额关税；生育率逐年降低，老龄化社会无法避免，人口结构非常不利……然而，在大历史下，这些都不是问题！

我们并不妄图预测未来，金融市场尚且不可预测，更不用说大国国运。所有超长期规划最终结果全部偏离原有目标，无一例外，典型的就是计划生育政策。无论多睿智多伟大的人物，都无法精确判断历史的走向。汉高祖刘邦横扫六合，但是在临死前面对未来照样很无奈：

> 已而吕后问:"陛下百岁后,萧相国即死,令谁代之?"上曰:"曹参可。"问其次,上曰:"王陵可。然陵少戆,陈平可以助之。陈平智有余,然难以独任。周勃重厚少文,然安刘氏者必勃也,可令为太尉。"吕后复问其次,上曰:"此后亦非而所知也。"(《史记》)

可见,伟大如刘邦,只能管身后两三代。历史和股价一样,短期可以解释,甚至预测(瞎蒙),长期也许是个随机游走的过程。但是我们对未来有信心,这信心不仅仅是出于我们对民族的热爱,更重要的是因为我们有勤劳、善学的人民。过去两百年,我们不断在因循守旧、以俄为师、以美为师之间摇摆,但是历史告诉我们:一个智慧的民族,终究会选择一个合适的制度。

1980年后出生的中国人,是历史上第一代成长于免于饥馑情况下的中国人,也是第一代普遍完成九年义务教育的中国人。2000年后出生的中国人,是历史上第一代成长于物质富裕情况下的中国人,也是第一代大规模接受高等教育的中国人。仓廪足而知礼节,我们有理由相信,受到良好教育的当代年轻人成了统治者后,底线会更高一些,视野会更广一些,会做得更好。这样,改革开放的伟大征程不会终止,从唐宋变革开始的波澜壮阔的社会变迁仍将继续,中国人仍将不懈追求仁政和良治。

对仁政和良治的追求,是中国政治最崇高的理念,这体现在人民英雄纪念碑的碑文里:"由此上溯到一千八百四十年,从那时起,为了反抗内外敌人,争取民族独立和人民自由幸福,在历次斗争中牺牲的人民英雄们永垂不朽!"

为什么中华人民共和国慎终追远,要上溯到1840年,而不是

1921年？这说明现代中国的道统，和历史上的王朝完全不同：不是皇帝轮流做，不是打江山、坐江山，不是源自改朝换代，而是源自历代中华儿女为了"争取民族独立和人民自由幸福"做出的流血牺牲和不懈努力。什么决定了这个道统是否能够保持，是否承接天命？这个中国当代政治最大的秘密就隐藏在人民英雄纪念碑碑文里：归根结底要看人民生活是否自由幸福，这就是权力的根本来源。这是三千年前我们祖先的领悟在现代社会的具体表现。中国近现代的经济发展和制度建设，有着深刻的历史渊源。这是三千年来超级大国不断奋发图强、不断革新的过程的自然延伸。中国能不能走出一放就乱、一收就死的循环？中国能否战胜各种干扰，实现历朝历代仁人志士的理想？这要靠不断地制度创新。我们对此充满信心，因为中华民族从近一个半世纪的黑暗乱世中凤凰涅槃，绝不是偶然的，这证明中华文明有着强大的生命力！

# 参考文献

## 第一章

[1] 《火枪与账簿：早期经济全球化时代的中国与东亚世界》，李伯重 著，生活·读书·新知三联书店，2017年。

[2] 《不可能发生的事件？——全球史视野中的明朝灭亡》，李伯重 著，《历史教学》2017年第3期，6—15页。

[3] 《洪业：清朝开国史》，[美] 魏斐德 著，陈苏镇、薄小莹 译，新星出版社，2017年。

[4] 《追寻现代中国》，[美] 史景迁 著，温恰溢 译，四川人民出版社，2019年。

[5] 《全球危机：17世纪的战争、气候变化与灾难》，[英] 杰弗里·帕克 著，王兢 译，社会科学文献出版社，2021年。

[6] 《清史译丛（第十一辑）：中国与十七世纪危机》，国家清史编纂委员会编译组 编著，商务印书馆，2013年。

[7] 《中国近5000年来气候变迁的初步研究》，竺可桢，《考古学报》1972年第1期。

[8] James Kynge, 2006, *China Shakes the World: A Titan's Rise and Troubled Future*, Houghton Mifflin Harcourt.

[9] Stephen Broadberry, Hanhui Guan, David Daokui Li, 2018, "China, Europe, and the Great Divergence: A Study in Historical National Accounting, 980-1850," *Journal of Economic History*, 78 (4), 955-1000.

［10］ Saumitra Jha, 2015. "Financial Asset Holdings and Political Attitudes: Evidence from Revolutionary England," *Quarterly Journal of Economics*, 130 (3), 1485-1545.

## 第二章

［1］ 《国家、战争与历史发展：前现代中西模式的比较》，赵鼎新 著，浙江大学出版社，2015年。

［2］ 《枪炮、病菌与钢铁》，［美］贾雷德·戴蒙德 著，王道还、廖月娟 译，中信出版社，2022年。

［3］ 《强制、资本和欧洲国家：公元990—1992年》，［美］查尔斯·蒂利 著，魏洪钟 译，上海人民出版社，2012年。

［4］ Alesina, Alberto. 2003. "The size of countries: Does It Matter?" *Journal of the European Economic Association*, 1 (2-3): 301-316.

［5］ Charles Tilly. 1985. "War Making and State Making as Organized Crime."

［6］ Chiu Yu Ko, Mark Koyama, Tuan-HweeSng, 2018, "United China and Divided Europe," *International Economic Review*, 59: 1.

［7］ Peter Turchin. 2009. "A theory for formation of large empires." *Journal of Global History* 4, 191-217.

## 第三章

［1］ 《想象的共同体：民族主义的起源与散布》，［美］本尼迪克特·安德森 著，吴叡人 译，上海人民出版社，2016年。

［2］ 《传统的发明》，［英］埃里克·霍布斯鲍姆、［英］特伦斯·兰杰 著，顾杭、庞冠群 译，译林出版社，2020年。

［3］ 《关于民族主义的札记》，［英］乔治·奥威尔，录于《政治与文学》，［英］乔治·奥威尔 著，李存捧 译，译林出版社，2011年。

［4］ 《吾国与吾民》，林语堂 著，江苏人民出版社，2014年。

［5］ 《艾希曼在耶路撒冷——一份关于平庸的恶的报告》，［美］汉娜·阿伦特 著，安尼 译，译林出版社，2017年。

［6］ 《我的信仰》，［美］爱因斯坦，选自商务印书馆《爱因斯坦文集》第三卷，许良英、赵中立、张宜三 编译。

［7］ 《马克思恩格斯选集》，人民出版社，2012年。

## 第四章

[1] 《政治秩序的起源：从前人类时代到法国大革命》，[美]弗朗西斯·福山　著，毛俊杰　译，广西师范大学出版社，2014年。

[2] 《西周的政体：中国早期的官僚制度和国家》，李峰　著，生活·读书·新知三联书店，2010年。

[3] 《论美国的民主》，[法]托克维尔　著，董果良　译，商务印书馆，2017年。

[4] 《旧制度与大革命》，[法]托克维尔　著，冯棠　译，商务印书馆，2013年。

[5] 《赫逊河畔谈中国历史》，黄仁宇　著，生活·读书·新知三联书店，2015年。

[6] 《中国大历史》，黄仁宇　著，生活·读书·新知三联书店，2015年。

[7] 《明夷待访录》，黄宗羲　著，中华书局，1981年。

[8] 《郡县论》，顾炎武。

[9] 《传统十论：本土社会的制度、文化及其变革》，秦晖　著，山西人民出版社，2019年。

[10] 《中国古代官阶制度引论》，阎步克　著，北京大学出版社，2010年。

[11] 《五等诸侯论》，陆机。

[12] 《军事革命与政治变革：近代早期欧洲的民主与专制之起源》，[美]布莱恩·唐宁　著，赵信敏　译，复旦大学出版社，2015年。

[13] David Stasavage, 2010, "When Distance Mattered: Geographic Scale and the Development of European Representative Assemblies," *American Political Science Review*, 104 (4), 625-643.

[14] Friedrich A. Hayek, 1945. "The Use of Knowledge in Society." *American Economic Review* 35 (4): 519-530.

[15] Victoria Tin-Bor Hui, 2002, "The Emergence and Demise of Nascent Constitutional Rights: Comparing Ancient China and Early Modern Europe." *Journal of Political Philosophy*, 9 (4), 373-403.

## 第五章

[1] 《中国国家治理的制度逻辑》，周雪光　著，生活·读书·新知三联书店，2017年。

[2] 《华为2013年度干部工作会议的讲话》，任正非。

[3] Michael Kometer, 2003, "The strategy of control: Centralized vs. decentralized control of US airpower." *Defense Studies*, 3: 2, 36-63.

[4] Paul C. Light, 2017. "People on People on People: the Continued Thickening of Government." New York University.

[5] Oliver Williamson, 1991, "Comparative Economic Organization: The Analysis of Discrete Structural Alternatives," *Administrative Science Quarterly*, 36 (2), 269-292.

[6] Qian, Yingyi, G. Roland, and C. Xu, 2006, "Coordination and Experimentation in M-form and U-form Organizations," *Journal of Political Economy*, 114 (2), 336-402.

[7] Gary Anderson, Robert McCormick, and Robert Tollison, 1983, "The Economic Organization of the English East India Company," *Journal of Economic Behavior and Organization*, 4, 221-234.

## 第六章

[1] 《社会天文学史十讲》，黄一农 著，复旦大学出版社，2004年。

[2] 《西方哲学史》，[英] 伯特兰·罗素 著，商务印书馆，1963年。

[3] 《政府论》，[英] 约翰·洛克 著，商务印书馆，1964年。

[4] 《神学大全》，[意] 阿奎那 著，商务印书馆，2013年。

[5] David Stasavage, 2016. "Representation and Consent: Why They Arose in Europe and Not Elsewhere." *Annual Review of Political Science*.

[6] Mancur Olson. "Dictatorship, Democracy, and Development." *American Political Science Review*, 87: 567-576.

[7] Miao Meng, Jacopo Ponticelli, Yi Shao, 2021, "Eclipses and the Memory of Revolutions: Evidence from China," *NBER Working Paper*, 29182.

## 第七章

[1] 《中国历代政治得失》，钱穆 著，生活·读书·新知三联书店，2001年。

[2] 《读通鉴论》，王夫之 著，中华书局，2004年。

[3] 《独裁者手册》，[美] 布鲁诺·德·梅斯奎塔、[美] 阿拉斯泰尔·史密斯 著，江苏文艺出版社，2014年。

[4] Benjamin F. Jones, Benjamin A. Olken, 2005, "Do Leaders Matter? National

Leadership and Growth Since World War II," *The Quarterly Journal of Economics*, 120 (3), 835-864.

[5] Timothy J. Quigley, Craig Crossland, Robert J. Campbell, 2017, "Shareholder perceptions of the changing impact of CEOs: Market Reactions to Unexpected CEO Deaths, 1950-2009," *Strategic Management*, 38, 939-949.

[6] Gernot Doppelhofer, Ronald I. Miller, Xavier Sala-i-Martin, 2004, "Determinants of long-term growth: A Bayesian Averaging of Classical Estimates (BACE) Approach." *American Economic Review*, 94 (4), 813-835.

## 第八章

[1] Besley, Timothy, and Torsten Persson. 2009, "The Origins of State Capacity: Property Rights, Taxation, and Politics," *American Economic Review*, 99 (4), 1218-1244.

[2] T. Besley, and T. Persson, 2014, "Why Do Developing Countries Tax So Little," *Journal of Economic Perspectives*, 28 (4), 99-120.

[3] Didac Queralt, 2019, "War, International Finance, and Fiscal Capacity in the Long Run," *International Organization* 73 (4), 713-753.

[4] N. Gennaioli, and H. -J. Voth, 2015, "State Capacity and Military Conflict." *Review of Economic Studies*, 82 (4), 1409-1448.

[5] Hans-Joachim Voth and Nico Voigtländer, 2009. "Malthusian Dynamism and the Rise of Europe: Make War, Not Love," *American Economic Review: Papers and Proceedings*, 99 (2), 248-254.

[6] Hans-Joachim Voth and Nico Voigtländer, 2013, "Gifts of Mars: Warfare and Europe's Early Rise to Riches," *Journal of Economic Perspectives* 27 (4), 165-186.

[7] R. Sanchez de da Sierra, 2020, "On the origins of the state: Stationary bandits and taxation in eastern Congo." *Journal of Political Economy*, 128 (1), 32-74.

## 第九章

[1]《唐宋变革与宋代财政国家》，刘光临、关荣匀，《中国经济史研究》，2021年第二期。

[2]《白银货币化视角下的明代赋役改革》，万明，《学术月刊》，2007，第

39卷。

［3］《由"纳粮当差"到"完纳钱粮"——明清王朝国家转型之一大关键》，刘志伟，《史学月刊》2014年第7期。

［4］《两税法改革对唐代农村社会的影响》，张安福，《首都师范大学学报（社会科学版）》2006年第2期。

［5］Emmanuel Saez, Gabriel Zucman, 2020, "The Rise of Income and Wealth Inequality in America: Evidence from Distributional Macroeconomic Accounts," *Journal of Economic Perspectives*, 34 (4), 3-26.

［6］Thomas Piketty, Li Yang, Gabriel Zucman, 2019, "Capital Accumulation, Private Property, and Rising Inequality in China, 1978-2015," *American Economic Review*, 109: 7.

［7］Yu Hao and Zheng-Cheng Liu, 2020, "Taxation, Fiscal Capacity and Credible Commitment in Eighteenth-century China: the Effects of the Formalization and Centralization of Informal Surtaxes." *The Economic History Review*, 73 (4), 914-939.

## 第十章

［1］《中古门阀大族的消亡》，［美］谭凯 著，胡耀飞、谢宇荣 译，社会科学文献出版社，2017年。

［2］《理学与艺术》，钱穆 著，录于《中国学术思想史论丛（六）》，生活·读书·新知三联书店，2009年。

［3］《国史大纲》，钱穆 著，商务印书馆，2013年。

［4］Chen, Ting, James Kai-sing Kung, and Chicheng Ma, 2019. "Long Live Keju! The Persistent Effects of China's Imperial Examination System." *The Economic Journal*, 130 (631): 2030-2064.

［5］Eltjo Buringh and Jan Luiten van Zanden, 2009, "Charting the 'Rise of the West': Manuscripts and Printed Books in Europe, A Long-Term Perspective from the Sixth through Eighteenth Centuries." *The Journal of Economic History*, 69 (2), 409-445.

## 第十一章

［1］《全球首家交易所史话》，［荷兰］洛德韦克·彼得拉 著，东方出版中心，2016年。

［2］ Daron Acemoglu, Simon Johnson, and James Robison, 2005, "The Rise of Europe: Atlantic Trade, Institutional Change, and Economic Growth," *American Economic Review*, 95 (3), 546-579.

［3］ Giuseppe Dari-Mattiacci, Oscar Gelderblom, Joost Jonker, Enrico C. Perotti, 2017, "The Emergence of the Corporate Form," *The Journal of Law, Economics, and Organization*, 33 (2), 193-236.

［4］ Oscar Gelderblom and Joost Jonk, 2004, "Completing a Financial Revolution: The Finance of the Dutch East India Trade and the Rise of the Amsterdam Capital Market, 1595-1612," *The Journal of Economic History*, 64 (3), 641-672.

## 第十二章

［1］《大分流：欧洲、中国及现代世界经济的发展》，［美］彭慕兰 著，史建云 译，江苏人民出版社，2004年。

［2］《集体行动的逻辑》，［美］曼瑟尔·奥尔森 著，陈郁、郭宇峰、李崇新 译，格致出版社，2017年。

［3］《饥饿的盛世：乾隆时代的得与失》，张宏杰 著，重庆出版社，2022年。

［4］ David Landes, 2006, "Why Europe and the West: Why Not China?" *Journal of Economic Perspectives*, 20, 3-22, 2006.

［5］ Mancur Olson, 1996, "Bills left on the sidewalk: Why Some Nations Rich, Others Poor." *Journal of Economic Perspectives*, 10 (2), 3-24.

［6］ D. C. North, and B. R. Weingast, 1989, "Constitutions and Commitment: The Evolution of Institutions Governing Public Choice in Seventeenth-Century England," *The Journal of Economic History*, 49 (4), 803-832.

［7］ Stephen Broadbery and John Joseph Wallis, 2017, "Growing, Shrinking, and Long Run Economic Performance: Historical Perspectives on Economic Development," *NBER Working Paper*, 23343.

［8］ Mauricio Drelichman and Hans-Joachim Voth, 2011, "Lending to the Borrower from Hell: Debt and Default in the Age of Philip II," *The Economic Journal*, 121 (557), 1205-1277.

## 第十三章

［1］《叫魂：1768年中国妖术大恐慌》，［美］孔飞力 著，生活·读书·新

知三联书店、上海三联书店，2014年。
[2]《清代胥吏概述》上、下，缪全吉 著，发表于台湾《思想与时代》第128，129期，1965年。
[3]《革命成功全赖宣传主义》，孙中山 著，《孙中山选集》，人民出版社，1956年。
[4]《论十大关系》，毛泽东 著，《建国以来重要文献选编》第八册，中央文献出版社，1994年。
[5]《毛泽东读〈社会主义政治经济学〉批注和谈话》，中华人民共和国国史学会印，1997年。
[6]《党员、党权与党争：1924—1949年中国国民党的组织形态》，王奇生 著，华文出版社，2010年。
[7] 王玉茹，2005，《中国近代的经济增长和中长周期波动》，《经济学季刊》2005（1）：461—490。
[8] 徐毅、巴斯·范鲁文，《中国工业的长期表现及其全球比较：1850—2012年——以增加值核算为中心》，《中国经济史研究》2016（1）：39—50。

## 第十四章

[1]《中国共产党中央委员会关于建国以来党的若干历史问题的决议》。
[2]《邓小平文选》，邓小平 著，人民出版社，1994年。
[3]《中国的民主》白皮书，国务院新闻办公室。
[4] 钱颖一，"How Reform Worked in China: The Transition from Plan to Market," MIT Press，2017。
[5] 许成钢，2011，"The Fundamental Institutions of China's Reforms and Development," *Journal of Economic Literature*，49，1076-1151。
[6] L. D. Ma Brandt, and T. G. Rawski, 2014. "From Divergence to Convergence: Reevaluating the History Behind China's Economic Boom," *Journal of Economic Literature*, 52 (1), 45-123.